Quellen der Kraft

Pier Hänni

Quellen der Kraft

Mit Wanderungen zu magischen Quellen in der Schweiz

AT Verlag

Für Sirona

AT Verlag, Baden und München
Fotos: Pier Hänni, sofern nicht anders vermerkt
Lithos: AZ Print, Aarau
Druck und Bindearbeiten: AZ Druck und Datentechnik GmbH, Kempten
Printed in Germany

ISBN 3-85502-803-6

www.at-verlag.ch

Inhalt

9 **Einleitung**

13 **Alles Leben kommt aus dem Wasser**

17 **Der magische Stoff Wasser**
20 Lösungsmittel und Wärmeleiter

22 **Naturphänomen Quelle**
24 Grundwasserleiter
26 Trinkwasser
27 Was sind Quellen?
30 Thermal- und Mineralwasserquellen
32 Quellen sind lebenswichtige Biotope
34 Vom Naturschutz vergessen
36 Die Brunnenstuben Europas
36 Vitalisieren und Renaturieren
39 Nutzung von Quellen
40 Wasserpolitik
41 Dürre im Wasserschloss

44 **Das energetische Phänomen Wasser**
46 Schwingungsfelder
49 Bioresonanz
50 Die Körpersäfte
51 Das Element der Gefühle und der Liebe
53 Kraftzentrum Quelle
54 Edelsteine der Landschaft

57 **Mythos Quelle**
60 Die Erdmutter Gaia
61 Zuerst war das Numen
62 Steinzeit
64 Mutter Quelle
65 Der Quellenkult der Kelten und Germanen
72 Quellgöttinnen und Nymphen der Griechen und Römer

79 Vom Quellheiligtum zur christlichen Kultstätte
83 Paracelsus und die Nymphen

88 **Aberglaube oder Wirklichkeit?**
91 Engel, Ausserirdische und Göttinnen
92 Pforten zu einer anderen Wirklichkeit
94 Die Muttergöttin
95 Die Quellgöttin
96 Flussgöttinnen
97 Quellnymphen
98 Mondgöttin
100 Liebesgöttin
102 Die Sternenfrau
103 Die Dreifache Göttin bei der Quelle

106 **Kultort Quelle einst und jetzt**
108 Gaben und Riten
113 Wahrnehmung
115 Quellen im spirituellen Alltag
115 Bei den Quellen durch den Jahreslauf
119 Persönliche Übergangsriten
122 Helferinnen im täglichen Leben

128 **Heilende Quellen**
136 Die Badekultur im Alpenraum
140 Von der Quelle zum Badehaus
141 Badestuben
143 Kräuterbäder
145 Brunnen
145 Das Tor zur goldenen Zeit

148 **Zurück zu den Quellen in die Zukunft**

152 **Wanderungen**
153 Zu den Wanderungen
156 Rhonequelle bei Gletsch
167 Ursprung bei Wiesen
173 Blanches-Fontaines und Quellgrotte in Undervelier
183 Tüfels Chilen bei Kollbrunn
189 Sibe Brünne, die Quelle der Simme
196 Sagenweidquelle
201 Rinquelle bei Betlis
208 Rheinquelle beim Tomasee
218 Giessen bei Wiler
222 Quelle der Emme
232 Felix-und-Regula-Quelle bei Linthal
239 Berggeist auf Hoch-Ybrig, Schlichendi Brünne und Balmquelle bei Muotathal
246 Die Ermitagequelle von Arlesheim
252 Quelle der Areuse bei Saint-Sulpice
258 Quelle La Sourde bei Môtiers und Quelle der Noiraigue
263 Chaltibachquelle bei Grafenort
266 Sieben Brünnen bei Engelberg
270 Orbequelle und Feengrotte von Vallorbe
278 Wissen Brünnen und Felsenquelle am Klöntalersee
285 Giessenquellen im Rohrerschachen Aarau
291 Paracelsusquelle bei Bad Ragaz
300 Innquelle, Quelle der Maira und Eva da Sett

310 Dank

311 Literaturhinweise

313 Liste der Quellen mit leicht mineralhaltigem Wasser

Haben Sie schon einmal eine Quelle gesehen? Sind Sie neben ihr hingekniet? Haben Sie sich auf den Bauch gelegt und die Quellnische mit allen Sinnen erlebt? Spürten Sie die Kühle und Feuchte des kleinen Lebensraums? Haben Sie mit eigenen Augen deren Lebendigkeit beobachtet, die Pflanzen und Tiere gesehen, mit Ihren Ohren den eigenartigen Lauten der Quelle gelauscht, mit Ihrer Nase die verschiedenen fremden Gerüche eingesogen und mit Ihrem Mund den Geschmack des reinen Wassers gekostet? War das nicht wunderbar? Ein Erlebnis der Reinheit, aber eine uns fremd gewordene kleine Welt. Es ist, wie wenn Leben aus der Erde quellen würde.

Dr. Gerhard Ammann

Einleitung

Die Quellgöttin des Rheins? Figur auf dem Dorfbrunnen von Valendas am Anfang der Rheinschlucht (Foto: Elmar Good).

Tatsächlich vermag kein anderer Ort in der Natur unser Gemüt so unmittelbar zu berühren wie eine sprudelnde Quelle. Allein schon der Anblick der Wasserstrudel und deren Rauschen oder Gurgeln hat eine anregende, harmonisierende und inspirierende Wirkung auf uns. Bei einer Quelle zu verweilen ist nicht nur ein bewegendes sinnliches Erlebnis, sondern auch ein beeindruckendes energetisches Ereignis und kann unter Umständen zu spiritueller Offenbarung führen.

Quellen und Brunnen gehörten seit Jahrtausenden zum alltäglichen Leben der Menschen. Nach Mythen und Funden zu schliessen, sind sie die ursprünglichen heiligen Stätten unserer Kultur, Zentren des religiösen und gesellschaftlichen Lebens sowie Orte der Einkehr, Kraft und Heilung. Quellen gelten von jeher als unmittelbar mit dem Göttlichen verbunden; das Wort Quelle ist selbst ein Synonym für das Göttliche, für den Ursprung der ewig sprudelnden Lebenskraft. Die Quelle ist aber auch ein Symbol für die aus Herz und Geist aufsteigenden Regungen. Unzählige Dichter haben den geheimnisvollen Zauber der Quellen besungen, doch selbst die schönsten Verse vermögen ihn nicht zu erfassen. Der Zugang zu ihrem magischen Wesen liegt in der unmittelbaren Erfahrung, denn der Ort, wo ihr Wasser aus der Erde quillt, ist zugleich eine magische Pforte, durch die der Weg in die Tiefe unseres eigenen Wesens führt.

Angesichts der Bedeutung der Quellen in unserer religiösen und kulturellen Vergangenheit ist es äusserst bedauerlich, dass auf dem Gebiet der Schweiz bis auf knapp zwei Prozent alle einstigen Quellen ge-

Nymphen baden in Gesellschaft des Quelldrachens.

fasst und eingedolt sind. Wir können zwar zuhause das Wasser im Handumdrehen aus dem Hahn fliessen lassen, aber wir haben das Erlebnis des aus dem Boden quellenden Wassers verloren. Es stimmt nachdenklich, dass die ursprünglichsten Orte der Verehrung, bei denen unsere Vorfahren über Jahrtausende die Verbindung zum Ursprung des Lebens pflegten, fast vollständig verschwunden sind. Es scheint, als hätten wir mit den natürlichen Quellen auch die gelebte Beziehung zur Natur und damit den Zugang zu ihrer Kraft und Weisheit verloren.

Die einta schwimmen der Fluss duruf
zur Quella, zur Quella,
Die andara löhn sich trieba
vo de Wella, vo de Wella.

Walter Lietha

Doch, als würde das Pendel der Zeit zurückschwingen, nimmt die Zahl der Menschen, die sich erneut auf den Weg zu den letzten verbliebenen Quellen oder Quellbrunnen machen, wieder zu. Sie tun dies, weil sie die ganzheitliche Wirkung des frischen Quellwassers schätzen oder einfach die wohltuende Atmosphäre geniessen. Viele machten dabei die Erfahrung, dass die Quellen ihr magisches Wesen nicht verloren haben. Dasselbe bezeugen die zahlreichen Berichte über die wunderbare Wirkung der Quellen bei kirchlichen Heiligtümern. Viele von ihnen wurden bereits vor Jahrtausenden geschätzt und sind eindrückliche Zeugnisse des Fortbestehens der Quellenkulte seit Beginn der Geschichte bis in unsere Zeit. Die Namen der bei ihnen verehrten Gottheiten haben sich seit der Urzeit wohl einige Male geändert, aber ihre Kraft ist dieselbe geblieben.

Überall, wo eine Quelle aus der Erde sprudelt, ist die Atmosphäre von ihrem Geist erfüllt. Demnach sind alle natürlichen Quellen heilig, und nicht nur die tradierten Kultquellen oder christlichen Heiligenquellen, dies insbesondere heute, wo sie extrem selten geworden sind. Quellen sind die Edelsteine der Landschaft – Energiezentren, deren positiver Einfluss auf unser Wohlbefinden unbestritten ist. Aber man muss den Weg zu ihnen selbst unter die Füsse nehmen. Wir beschreiben deshalb Wanderungen zu einigen der schönsten freifliessenden Quellen der

Schweiz und bieten im Anhang eine Liste mit mehreren hundert weiteren Quellen. Das Buch soll nicht zuletzt auch dazu anregen, sich selbst auf Quellensuche zu begeben.

Im Grunde würde die Empfehlung genügen, sich von einer Quelle anziehen zu lassen, bei ihr zu verweilen und sich ihrem geheimnisvollen Wesen hinzugeben. Um ihre Bedeutung aber zu würdigen, erscheint es angebracht, im ersten Teil des Buches die Quelle als stoffliches, energetisches und spirituelles Ereignis näher zu betrachten. Die Kraft einer Quelle liegt in unserer Beziehung zu ihr, und wie in allen Beziehungen hilft es, das Gegenüber näher kennen zu lernen.

Bei meiner ersten Begegnung mit einer Quelle wusste ich davon allerdings noch nicht. An einem Sonntag, ich war etwa vierjährig, zog meine Familie zusammen mit Dutzenden von Bümplizern durch das Eichholz Richtung Wohlensee; es war der Tag des Grand Prix von Bern, eines klassischen Autorennens, das Mitte der fünfziger Jahre eingestellt wurde. An einem Hang mit Blick auf die Rennstrecke liessen wir uns nieder. Die Luft roch nach Äther, und alle paar Minuten dröhnten Autos vorbei. Bald hatte ich das Interesse am Rennen verloren und begann mich in der Umgebung umzuschauen. Zu meiner Freude fand ich abseits der Zuschauer einen Frosch. Jedesmal wenn ich ihn schon fast berühren konnte, hüpfte er ein Stück weiter den Hang hinunter und führte mich schliesslich zu einer kleine Quelle. Seither begleitet mich das Bild des murmelnden, aus der Erde tretenden und im Sonnenlicht glitzernden Wässerchens durch mein Leben. Offenbar hatte ich bei der Quelle die Zeit vollkommen vergessen, denn als meine Mutter mich rief, war das Rennen vorbei. Ich weiss nicht, was ich während dieser Zeit erlebte, aber seither hat mich die Faszination für die Wunder der Natur nicht mehr losgelassen. Fünf Jahrzehnte später und am Schluss meiner Arbeit an diesem Buch erscheint es mir, als hätte mich der Frosch nicht nur zu einer kleinen Wiesenquelle geführt. Die Begegnung mit ihr war, soweit ich mich erinnern kann, die erste Erfahrung der verzaubernden Magie der Natur. In der Rückschau steht die Quelle wie eine sagenhafte Pforte am Anfang meines Weges in die mystische Dimension der Schöpfung.

Alles Leben kommt aus dem Wasser

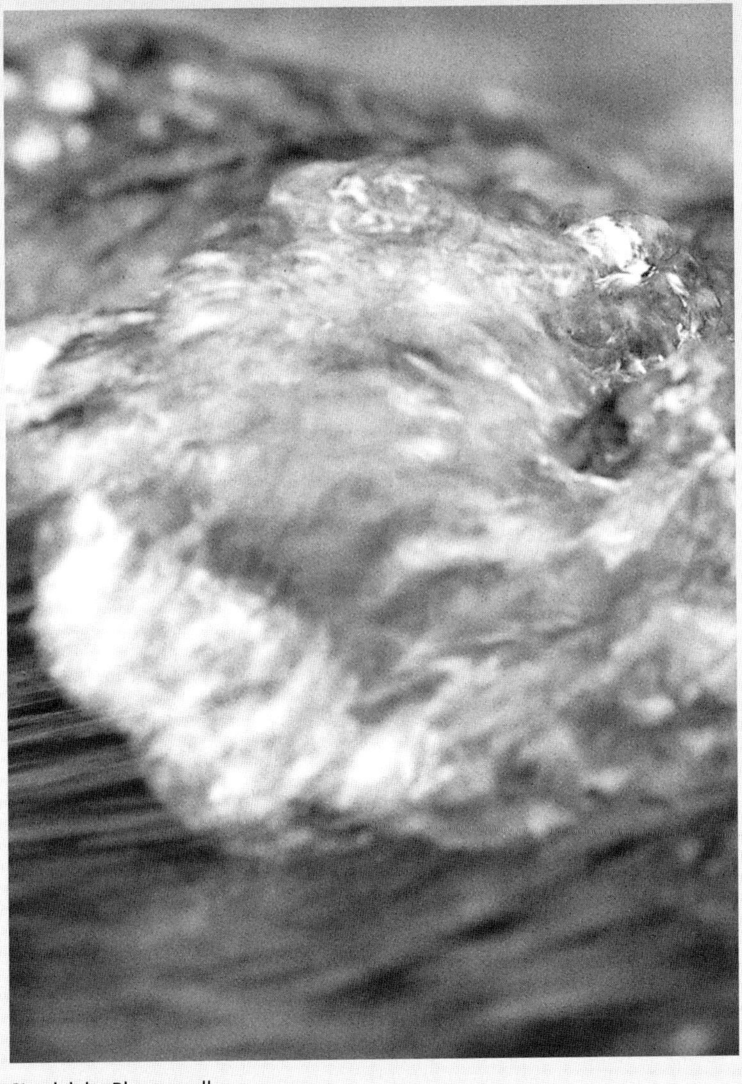

Strudel der Rhonequelle.

In den Entstehungsmythen der Menschheit von Japan bis Amerika gilt Wasser als Ursprung aller Dinge. Was das organische Leben auf der Erde betrifft, stimmt der Mythos mit den Erkenntnissen der Naturwissenschaften überein, wuchsen doch die ersten Erdbewohner tatsächlich im Wasser heran. Aber woher kam das Wasser? Es fällt als Niederschlag vom Himmel oder sprudelt als Quelle aus der Erde. Doch wo war es, bevor der Wasserkreislauf begann?

Nach den heutigen Erkenntnissen der Wissenschaft entstand unser Sonnensystem irgendwann nach dem so genannten Urknall aus einer gigantischen Wolke kosmischen Materials. In ihrem Zentrum entwickelte sich durch thermonukleare Vorgänge die gewaltige Energie der Sonne. Im Gegensatz zu ihr kühlte sich die aus demselben Material entstandene Erde während einer fast unendlich langen Zeitspanne ab. Dabei verfestigte sich die flüssige Masse zu felsigen Kristallen. Aus dem Zusammenspiel einer Vielzahl chemischer und physikalischer Faktoren verband sich nach wiederum unendlich langer Zeit auf wunderbare Weise je eines der reichlich vorhandenen Wasserstoffatome (H) mit jeweils zwei Sauerstoffatomen (O) zu Wassermolekülen. Dasselbe geschieht noch heute, wenn durch vulkanische Tätigkeit Wasserstoffgas

Die vom Himmel befruchtete Erde gebärt den Menschen.

aus der Tiefe der Erdkruste befreit wird, auf atmosphärischen Sauerstoff trifft und sich mit ihm verbindet. Dieses so genannte juvenile Wasser ist im Verhältnis zur gesamthaft vorhandenen Wassermasse allerdings bloss ein winziges Tröpfchen, denn als die geologische Zeit begann, war der Wasserbestand unserer Erde bereits komplett. Es wird niemals wesentlich mehr oder weniger Wasser geben. In einer wiederum unvorstellbar langen Zeitspanne entwickelten sich im urzeitlichen Ozeanwasser schliesslich die ersten Lebensformen. Allerdings ist bis heute nicht bekannt, wie in der Mineraliensuppe organisches Leben entstand. Das Verbindungsglied zwischen den anorganischen Stoffen und den ersten Lebewesen fehlt ebenso wie jenes zwischen den Tieren und dem Menschen. Kalifornische Forscher boten in den frühen Siebziger Jahren des 20. Jahrhunderts die originelle Erklärung an, dass im Weltall treibende DNS auf die Erde traf und in den warmen, mineralhaltigen Ozeanen die lebensnotwendigen Bedingungen fand, um sich zu entwickeln. Die Hypothese würde zwar die Entstehung des organischen Lebens auf der Erde erklären, aber nicht den eigentlichen Ursprung des Lebens. Nun hat die Physik nachgewiesen, dass die Atome sich in immer kleiner werdende Teilchen auflösen, der feste Stoff also nahtlos in Energie aufgeht. Nach dem Umkehrprinzip müsste die materielle Welt aus dieser Energie entstehen. Doch damit stehen wir wieder vor der Frage nach ihrem Ursprung, und diese kann möglicherweise mit den Modellen der Wissenschaft nie beantwortet werden.

Das Wasser ist der Urstoff des Universums
und göttlichen Ursprungs.

Thales von Milet

Doch kehren wir in den Urozean zurück. Nach der wie auch immer gearteten «Befruchtung» der Erde entstanden im Wasser allmählich die ersten Algen und bildeten den Grundstoff, aus dem sich schliesslich die Lebewesen entwickelten. Dies geschah vorerst im Wasser, bis junge Meeresbewohner begannen, in seichten Lagunen herumzuhängen und Sauerstoff zu schnüffeln, wie Professor Leary den Übergang von den Meeres- zu den Landlebewesen augenzwinkernd schilderte. Ihr Organismus passte sich dabei allmählich den neuen Bedingungen auf dem Land an. Unsere ältesten Vorfahren kamen also gewissermassen aus dem Wasser, und obwohl wir es schon lange verlassen haben, tragen wir es zu siebzig Prozent unseres Körpergewichts noch immer in uns.

Dass die Evolutionstheorie die Frage nach dem eigentlichen Beginn des Lebens nicht beantworten kann, mag daran liegen, dass der Urknall offenbar nicht als Zeitpunkt zu verstehen ist. Wissenschaftliche Kosmologen beschreiben heute den Ursprung als eine unerschöpfliche kosmische Quelle, aus der unablässig Tausende von Schaumblasen entspringen, von denen jede ein Universum darstellt. Damit bestätigen sie die zeitlose Auffassung, dass das Leben und die Welt nicht ein Zustand ist, sondern ein Vorgang, nicht Stoff, sondern Energie, die ohne Anfang und Ende aus dem geheimnisvollen und namenlosen Urgrund strömt wie das Wasser aus den Quellen unserer Erde.

Der magische Stoff Wasser

Wasserfall bei der Grotte Cascade in Môtiers.

Das Wasser ist unter den vier Elementen jenes, das zurzeit am meisten Interesse und Faszination weckt. Grund dafür ist einerseits seine zunehmende Verunreinigung und seine abnehmende Verfügbarkeit. Reines Wasser ist nicht mehr länger selbstverständlich vorhanden, und immer weniger Menschen steht genügend davon zur Verfügung. Andererseits begannen sich in den letzten Jahren viele Menschen für die Eigenschaften und Funktionen des Wasser zu interessieren, denn allein sein physikalisches Verhalten erscheint bereits wie ein Wunder. Noch wunderbarer sind die energetischen Eigenschaften des Wasser, die durch verschiedene Forschungsansätze der Naturwissenschaften und der ganzheitlichen Wasserforschung in den letzten Jahren nachgewiesen wurden. Eine eingehende Betrachtung all dieser Themen würde den Rahmen dieses Buches weit überschreiten. Doch bevor wir uns dem Mythos der Quellen zuwenden, wollen wir die Verhaltensweisen und Eigenschaften des Saftes aller Säfte in einer kurzen Übersicht betrachten. Schliesslich ist das Wasser der Stoff, aus dem die Quellen gemacht sind, und sein Wesen und Verhalten kann als äusseres Abbild, als Signatur, seiner tradierten energetischen und spirituellen Kraft betrachtet werden.

Höchste Güte ist wie das Wasser.

Des Wassers Güte ist es,

allen Wesen zu nützen ohne Streit.

Es weilt an Orten, die alle Menschen verachten.

Darum steht es nahe dem Tao.

Laotse

Eine dieser Signaturen zeigt sich im Wasserkreislauf, der durch Dichter und Denker zum Gleichnis der Wandlung wurde. Das Wasser fällt als Regen zu Boden, sickert in die Erde und steigt als Dampf wieder zum Himmel. Dieser Kreislauf zeigt auch, dass Wasser untrennbar mit den anderen drei Elementen verbunden ist, die ebenso lebensnotwendig sind. Das Sonnenlicht (Feuer) löst es in die Atmosphäre (Luft) auf, und vom Boden (Erde) wird es mit Mineralstoffen angereichert. Die Distanz zwischen der Höhe, die es als Dampf erreicht, und der Tiefe, in die es als Grundwasser in die Erde versickert, beträgt viele Kilo-

meter. Auch dies ist eine Signatur; sie verweist auf die traditionelle Bedeutung des Wassers als Gleichnis der Verbindung von oben und unten, Geist und Körper, dem Göttlichen und den Menschen.
Wasser richtet sich in jeder Lage waagrecht aus. Unabhängig davon, wie ein Gefäss gehalten wird, ist der Wasserspiegel immer horizontal, weshalb es als Element des Ausgleichs gilt. Dabei verhält sich Wasser grundsätzlich träge. Wird es allerdings durch äussere Einflüsse wie Gefälle oder Wind bewegt, wirkt es ausgesprochen dynamisch. Der Unterschied zwischen einem ruhigen Seelein und einem tosenden Wasserfall könnte grösser nicht sein, und doch ist es dasselbe Wasser.

Steter Tropfen höhlt den Stein.

Volksweisheit

Wasser ist weich und weicht jedem Hindernis aus, aber mit der Zeit vermag es den härtesten Stein aufzulösen. Von dieser seiner sanften Kraft zeugen die Alpen, die einst doppelt so hoch waren. Durch die stete Erosion unter kräftiger Mitwirkung des Wassers wurden die Achttausender allmählich abgetragen, das Gestein durch Gletscher und Flüsse in die Flusstäler des Mittellands verfrachtet, wo der Schutt bis 500 Meter hoch aufgeschichtet wurde. Wasser gestaltet also auch unsere Landschaften. Wegen eben dieser Fähigkeit, Tonnen von Felsbrocken, Steinen, Sand und Schlick in die Täler zu transportieren, wurde es aber auch stets gefürchtet.

Unter den vier Elementen kommt nur das Wasser in den drei Erscheinungsformen der Materie vor. Innerhalb der relativ kleinen Temperaturspanne von hundert Grad wandelt es sich vom festen Eis zur Flüssigkeit und schliesslich zu gasförmigem Dampf. Dabei verhält es sich entgegen den physikalischen Gesetzen, denn es ist bei vier Grad am schwersten (höchstes spezifisches Gewicht), und nicht etwa in gefrorenem Zustand, wie man erwarten würde. Sein Volumen nimmt auch nicht ab, wie es eigentlich sollte. Diese Abweichungen sind für das Leben von entscheidender Bedeutung, denn wäre Eis schwerer als Wasser, würde es auf den Grund der Gewässer sinken, was verheerende Konsequenzen für das Schicksal der Lebewesen hätte. Auch die Ausdehnung des Wassers beim Gefrieren spielt eine wichtige Rolle im Gewebe des Lebens. Durch Eisbildung in den Ritzen der Gesteine wird dieses aufgesprengt, was zur Freisetzung von Mineralien führt, die vom Wasser in die Flüsse, Seen und Meere transportiert werden und die aussedimentierten Mineralien ersetzen. Wäre Wasser nicht farblos, würden Schnee und Eis die Wärme des Sonnenlichts aufnehmen und schmelzen. Und stellen Sie sich vor, was wäre, wenn Wasser anstatt bei plus 100 Grad Celsius bereits bei 100 Grad unter Null verdampfen und anstatt bei 0 Grad erst bei minus 120 Grad gefrieren würde, wie es aufgrund des Verhaltens verwandter Verbindungen eigentlich geschehen müsste. Diese alle physikalischen Gesetze missachtenden Eigenschaften des Wassers sind wissenschaftlich nicht erklärbar. Es ist, als würde die grosse Magierin Natur auch mal den Fünfer gerade sein lassen, damit Leben auf der Erde möglich ist.

Lösungsmittel und Wärmeleiter

Wasser ist ein optimales Lösungsmittel und ein idealer Energieleiter. Als Lösungsmittel nimmt es aus der Umwelt Stoffe auf, transportiert sie eine Weile mit und lagert sie wieder ab. Als Energieleiter nimmt es aus der Umwelt Wärme auf, speichert sie und gibt sie schliesslich wieder ab. Diese beiden Haupteigenschaften machen das Wasser in der Tat zu einem wunderbaren Stoff.

Die Funktion des Wassers als Lösungsmittel kommt uns täglich bei der Zubereitung von Nahrung und Getränken ebenso wie bei der Reinigung unserer Kleidung und unseres Körpers zu Diensten. Naturwissenschaftlich betrachtet beruht die Lösungsfähigkeit in der Struktur des Moleküls, der kleinsten Einheit des Wassers. Die beiden Wasserstoffatome des Wassermoleküls lagern sich an einer Seite an das Sauerstoffatom an. Dadurch wird das Wassermolekül zweipolig. Die positiv geladene Seite zieht negative Ladungen aus seiner Umgebung an, die negativ geladene Seite dagegen positive Ladungen. Deshalb ziehen sich Wassermoleküle und Moleküle anderer Stoffe gegenseitig förmlich an und bilden eine wässrige Lösung. Das Wassermolekül ist ausserdem so klein, dass es sich zwischen Moleküle anderer Substanzen drängen und sie auf diese Weise auflösen kann. Die Struktur des Wassermoleküls vermag eine grosse Menge gelöster Stoffe zu tragen, ohne dass es seine Bindung verliert. Sobald diese herausgefiltert oder durch Verdunsten zurückgelassen werden, bleibt das reine Wassermolekül übrig. Wasser bleibt Wasser, egal wie sehr es mit natürlichen Stoffen belastet ist, denn es verfügt über die wunderbar anmutende Fähigkeit der Selbstreinigung. Aus diesem Grund gilt es auch als Sinnbild des ewigen Wesens des Menschen, das sich wie das Wasser mit der Materie verbindet, sich verstrickt, aber immer wieder in sein ursprüngliches Sein zurückkehrt.

Das Wasser ist das Blut der Erde.

Viktor Schauberger

Als Lösungsmittel erfüllt das Wasser in der Natur lebenswichtige Funktionen. Zum Beispiel können die Wurzeln der Pflanzen die Nährstoffe im Boden nur aufnehmen, wenn sie in Wasser gelöst sind. Die Fliessgewässer tragen mineralische und organische Stoffe in die Täler, wo sie der Vegetation als Dünger zur Verfügung stehen. Aber auch in unserem Körper löst Wasser in Form verschiedener Körperflüssigkeiten Stoffe auf, transportiert sie dorthin, wo sie gebraucht werden, und führt Schlacken ab. Wie viel Wasser unseren Organismus durchströmt, zeigt die Leistung der Nieren: Sie filtrieren täglich 180 Liter Flüssigkeit. Ein grosser Teil des Wassers, das wir zu uns nehmen, dient dieser inneren Reinigung des Körpers, weshalb reichlich sauberes Wasser zu trinken als Grundlage von Gesundheit und Vitalität gilt.

Die zweite Eigenschaft des Wassers, die Wärmeleitung, wirkt sich vor allem auf die Harmonisierung des Erdklimas aus. Ohne die ausgleichende Wirkung der Gewässer und des Wasserdampfes in der Luft wäre die Natur grossen Temperaturschwankungen zwischen Tag und Nacht, Sommer und Winter ausgesetzt und könnte aus diesem Grund nicht überleben. Das in der Atmosphäre aufgelöste Wasser harmonisiert neben dem Klima auch die Druckunterschiede in der Atmosphäre. Ohne die Bremswirkung des Wasserdampfs würden verheerende Winde über den Planeten toben und jedes Leben verunmöglichen. Auch unsere körpereigene «Klimaanlage» beruht hauptsächlich auf Wasser, denn dieses sorgt für die lebenswichtige Steuerung der Körpertemperatur. Bei 37 Grad Celsius ist Wasser am flüssigsten und seine Fähigkeit, Stoffe zu binden, am grössten. Dass genau dies auch unsere normale Körpertemperatur ist, ist bestimmt kein Zufall.

Naturphänomen Quelle

Schotterquelle am Beginn des Rheins.

Quellen sind örtlich begrenzte natürliche Austritte von Grundwasser an die Erdoberfläche oder in Oberflächengewässer. Sie sind also nicht eigene Gewässer, sondern bilden den Übergang von unterirdischem zu oberirdischen Gewässern. Dementsprechend beginnt ein Bach nicht bei der Quelle, sondern im Grundwasservorkommen des Einzugsgebiets. Die Schweiz als das Wasserschloss Europas hat riesige Wasservorräte von etwa 262 Milliarden Kubikmeter. Etwa die Hälfte davon liegt in natürlichen Seen, ein Viertel in Gletschern, ein Fünftel im Grundwasser und etwa fünf Prozent in Bächen und Flüssen vor. Das Grundwasservorkommen einer Quelle kann sich unter Umständen über ein grosses Gebiet erstrecken, vor allem wenn sie aus Grundwasserströmen gespeist wird, die in grösseren Tälern die Flussläufe unterirdisch begleiten und bis zu dreimal so viel Wasser führen wie das Oberflächengewässer. Aber auch in den zum Teil weit verzweigten Karstsystemen der Voralpen und des Juras sind enorme Wassermengen gespeichert. Das Grundwasser bildet gewissermassen die Wurzel der Quellen.

Vor etwa 2500 Jahren wurde in Griechenland zum ersten Mal schriftlich festgehalten, dass Quell- und Grundwasser vom Regen gespeist in Hohlräumen in der Erde gespeichert wird. Eine 1795 verfasste und in etwa bis heute geltende Regel besagt, dass etwa vierzig Prozent des Regens in der Atmosphäre verdunstet, etwa dreissig Prozent oberirdisch in den Gewässern abfliesst oder als Gletschereis abgelagert wird und die restlichen dreissig Prozent auf den Boden fallen. Allerdings versickert nur ein kleiner Teil des Regens in die Erde. Das meiste davon verdunstet an der Oberfläche oder wird von den Pflanzen aufgesogen und wieder an die Luft abgegeben. Das Wasser, das schliesslich in den Boden dringt, fliesst entweder als Grundwasser ab oder tritt als Quelle wieder an die Oberfläche.

Verfolgen wir kurz den Weg eines Regentropfens, der durch den Untergrund sickert und schliesslich in einer Quelle wieder aus dem Boden gespült wird. Bereits in der Luft nimmt ein Wassertröpfchen Gase wie Sauerstoff oder Stickstoff auf. Während des Versickerns nimmt es Kohlendioxid auf, das von den unzähligen Bodenlebewesen ausgeatmet wird, was zur Bildung von Kohlensäure führt. Das gesäuerte Wasser kann nun aus der Umgebung Mineralstoffe wie etwa Kalk herauslösen und mitführen. Leider nehmen die Wassertropfen aus der Luft und von der Erde auch eine Menge Schadstoffe wie Gase, Russ oder Dünger auf, die täglich in die Umwelt gelangen. Ohne die reinigende Funktion der Erde wäre auch bei uns die Qualität des Grundwassers ungenügend. Der

Boden reinigt das versickernde Wasser erst einmal physikalisch, indem er wie ein Filter den Schmutz zurückhält. Die Grösse der Bodenporen bestimmt, wie gut das Wasser filtriert wird. Auf dem Weg durch die oberste Bodenschicht wird es auch chemisch und biologisch verändert. Die Verbindung von feinen Tonplättchen und Humus vermag chemisch Stoffe aus dem Boden zu ziehen und an sich zu binden. Ausserdem leben in dieser Schicht unzählige Kleinstlebewesen und Bodenbakterien, die unerwünschte Stoffe abbauen und in unschädliche Substanzen umwandeln. Pflanzen nehmen mit ihren Wurzeln ebenfalls im Wasser gelöste Stoffe auf.

Unterhalb der durchschnittlich etwa dreissig Zentimeter tiefen belebten Bodenschicht dringt der Wassertropfen schliesslich in den Untergrund aus Fels oder einem Gemisch verschieden grosser Gesteinsteile. Die kleinsten sind Tonteilchen, die nächstgrösseren Siltteilchen, dann folgen Sandkörner, Kies, Steine und schliesslich Blöcke. Je nachdem, wie fein das Gemisch ist, wird das Wasser in diesen Schichten zusätzlich filtriert und durch die Tonplättchen noch einmal chemisch gereinigt. Je nach Dauer der Speicherzeit nimmt das Wasser ausserdem verschiedene Mineralien auf.

Ein kleiner Teil des auf der Erde vorhandenen Wassers hat Jahrhunderte oder gar Jahrtausende nicht mehr am Kreislauf teilgenommen und heisst deshalb fossiles Wasser. Es lagert in isolierten unterirdischen Speichern, in Gletschern oder im Polareis.

Grundwasserleiter

Die Schicht im Untergrund, in der Wasser versickert oder rinnt, wird Grundwasserleiter genannt. Er ist aus Lockergestein wie Kies und Sand aufgebaut oder besteht aus Kalk oder Sandstein, deren Hohlräume (Poren und Klüfte) zusammenhängend und gross genug sind, damit Wasser durchfliessen kann. Grundwasserleiter werden nach ihrer Beschaffenheit in drei Typen eingeteilt.

Lockergestein-Grundwasserleiter

Als die wärmeren Zwischeneiszeiten die Gletscher schmelzen liessen, führten die Schmelzwasserbäche und -flüsse riesige Mengen Sand und Kies in die Täler, wo sie abgelagert wurden. Bei jedem neuen Gletschervorstoss wurden Ablagerungen früherer Eiszeiten zum Teil wieder ausgeräumt und an anderen Orten neu abgesetzt. So entstanden in den grossen Flusstälern mit der Zeit kompliziert aufgebaute Schotterablagerungen. Die mächtigsten dieser Grundwasserleiter liegen entlang den heutigen Flüssen im Mittelland, im Rheintal und im Rhonetal. Zwischen den Sandkörner- und Kiesgeröllen dieser Schotter ist Raum für grosse Mengen von Wasser, das neben und unter den oberirdischen Flüssen durch das lockere Gestein fliesst. Sind dessen Poren eng, fliesst es nur einige Zentimer pro Tag, in gröberem Material kann es allerdings grössere Distanzen überwinden, wie etwa im Tösstal, wo es bis hundert Meter pro Tag zurücklegt.

Kluft-Grundwasserleiter

Zur Zeit der Alpenfaltung wurden bis dahin flach liegende Gesteinsschichten von den Kontinentalplatten aufeinander geschoben, verfaltet und zu Bergen aufgetürmt. Unter dem gewaltigen Druck öffneten sich Risse oder Klüfte im Gestein, in die das Regenwasser eindringt und teilweise lange Strecken zurücklegt. In alpinen Kluft-Grundwasserleitern liegen teilweise grosse Wasservorräte in unterirdischen See- und Gangsystemen, deren ausgleichende Dynamik für eine regelmässigere Schüttung sorgt, als dies bei den meisten Karstquellen der Fall ist.

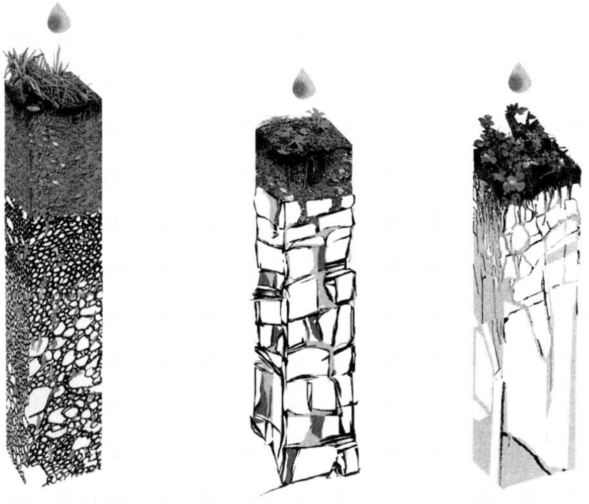

Lockergestein-, Kluft- und Karstgrundwasserleiter (von links nach rechts).

Karst-Grundwasserleiter

Karst ist der Sammelname für Formen an und unter der Erdoberfläche, die auf Lösungsvorgänge an oder in dafür geeigneten Gesteinen zurückgehen. Die Lösung beruht in erster Linie auf der Einwirkung kohlensäurehaltigen Wassers, also in der Umwandlung des Kalks in Calciumhydrogencarbonat.

Die Kalksteine der Voralpen und des Juras wurden seit Jahrtausenden von solchem durch die Humusschicht gesäuertem Wasser ausgewaschen. Im Untergrund frass dieses weiträumig verästelte Hohlräume in den Fels, was zu den typischen Verkarstungen führte. Solche Karstsysteme bilden zwar die grössten unterirdischen Hohlräume, können aber nur wenig Wasser über längere Zeit speichern, weil es in der Regel innerhalb einiger Tage abfliesst. An der Oberfläche der Karstgebiete herrscht Wasserarmut, da das Wasser rasch versickert und in unterirdischen Bächen abfliesst.

In den Alpen werden Karstquellen wie etwa die Simmenquelle auch aus Gletscherwasser gespeist, weshalb ihre Schüttung weniger von der Witterung abhängt. Im Hitzesommer 2003 sprudelten sie zum Beispiel in seltener und buchstäblich überschäumender Fülle aus dem Berg.

Trinkwasser

Heute wird der grösste Teil des Trinkwassers aus Gundwasserfassungen in Reservoirs gepumpt und durch Leitungen in die Haushalte geführt. In vielen Wasserversorgungen wird zusätzlich frisches Quellwasser zugeführt, und mancherorts stammt das Trinkwasser zur Hauptsache aus Quellen. Die chemische Qualität des Trinkwassers ist in der Schweiz im Vergleich zu anderen Ländern zum grössten Teil gut bis sehr gut. Etwa die Hälfte des Grundwassers ist von so guter Qualität, dass es nicht aufbereitet werden muss. Ein Teil des von Natur aus reinen Trinkwassers der Schweiz stammt aus bewaldeten Einzugsgebieten und enthält entsprechend wenig Schadstoffe. Der Grund liegt einerseits darin, dass Wälder weder gedüngt noch überbaut werden, andererseits ist der belebte Boden in den Wäldern oft in naturnäherem Zustand und vermag das Wasser besser zu reinigen. Der grösste Teil des Trinkwassers wird aus dem Grundwasser der Flussschotter entnommen. Die filtrierende Humusschicht ist in den grossen Flusstälern am tiefsten, ausserdem wird in den darunter liegenden mächtigen Schichten aus Kies, Sand und

Tonplättchen das Wasser zusätzlich gereinigt. Etwa ein Sechstel des Trinkwassers stammt aus Karstgrundwasser und etwa ein Viertel aus Kluftgrundwasser.

Wasser nährt, reinigt, vermittelt, verbindet, bewegt, erfrischt und löst. Von uns Menschen wird es geschätzt, gebraucht, genutzt, genötigt und verschmutzt.

Wasser-Symposium, St. Gallen

Durch Abfalldeponien, Luftschadstoffe, Abwasser, Dünger, Pflanzenschutzmittel, Haushalt- und Industriechemikalien oder Medikamente verursachte Verunreinigungen wird das Wasser heute stark belastet. Ein Problem, das uns zurzeit beschäftigt, sind die hormonaktiven Substanzen, die aus Antibabypillen oder Sonnenschutzmitteln ins Wasser gelangen. Ihr Einfluss auf die geschlechtliche Entwicklung und damit auf die Fortpflanzung zeigt sich bereits bei den Fischen: In einigen Gewässern verweiblichen die Männchen und verlieren ihre Zeugungsfähigkeit. Wer sich der Qualität seines Trinkwassers nicht sicher ist, kann es analysieren lassen. Wenn es zu wenig rein ist, kann es mit Hilfe verschiedener Geräte gefiltert werden, dies gilt allerdings nicht für die hormonaktiven Substanzen. Verschiedene Wasserforscher weisen jedoch darauf hin, dass das Problem der energetischen Verunreinigung oder negativer Informationen trotz oder gerade wegen der Aufbereitung nicht gelöst wird. Immer öfter werden deshalb etwa Bergkristalle oder reines Quellwasser benutzt, um das Wasser wieder mit natürlichen Schwingungen zu beleben. Doch bevor wir darauf eingehen, wollen wir uns zunächst näher mit Quellen an sich befassen.

Was sind Quellen?

Quellen sind wie bereits erwähnt Wasseraustritte aus Grundwasserleitern. Ebenso wichtig wie die Grundwasserleiter sind die so genannten Grundwasserstauer, Gesteine mit sehr kleinen oder nicht zusammenhängenden Poren und Klüften, durch die kaum Wasser dringen kann. Ohne diese Stauschichten würde das Grundwasser versickern und im Untergrund abfliessen, ohne Quellen zu bilden.

Wenn unter einem horizontal gelagerten oder zum Quellaustritt abfallenden Grundwasserleiter ein Grundwasserstauer liegt, fliesst das Wasser auf dieser undurchlässigen Schicht, bis es an einem Hang oder in der Ebene als absteigende Quelle hervorquillt. Der Abfluss solcher Quellen kann bis zu siebzig Prozent unterirdisch geschehen. Unter den Quellbächlein fliessen also stattliche Bäche.

Anders bei den aufsteigenden Quellen, wo der Grundwasserleiter im Einzugsgebiet weit in die Tiefe reicht. Das Wasser versickert, bis es schliesslich eine wasserstauende Schicht erreicht und durch den Wasserdruck an einem tiefer als das Einzugsgebiet liegenden Ort wieder an die Oberfläche gepresst wird.

Je nachdem, aus welchen Grundwasserleitern die Quellen gespeist werden, schütten sie regelmässig oder unregelmässig. Der grösste Teil der regelmässig schüttenden Quellen in der Schweiz entspringt aus den mächtigen, oft mehrstöckigen Grundwasserleitern der grossen Flusstäler. Allerdings sind die Täler heute dicht besiedelt, weshalb praktisch alle dortigen Grundwasserleiter für die Trinkwasserversorgung gefasst wurden.

Die meisten der verbliebenen frei fliessenden Quellen sind am Beginn von Bächen zu finden. Oft sickert das Wasser an verschiedenen Stellen an die Oberfläche und bildet Rinnsale, die sich nach einigen Dutzend Metern mit anderen Quellästen zu einem Bachlauf vereinigen. Es gibt aber auch so genannte Quellmulden, aus denen das Wasser nicht abfliessen kann und innerhalb von einigen Metern bis einige hundert Meter vom Austrittsort entfernt wieder versickert. Als blinde Quellen werden jene bezeichnet, die versickern, bevor sie die Erdoberfläche erreichen. Die Quellen, die den Beginn von Bächen bilden, werden seit Anfang des 20. Jahrhunderts grundsätzlich in drei verschiedene Formen unterteilt. Allerdings finden sich in der Natur oft fliessende Übergänge zwischen diesen.

Fliessquelle

Das austretende Wasser fliesst rasch ab, und der Quellbereich unterscheidet sich kaum vom Oberlauf des Baches. Der Boden ist felsig, kiesig oder steinig und meistens nicht von Wasserpflanzen bewachsen. In der näheren Umgebung von Fliessquellen, der so genannten Spritzwasserzone, wohnt eine eigenständige Lebensgemeinschaft von feuchtigkeitsliebenden Pflanzen.

Sickerquelle

Das Wasser durchsickert in flachem Gelände oder am Hang den Boden und bildet einen Quellsumpf. Durch die schwache Strömung bilden sich Schlamm und organische Ablagerungen am Boden. Das erste Rinnsal beginnt oft erst einige Meter unterhalb der Sickerstelle. Sickerquellen sind je nach Standort üppig mit Moosen, Binsen, Schilf und anderen feuchtigkeitsliebenden Pflanzen überwachsen.

Weiherquelle

Das Wasser tritt am Grund eines natürlichen Weihers aus und fliesst am Überlauf der Mulde als Quellbach ab. Der Grund ist mehrheitlich mit Schlamm und Sand bedeckt. Weiherquellen sind mit lokalen Wasserpflanzen bewachsen. Bei grösseren Weihern finden sich die typischen «Wasserbäume» wie Schwarzerle, Weide oder Silberpappel.

Unter den Fliessquellen beeindrucken vor allem die Karstquellen, wie sie im Jura und in der Alpen zu finden sind. Weil das Wasser von Karstquellen relativ schnell durch den Untergrund fliesst, ist es schlecht gefiltert und deshalb meistens etwas getrübt. Früher sollen sogar ab und zu augenlose Grottenolme aus ihren Karsthöhlen gespült worden sein, die man für junge Höhlendrachen hielt. Wegen des kurzen Wegs zwischen Einzugsgebiet und Wasseraustritt sind Karstquellen von Niederschlägen abhängig und schütten entsprechend unregelmässig. Im Engelbergtal oder im Val de Travers werden sie nach starken Regenfällen zu tosenden Sturzbächen, während sie nach langen Trockenperioden nur noch Rinnsale sind oder gar versiegen.

Das wenig gefilterte Wasser aus Karstquellen kann problemlos getrunken werden, wenn sich das Einzugsgebiet in Wäldern befindet, liegt es aber in intensiv genutzten Landwirtschaftsflächen, wird zu Vorsicht geraten. Allerdings schaden auch dann einige Schlucke in Respekt und Ehren meistens nicht.

Bei Karstquellen fasziniert der Kontrast zwischen Gestein und hervorsprudelndem Wasser. Kaum an einem anderen Ort kann das Zusammenspiel zwischen dem Fels als Inbegriff der Festigkeit und dem bewegten, unablässig sprudelnden Wasser so unmittelbar erfahren werden.

Giessen, Kalksinterquellen und Hungerbrunnen

Grundwasseraufstösse entlang den Fliessgewässern werden in der Schweiz Giessen genannt. Sie entstehen, wenn oberflächennahe Grundwasserströme durch unterirdische Riegel gestaut und nach oben gedrückt werden. Das Wasser sprudelt an eng begrenzten Orten aus dem Boden, bildet Quelltöpfe und fliesst in Bächen ab. In diesen Quelltöpfen können die typischen Sandvulkane beobachtet werden. Der Sand am Boden der Töpfe wird vom emporquellenden Wasser ständig hochgewirbelt. Obwohl entlang den Flussläufen Flurnamen wie Giesse oder Giessen noch davon zeugen, sind die einst weit verbreiteten Giessenquellen ausgesprochen selten geworden. Zwei schöne Beispiele sind im Wilerwald bei Solothurn und im Rohrerschachen bei Aarau zu erleben. Ebenso selten sind die Kalksinterquellen, wie die Tüfels Chilen oder die Sagenweidquelle. Ihr kalkhaltiges Quellwasser wird durch das Moos chemisch verändert, ein Teil des Kalks wird als so genannter Quelltuff abgelagert. Die abfliessenden Bäche bilden Tuffkegel, über die das Wasser wie durch ein natürliches Wasserspiel hinabfliesst. In Kalksinterquellen leben wenig bis keine Tiere, denn sie würden innen und aussen schnell verkalken.

In verschiedenen Gebieten der Alpen kennt man das Phänomen des Mai- oder Hungerbrunnens, im Bernbiet auch Lugibrunne (Lügenbrunnen) genannt. So benannte Quellen beginnen jeweils im Frühling zu schütten und versiegen im Herbst wieder. Sie werden aus auftauendem Eis und Firn sowie von Regenfällen gespeist. Früher sahen die Alpenbewohner in ihnen ein Geschenk der Alpfeen, die auf diese Weise Mensch und Vieh während der Sömmerung mit Wasser versorgten. Heute wissen wir, dass es sich um typische Karst- und Kluftquellen handelt, die oft während der kalten Jahreszeit nicht fliessen. Damit soll jedoch nicht gesagt sein, dass sie deshalb nicht Geschenke der Alpfeen sind. Möglicherweise kannten die alten Bergler Zusammenhänge, die uns verborgen sind.

Thermal- und Mineralwasserquellen

Warme Quellen wurden von jeher besonders geschätzt. Ihr Wasser wird in der Tiefe durch den aufsteigenden Wärmestrom der Erde aufgeheizt, wobei die Temperatur von aussen ins Erdinnere pro hundert Meter etwa um drei Grad zunimmt. Unter Hitze, Druck und langer Lagerdauer löst das Wasser mehr Mineralien aus dem Gestein als bei den meisten anderen Quellen. Natürliches Wasser enthält immer Minerale. Der Unterschied zwischen normalem Quellwasser und Mineralwasser liegt in der Menge der gelösten Mineralstoffe. Ein Wasser wird als gering mineralhaltig bezeichnet, wenn es weniger als 50 Milligramm gelöste Mineralien pro Liter (mg/l) enthält. Mehr als 1500 mg/l gelten als hoher Mineralgehalt, und Wasser mit einer Konzentration von 2000 mg/l wird als Medizinalwasser bezeichnet. Die häufigsten Mineralstoffe sind Kalzium, Magnesium, Natrium, Kalium, Hydrogenkarbonat, Sulfat, Chlorid und Nitrat.

Weil Mineralwasser aus tieferen Erdschichten stammt, nimmt es unter anderem auch Stoffe auf, die an der Erdoberfläche nicht vorkommen und deshalb in anderen Wässern nicht zu finden sind. Die Art und Menge der gelösten Mineralstoffe wird durch das Vorkommen der Mineralien im Grundwasserleiter sowie von deren Wasserlöslichkeit bestimmt. Ausser der Temperatur und der Lagerdauer ist der Kohlensäuregehalt des Wassers ein wesentlicher Faktor für die Mineralisierung. Während des Versickerns nimmt es Kohlensäure auf, die von den Kleinlebewesen in der Humusschicht gebildet wird. Im Jura und in den tiefer gelegenen Gebieten der Alpen ist diese Schicht im Allgemeinen fett und aufgrund des warmen Klimas sehr belebt, weshalb das Quellwasser sauer ist und entsprechend mehr Mineralstoffe aus dem Gestein löst. In den dünnen Böden und den rauen Klimaverhältnissen der höheren Alpenregionen nimmt das Wasser weniger Sauerstoff auf, weshalb es weniger Minerale aufnehmen kann.

Bereits um 340 v. Chr. lehrte Aristoteles, dass Mineralwasser seine Farbe und seinen Geschmack aus dem Boden aufnimmt. Aber erst während der Renaissance begannen Forscher die Mineralien systematisch zu analysieren. Der zur damaligen Zeit lebende Arzt und Naturforscher Paracelsus war überzeugt, dass jede Mineralquelle als ein Ganzes zu sehen ist und jedes Wasser die Kräfte oder Informationen der Minerale in sich trägt, selbst wenn diese längst aufgelöst sind. Wir werden weiter unten (Seite 127) auf diese sehr modern wirkende Auffassung zurückkommen. Die heutigen Untersuchungsverfahren geben detaillierten Aufschluss über den Inhalt der verschiedenen Mineralwässer. Aufgrund des Wissens über die Wirkung der Mineralien auf den Organismus können die Wässer entsprechend gezielt angewendet werden. In der Praxis beruhen die Therapien allerdings bis heute weitgehend auf den Beobachtung der alten Badeärzte.

Neben den bekannten Mineralwasserquellen entspringen in der Schweiz zahlreiche Quellen, die leicht mineralisiertes Wasser spenden. Viele von ihnen sind im Anhang aufgelistet. Es waren vor allem diese Wässer, die einst die vielen Heil- und Volksbäder sowie die beliebten Trinkbrunnen speisten. Zu ihnen zählen auch die weit verbreiteten Schwefel- oder Eisenquellen.

Quellen sind lebenswichtige Biotope

Nach den Eiszeiten bildeten die Quellen eigentliche Wärmeinseln. Seither wurden sie im Verhältnis zu der veränderten Umgebungstemperatur ständig kühler, weshalb die dort gedeihenden Lebensgemeinschaften heute ausschliesslich in Quellgebieten vorkommen. Quellen bieten einen ausgeglicheneren Lebensraum als alle anderen Biotope. Die Temperatur des Wassers entspricht ungefähr dem Jahresdurchschnitt der Lufttemperatur und schwankt nur um wenige Grad, sodass der Einfluss der Jahreszeiten wesentlich schwächer ist. Dieselbe Quelle, die im Sommer kühles Wasser spendet, bildet im Winter eine Insel im Schnee. Quellen sind deshalb Lebensräume für zahlreiche spezialisierte Tiere. Die Lebensgemeinschaft im Übergang zwischen Grundwasser und Bachoberlauf setzt sich aus Bewohnern des Grundwassers und aus jenen der Bäche und Teiche zusammen. Besonders im Wasser der Karstquellen lebt ein hoher Anteil ausgeschwemmter Grundwasserorganismen, wie der Höhlen-Flohkrebs oder die Brunnenschnecke. Ausserdem finden sich bei Quellen spezielle Arten, die ausschliesslich dort gedeihen.
Unversinterte Fliessquellen bieten der grössten Vielfalt an Quellspezialisten einen Lebensraum. Sie beherbergen eine faszinierende Gemeinschaft von Kleintieren wie Strudelwürmer, Krebstierchen, Schnecken, Weichtiere, Muscheln, Egel, Käfer und Insekten, wie Steinfliegen oder Köcherfliegen. Obwohl teilweise winzig, sind sie nicht weniger schützenswert als andere bedrohte Tierarten. Verschiedene dieser Tierchen leben nur in Quellen, andere auch in den angrenzenden Lebensräumen wie Bach- oder Uferbereichen. Der Feuersalamander ist seiner Grösse wegen der eindrücklichste Bewohner von Quellen. Er legt seine Larven ausschliesslich im Quellbereich ab, weshalb der oberste Abschnitt eines Fliessgewässers auch Salamanderzone genannt wird. Weil auf seiner weichen und geschmeidigen Haut der Kalk nicht haften bleibt, kann er selbst in Kalksinterquellen gut leben. Die beiden in Quellen vorkom-

menden Libellenarten (zwei Formen der gestreiften Quelljungfer) sind auf natürliche Quellbäche angewiesen und daher selten geworden. Wer das Glück hat, ihnen während ihrer kurzen Lebensphase zu begegnen, wird sie umso mehr schätzen. Nach der Sage verwandelte sich ein Teil der Flugdrachen in Libellen (engl. Dragonfly), um der Verfolgung durch die Drachentöter zu entgehen. Tatsächlich erinnern die Flugkünstler an farbig schillernde Drachen; sie gelten auch als die Lieblingsreittiere der kleinen Quellnymphen. Wo Quelljungfern leben, ist die Natur noch gesund, was bei uns aber nur noch für wenige Gebiete gilt. Ohne die Hilfe der Naturfreunde werden unsere letzten Drachen auch in dieser harmlosen Form aussterben. Auch einige Fische und viele Wasserpflanzen kommen nur in den Giessen der Flusstäler und in Teichquellen vor.

Unter den Pflanzen sind keine eigentlichen Quellenspezialisten zu erkennen. Die bei Quellen wachsenden Blumen, Gräser und Kräuter sind dieselben wie an den Ufern der umliegenden Gewässer. Allerdings spriessen bei Quellen die Pflanzen allgemein üppiger als anderswo, was auch für die standortgerechten Bäume wie Esche, Erle, Bergahorn, Stieleiche, Buche, Traubenkirsche oder Weide gilt.

Quellen – versiegt, verdolt, vergessen.

Jens M. Zollhöfer

Die meisten Quellen wurden und werden zur Verwendung als Leitungswasser gefasst. Aus solchen Fassungen beziehen Bauernhöfe, Siedlungen, aber auch ganze Gemeinden ihr Wasser. In der Schweiz stellte der Wasserreichtum seit Jahrhunderten für manche Menschen auch eine Bedrohung dar, gegen die sie sich mit viel Aufwand zu schützen versuchten. Vor allem die einst weit verbreiteten abflusslosen Quellen wurden als wertloses Sumpfgebiet entwässert. Aber auch die unzähligen Quellen am Ursprung von Bächen wurden fast alle gefasst. Im Mittelland sind nur noch einzelne dieser Austritte in natürlichem Zustand, in vielen Gebieten sind sie ganz verschwunden, und selbst in den abgelegenen Tälern des Juras sind frei fliessende Quellen zur Seltenheit geworden. Viele Quellen wurden auch gefasst, ohne dass dafür eine Notwendigkeit bestand. Oft geschah es aus vermeintlich ästhetischen Gründen oder ganz einfach aus Übereifer der Wasserbauer. Dabei ist die natürliche Erosion von Quellen so gering, dass Fassungen oder Uferbefestigungen zum Schutz des Bodens nicht notwendig sind. Vielerorts wird heute das Wasser aus lokalen Quellfassungen nicht mehr genutzt, weil das Leitungswasser aus dem Grundwasservorkommen gepumpt wird. So sind im Umfeld des Ursprungs zahlreicher Bäche Quellfassungen eingebaut, deren Wasser ungenutzt abgeleitet wird.

Von den zahlreichen einstigen Quellgebieten sind deshalb nur noch wenige Quelläste vorhanden. Im Mittelland sind allein in den letzten hundert Jahren über drei Viertel der Bachanfänge verschwunden. Auch die einst so zahlreichen Giessen oder Grundwasseraustritte in den Auengebieten gingen durch die Entwässerung und durch die Kanalisierung der Flüsse bis auf einige wenige verloren. Selbst wo Quellen nicht gefasst sind, wurde ihr Biotop oft empfindlich gestört, etwa durch Forststrassen, die mitten durch das Quellgebiet führen, oder indem sie auf offenen Feldern durch Baumschlag dem Sonnenlicht ausgesetzt sind. In beiden Fällen können die typischen Lebensgemeinschaften nicht mehr existieren. Und schliesslich versiegten zahlreiche der einstigen Quellen fast unbemerkt infolge der Absenkung des Grundwasserspiegels durch die Pumpwerke der Wasserversorgungen. Wir haben das Erlebnis frei fliessender Quellen verloren – die in Wiesen und Wäldern stehenden Betonreservoirs und Dolenschächte bringt kaum noch jemand mit einer sprudelnden Quelle in Verbindung.

Vom Naturschutz vergessen

Quellen, Symbole für Lebenskraft und Erneuerung, sind heute extrem gefährdet. Wenn auch nachkommende Generationen die Gelegenheit erhalten sollen, das Naturwunder Quelle zu erleben, müssen sie besser geschützt werden. Wir können deshalb die Tatsache der Zerstörung und Ausbeutung der Quellen nicht unerwähnt lassen. Quellen sind heute so selten geworden, dass die wenigen noch intakten natürlichen Grundwasseraustritte als Inselbiotope mit einem hohen Anteil an sonst ausgestorbenen Populationen angesehen werden müssen, wie der Quellenforscher Jens Zollhöfer feststellte. Noch ist wenig bekannt, welche Auswirkung das Verschwinden dieser Biotope auf die Natur insgesamt hat, es ist aber davon auszugehen, dass dadurch das biologische Gleichgewicht empfindlicher gestört wurde, als allgemein angenommen. Der Bergbauer und Naturphilosoph Gadon Krebs warnte in der Mitte des letzten Jahrhunderts, das Fassen und Eindolen von Quellen und Bächen zerstöre den natürlichen Wasserhaushalt und führe zur «Sündtröchni» oder Sündtrockenheit, die nicht weniger zerstörerisch sei als die «Sündflut». Was damals allgemeines Kopfschütteln bewirkte, scheint angesichts neuer Erkenntnisse über das dicht gewobene Lebensnetzwerk der Natur nicht mehr ausgeschlossen. Gerade der Dürresommer 2003 vermittelte einen Eindruck davon, welche Auswirkungen eine solche «Sündtrockenheit» haben kann.

Erstaunlicherweise sind Quellen im Gegensatz zu anerkannten Sonderbiotopen wie Moore, Auen oder Trockenwiesen nicht gesetzlich geschützt, obwohl sie sehr empfindlich auf Störungen reagieren. Ein Beispiel dafür ist die gestreifte Quelljungfrau; sie legt ihre Larven bei Quellen ab, wo sich diese dann im Laufe von drei bis sieben Jahre entwickeln. Tritt in dieser Zeit jemand auf die Stelle, wo eine Larve liegt, wird uns eine Libelle weniger mit ihrem ekstatischen Flug erfreuen.

Die Gesetze bezüglich Quell- und Grundwasser schützen nicht die Quelle als solche, wie zu erwarten wäre. Sie dienen vielmehr den Interessen der Trinkwassernutzung, die mit jenen des Naturschutzes oft nicht vereinbar sind. Bei allem Respekt für die Wasserversorgung darf nicht vergessen werden, dass unzählige wertvolle Biotope zerstört wurden. Ausserdem gelten Quellbäche, die pro Jahr achtzehn Tage oder länger trocken bleiben, nicht als Gewässer im Sinne des Schutzgesetzes; dies bedeutet, dass der grösste Teil der Quellen im Mittelland und Jura nicht geschützt sind. Laut dem Zivilgesetzbuch gehören Quellen dem Eigentümer des betreffenden Grundstücks, sind also Privateigentum. Quellbäche können erst als öffentliches Gut geschützt werden, nachdem sie die erste Grundstücksgrenze überquert haben. Der auf Quellbiotope spezialisierte Biogeograf Jens Zollhöfer schlägt vor, dass die verbleibenden ständig fliessenden natürlichen Quellen als Biotope von lokaler oder regionaler Bedeutung geschont werden müssen. Seine Begründung: «Wir brauchen bessere Gesetze, in denen die Quellen als Lebensräume erwähnt werden. Eine intakte Quelle ist genauso einzigartig und spektakulär – oder eben unscheinbar – wie ein Hochmoor, eine Magerwiese oder ein Auwald. Sie müssen daher, auch wenn sie kleinflächiger sind, mit dem gleichen Mass wie die anderen Sonderbiotope gemessen werden.» Frei fliessende Quellen sind so selten geworden, dass das Fehlen ihres Schutzes unverständlich ist.

Die Brunnenstuben Europas

Was mit dem Wasser des Alpenraums geschieht, betrifft einen grossen Teil Europas. Es ist deshalb nicht nur für die Schweiz existenziell wichtig, die natürlichen Vorgänge des Wasserhaushalts zu erhalten und zu schützen. Von den 60 Milliarden Kubikmeter Wasser, die jedes Jahr als Niederschläge auf dem Gebiet der Schweiz niedergehen, fliessen 67 Prozent mit dem Rhein über die Landesgrenze. Rund 18 Prozent gelangen über die Rhone nach Frankreich, knapp 10 Prozent fliessen in den Po und etwa 5 Prozent in die Donau. Die Alpen bilden ein grossflächiges Quellbiotop, das ebenso sensibel auf Umweltveränderungen reagiert wie lokale Biotope. Die baulichen Eingriffe sind bereits so weit fortgeschritten, dass von einer wesentlichen Zerstörung gesprochen werden muss. Die durch Schadstoffe bedingte Klimaerwärmung, das Verschwinden von Waldflächen und die Versiegelung der Landschaft mit Asphalt und Beton sind Ursachen weitreichender Veränderungen im Wasserhaushalt, deren Folgen der Landschaft, Kultur und Wirtschaft Europas zunehmend nachhaltigen Schaden zufügen.

Neben Menge und Qualität des Wassers sowie dem bereits erwähnten Nachschub von Mineralien sind auch seine feinstofflichen Schwingungen von Bedeutung. Wie weiter unten näher erläutert wird, überträgt das hochwertige Quellwasser die natürlichen Informationen auf bereits belastetes Wasser der Flüsse und Seen, weshalb der Nachschub von natürlichem Quellwasser von grösster Wichtigkeit für die grossen europäischen Ströme ist. Nach Auffassung verschiedener Fachleute wirkt sich die energetische Qualität der alpinen Quellgebiete selbst auf das Wasser der von ihnen gespeisten Meere aus. Eigentlich müsste der Alpenraum als grossflächiges Quellbiotop im Interesse aller geschont und geschützt werden.

Vitalisieren und Renaturieren

Quellen sind nicht nur Symbole der Erneuerung, sie haben tatsächlich eine grosse Fähigkeit zur Regeneration. Gefasste Quellen, deren Wasser nicht mehr benötigt wird, sowie zusammengebrochene Entwässerungssysteme sind ideale Objekte für eine Revitalisierung. Jens Zollhöfer konnte im Jura einen Bauern dafür gewinnen, eine mitten in einer Weide liegende völlig versumpfte Quelle einzuzäunen und damit vor

Viehtritt zu schützen. Bereits im folgenden Jahr war der Sumpf eingetrocknet und die Quelle bildete wieder einen Quellbach. Bald kamen auch die ersten Quelltiere zurück, und die dort lebenden Artengruppen stiegen von 9 auf 23. Inselbiotope, wie Quellen es sind, erschweren den Organismen eine Neubesiedlung. Dies gilt umso mehr, wenn sie viele Kilometer auseinander liegen. Und doch gelingt es den kleinen Quellspezialisten, eine revitalisierte Quelle zu erreichen. Wie sie dieses Kunststück schaffen, ist bis heute ein biologisches Rätsel. Es ist aber auch ein hoffnungsvolles Beispiel dafür, wie sich die Natur auf wunderbare Weise selbst erneuert, wenn man ihr die Gelegenheit dazu gibt.

In der Natur gibt es keinen Chef, und doch kommt sie gut alleine zurecht, wenn man sie nur in Ruhe lässt und ihr die Möglichkeit gibt, nach eigenem Gutdünken zu erledigen, was zu tun ist.

Alan Watts

Trotz aller lobenswerten Bemühungen zu ihrem Schutz bleibt die Tatsache bestehen, dass Quellen als wesentliche Landschaftselemente verschwunden sind. Dadurch ist nicht nur die Landschaft mit ihrer Flora und Fauna ärmer geworden. Wir haben mit den Quellen die Möglichkeit verloren, eines der eindrücklichsten Naturwunder zu erleben. Zurzeit sind verschiedene Institutionen und Privatleute bestrebt, noch frei fliessende Quellen zu erfassen und unter Schutz zu stellen sowie gefasste, aber nicht mehr genutzte Quellen wieder frei fliessen zu lassen. Bis ein entsprechendes Gesetz vorliegt und angewendet werden kann, wird es im besten Fall Jahre dauern. Gefragt ist deshalb vor allem das Engagement naturliebender Bürger. Wer etwas für unsere verdolten und vergessenen Quellen tun will, setzt sich am besten für die Renaturierung einer Quelle in seiner Gemeinde ein. Dies ist in vielen Fällen machbar, und wo es die Umstände nicht erlauben, könnte zumindest eine naturnahe Anlage geschaffen werden. In unseren Siedlungs- und Kulturlandschaften wirken solche Biotope wie Energiezentren, die letztlich einen positiven Einfluss auf die ganze Umgebung haben. Mit der Freisetzung gefasster Quellen werden ausserdem Orte geschaffen, wo Menschen auch in der Nähe ihrer Wohnorte das magische Quellen des Wassers wieder unmittelbar erleben können. Und wer Wert auf frisches Quellwasser legt, hätte die Möglichkeit, dieses in seiner Umgebung zu finden.

Die Rückgabe einer Quelle ist eine gute Möglichkeit für einen Akt tätiger Reue und Wiedergutmachung an der Natur, denn in der Umweltzerstörung gibt es kaum Unbeteiligte. Wir werden weiter unten auf den Zusammenhang zwischen den Gaben und der Wirkung der Quellen näher eingehen; an dieser Stelle sei aber bereits vermerkt, dass die Renaturierung zurzeit wohl die schönste Gabe ist, die man einer Quelle bieten kann. Nach der Naturmythologie gelten Quellgöttinnen und Nymphen als grosszügig und sollen sich jenen gegenüber, die ihnen einen Dienst erweisen, sehr dankbar zeigen. Ausserdem entwickelt sich zu einer Quelle, an deren Freisetzung man persönlich mitgewirkt hat, eine unmittelbare Beziehung, was der Schlüssel zu ihrer Kraft ist.

Nach den an alten Quellorten gefundenen Opfergaben zu schliessen, galten auch gefasste Quellen als heilig. Womöglich sollten die Gaben die Gottheit für das «Einsperren» besänftigen, doch wahrscheinlich wollten die Menschen damit einfach für ihr gutes Wasser danken. Bei lokalen Wasserfassungen lässt sich mit wenig Aufwand eine Stelle schaffen, wo etwas Wasser in die Umgebung austreten kann. Damit würde ähnlich wie bei einer Renaturierung ein Ort der Besinnung geschaffen und eine Stelle, wo die Einwohner ihr Wasser frisch abfüllen können.

Durch die Fassung von Quellen verschwinden die typischen Pflanzen und Tiere ihrer Lebensgemeinschaft. Nach der Naturmythologie hat dies ebenso drastische Auswirkungen auf die Quellgöttinnen und Nymphen. Sie sind zwar immer noch an ihre Quelle gebunden, haben aber mit dem Verschwinden des natürlichen Wasseraustritts ihren Beziehungspunkt verloren. Nach der Renaturierung baut sich das feinstoffliche Energiefeld einer Quelle wieder auf, die Quellfrau kann ihre Aufgaben wieder erfüllen, die pflanzlichen und tierischen Bewohner können zurückkehren. Nun klingt die Vorstellung, dass bei Quellen tatsächlich ein Numen, ein unsichtbares und geheimnisvolles Wesen lebt, für viele etwas zu fantastisch. Doch liegt dies möglicherweise an der eingeschränkten Vorstellung, die wir von den unsichtbaren Wesen und Kräften der Natur haben.

Nutzung von Quellen

Die älteste gefundene Wasserfassung der Schweiz wurde während der Bronzezeit im heutigen St. Moritz aus Holz erstellt. Wie viele andere hölzerne Fassungen, Deuchel (Wasserleitungen) und Brunnen es einst gab, werden wir nie wissen, denn das Holz ist längst vermodert und zu Humus geworden.

Zweifellos wurden auch zur Zeit der Kelten die Quellen von den Bewohnern des Landes genutzt. Man darf davon ausgehen, dass sie dazu ebenfalls Holz verwendeten, das überall reichlich vorhanden und relativ leicht zu bearbeiten war. Zudem wussten die Menschen wahrscheinlich, dass gutes, gesundes Holz das beste Material für Fassungen, Leitungen und Brunnen ist. Der Wasserpionier Viktor Schauberger wies in den dreissiger Jahren des 20. Jahrhunderts darauf hin, dass aufgrund der geringen Wärmeleitfähigkeit der Holzwandungen ungünstige Einflüsse auf die inneren Stoffwechselvorgänge des Wassers stark abgeschwächt werden und deshalb die Qualität weitgehend erhalten bleibt. Ausserdem verändert sich in hölzernen Wasserleitern und -speichern die natürliche Information des Wasser kaum, wie weiter unten noch ausgeführt wird.

Die offizielle Geschichte der Nutzung der Quellen auf dem Gebiet der Schweiz beginnt mit der Besetzung des Landes durch die Römer. Sie fassten verschiedene stark schüttende Quellen und leiteten sie teilweise über grosse Distanzen in ihre Städte und Heerlager. Als Baumaterial benutzten sie Stein, weshalb verhältnismässig viele Überreste solcher Anlagen gefunden wurden, so zum Beispiel bei Brugg (Vindonissa) oder bei Avenches (Aventicum) am Murtensee.

Im Mittelalter waren Sodbrunnen (Ziehbrunnen) die am meisten benutzten Trinkwasserquellen. Ihre Schächte reichten bis etwas unterhalb des Spiegels des Grundwassers, das in Kübeln heraufgezogen wurde. Als die grösseren Städte über ihre Mauern hinaus wuchsen, wurden die ersten öffentlichen Wasserversorgungen gebaut. Das Wasser wurde vorerst Quellfassungen und Bächen entnommen. Mit dem Einsatz von Tauchpumpen seit den vierziger Jahren konnten die grossen Grundwasservorkommen in den Flusstälern direkt angezapft und nahe den Verbrauchern gefördert werden. Dadurch ist der Grundwasserspiegel gesunken, was zum Versiegen vieler Quellen führte.

Wasserpolitik

Grosse Konzerne der Bier-, Mineralwasser- und Lebensmittelbranche haben bereits vor Jahrzehnten begonnen, gute Quellen aufzukaufen. Ein Beispiel, wie die Interessen solcher Firmen, deren Entscheidungsträger oft nicht einmal wissen, wo die entsprechenden Quellen liegen, den Interessen der Landschaft und ihrer Bewohner zuwider laufen, bot die Übernahme der traditionsreichen Mineralwasserquelle bei Weissenburg. Nachdem die Firma Feldschlösschen (zurzeit Heineken) die Quelle gekauft hatte, wurde sie angebohrt und das Wasser mit Pumpen abgesaugt. Darauf geschah das, was kommen musste: Durch den starken Sog wurden Schwebeteilchen aus dem Boden gezogen und das Wasser verschmutzt. Die Verantwortlichen der Firma Feldschlösschen gaben darauf den Standort auf, und mit einem Schlag hatten Dutzende von Talbewohnern ihre Arbeit verloren. Verschiedene Beobachter des Geschehens sind heute überzeugt, dass die Firma von Beginn weg nicht an der Quelle, sondern an der Abfülllizenz für das Tafelwasser Schweppes interessiert war. Nebenbei wurde mit diesem Schachzug die Konkurrenz des Weissenburger Mineralwassers aus dem Markt geworfen. Die Geschichte klingt wie eine moderne Sage und ist ein Sinnbild für die weit verbreitete Gier, aus allem den letzten Tropfen herauszusaugen.

Als ich auf Quellensuche in Graubünden unterwegs war, traf ich überall auf Menschen, die ihren Zorn über die Übernahme der Quelle von Vals durch Coca Cola – Synonym für den grenzenlosen Kommerz – mit markigen Worten ausdrückten. Engagierte Fachleute und Laien sprechen bereits von einem eigentlichen Beutezug der Grosskonzerne auf die Quellen. Tatsächlich zeichnet sich im «Wassergeschäft» eine besorgniserregende Entwicklung ab, die auf die Kontrolle der Mineral- und Tafelwasserquellen sowie der Grundwasserfassungen durch einige international tätige Konzerne hinausläuft. Die Auseinandersetzung um das Wasser findet nicht nur in Afrika oder Asien statt, sondern auch unmittelbar vor unserer Haustür, und ihre Folgen reichen über die Wasserleitungen bis in unsere Wohnungen. Wasser ist aber ein zu kostbares und wichtiges Gut, als dass es den Wirtschaftsinteressen der Grosskonzerne untergeordnet werden darf.

Dürre im Wasserschloss

In der Zeit, als ich dieses Buches verfasste, im Frühling und Frühsommer 2003, blieb der sonst so zuverlässige Regen mehr oder weniger aus. Einige Quellen versiegten völlig, viele der sonst fröhlich plätschernden Wasseraustritte waren bloss noch Rinnsale und Grundwasseraufstösse nur noch feuchte Mulden. Ohne das bisher einmalige Ereignis dramatisieren zu wollen und eingedenk der Tatsache, dass Europa im Jahr zuvor von Überschwemmungen heimgesucht wurde, machten sich viele angesichts dieser (zufälligen?) Klimakonstellation ihre Gedanken. Die Prognose zahlreicher Fachleute, dass bereits in wenigen Jahrhunderten viele europäische Landschaften trockene Savannen sein werden, zwingt uns dazu, uns der Bedeutung des natürlichen Wasserhaushalts und der Quellen wieder bewusst zu werden.

Du erkennst erst, wie kostbar Wasser ist, nachdem die Quelle versiegt ist.

Volksweisheit

Diese weise Erkenntnis gehört zum Volksmund fast aller Völker, liegt es doch im Wesen des Menschen, dass er etwas erst dann zu schätzen weiss, wenn es nicht mehr da ist. Allerdings hätte im Alpenraum noch vor einigen Jahrzehnten kaum jemand vermutet, welche Aktualität dieses Gleichnis wortwörtlich auf das Wasser bezogen erhalten würde. Doch seit sich die Gletscher rasant zurückziehen und der Grundwasserspiegel ständig sinkt, ist auch im Wasserschloss Schweiz, wo bisher vor allem der Überfluss an Wasser Probleme bereitete, Umdenken angesagt.

Als ich während der Jahrhundertdürre zahlreiche Quellen besuchte, erlebte ich auf eindrückliche Weise, wie das sonst selbstverständlich vorhandene Wasser plötzlich rar werden kann. Der Schnee und die Gletscher des Alpenkamms waren bereits im Juni so weit geschmolzen wie sonst nur im Hochsommer, und die Bäche trockneten einer nach dem andern aus. Viele Menschen sahen denn auch in der bisher unbekannte Ausmasse annehmenden Trockenheit ein Omen, eine Vorschau auf eine Zukunft, die niemand von uns will.

Trockenes Bachbett im Dürresommer 2003.

Die Fachleute sind sich bezüglich der Klimaerwärmung nicht einig. Während die Wissenschaftler weiter forschen und die nutzniessende Industrie nach wie vor den Zusammenhang zwischen Umweltbelastung und Klima herunterzuspielen versucht, sehen viele Millionen Menschen in allen Erdteilen die Ursache der zahlreichen Anzeichen für den Kollaps des Ökosystems in der mangelnden Achtung für die Erde und ihre Geschöpfe. Bei einer Befragung im Jahr 2003 bezeichneten über neunzig Prozent der Schweizer die Umweltzerstörung als das grösste Problem unserer Gesellschaft. Gerade das Lebenselement Wasser wird bloss noch als Rohstoff betrachtet, den auszubeuten und zu verschmutzen wir angeblich das Recht haben. Ein Umdenken kann allerdings nur stattfinden, wenn wir tatsächlich bereit sind, gewisse Annehmlichkeiten zu opfern; es ist leichter, abstrakte Konzepte wie Gott oder das Leben zu achten, als zugunsten des Überlebens von Quellen, Pflanzen oder Tieren auf etwas zu verzichten. Dabei würden wir möglicherweise erleben, dass ein solcher Verzicht paradoxerweise zu mehr Lebensqualität führt.

Es besteht nicht der geringste Zweifel, dass die Umweltzerstörung gestoppt und wo immer möglich behoben werden muss. Doch alle Aktivitäten bleiben kosmetisch, wenn die Menschheit der Natur gegenüber nicht wieder den Respekt findet, der ihr gebührt. Dazu muss der Mensch die Natur aber wieder kennen lernen, und zwar nicht allein in ihrer materiellen Erscheinungsweise.

Das energetische Phänomen Wasser

Wasserkristallbild (aus Andreas Schulz, «Wasser Kristall Welten»).

Verschiedene ganzheitlich denkende Wasserforscher und -forscherinnen haben in den letzten Jahrzehnten nachgewiesen, dass der Stoff, den wir mit unseren Sinnen als Wasser wahrnehmen, eine entscheidende energetische Dimension besitzt. Dabei ist nicht zu vergessen, dass die energetischen Eigenschaften des Wassers bekannt waren, lange bevor sie mittels Geräten nachgewiesen werden konnten. Heute staunen wir über die Wasserklangbilder von Alexander Lauterwasser, die eindrücklich zeigen, wie Klang im Wasser Formen hervorbringt, die den Mustern und Strukturen in der Natur sehr ähnlich sind. Die Biologin Enza Maria Ciccolo kam mit der Methode der Lichtresonanz auf die Spur der heilenden Kraft verschiedener Quellwässer. Wasserforscher wie Masaru Emoto oder Ernst F. Braun fotografierten gefrorene Wasserkristalle, die nach der Qualität des Wassers oder der Art der Information, die ihm «eingeprägt» wurde, sehr unterschiedliche, teilweise kunstvoll filigrane Strukturen zeigen. Die Übereinstimmung dieser «Mikrosignaturen» mit den energetischen Eigenschaften der Wasserproben gilt für viele als sichtbarer Beweis dafür, dass Wasser über ein Gedächtnis verfügt.

Jetzt, da ich diese Zeilen schreibe, berichten die Tageszeitungen über ein weiteres wissenschaftliches Forschungsprojekt, das ebenfalls den Nachweis erbrachte, dass Wasser Informationen speichern kann. Während man bei Computern keine Hemmungen hat, von Gedächtnis zu sprechen, scheut man sich, der Natur ein solches zuzusprechen, obwohl das Leben ohne ein steuerndes Gedächtnis nicht existieren könnte. In der DNS jeder Lebenszelle ist nicht nur der spezifische «Bauplan» des jeweiligen Wesens gespeichert, sondern der ganzen Schöpfung. Die DNS bildet ein winziges, aber unvorstellbar leistungsfähiges Gedächtnis, aus dem heraus sich die Natur ständig neu bildet. Woher wüsste sonst eine Eichel, wie sie zur Eiche wird, oder die Forelle, wie sie nach einer Mücke springt. In diesem Zusammenhang ist zu erwähnen, dass die DNS in Spiralform angelegt ist, einer Form, die ebenfalls im Wasser zu finden ist. Einige Fachleute vermuten deshalb, dass zwischen der Spiralform und der Fähigkeit, Informationen zu speichern, ein Zusammenhang besteht.

Nach der Signaturlehre, die aus den äusseren Merkmalen von Pflanzen oder Stoffen auf die inneren Eigenschaften schliesst, müssen sich die zwei physikalischen Haupteigenschaften des Wassers als Lösungsmittel und Wärmeleiter auch auf der energetischen Ebene zeigen. Das Wasser als energetisches «Lösungsmittel» lässt sich in seiner tradierten und vielfach nachgewiesenen Eigenschaft erkennen, energetische, psychische oder emotionale Blockierungen zu lösen oder «auszuwaschen», welche die komplexen inneren Energiekreisläufe stören und zu verschiedensten Leiden führen. Auch die zweite physikalische Haupteigenschaft des Wassers als Wärmeleiter zeigt sich auf der energetischen Ebene, denn es nimmt energetische Informationen oder Schwingungen auf, speichert diese und leitet sie weiter.

In diesem Sinn wirkt Wasser in der Natur als Empfänger, Speicher und Sender von unzähligen Informationen. Allerdings darf dieser etwas nüchterne Begriff nicht zu eng gefasst werden, man könnte ebenso von Gefühlseindrücken sprechen. Nun liegt es auf der Hand, dass die energetische Reinigungskraft des Wassers dort, wo es frisch aus dem Boden sprudelt, besonders intensiv ist. Entsprechend sind die energetischen Schwingungen des Wassers ein bedeutender Faktor der heilenden und vitalisierenden Wirkung von Quellen.

Schwingungsfelder

Obwohl die von Newton begründete Physik der festen Stoffe längst überholt ist, sprechen viele Wissenschaftler dem Wasser die Möglichkeit energetischer Eigenschaften ab. Sie ignorieren dabei die Erkenntnisse der modernen Physik, die nicht mehr von Stoffen, sondern von elektrodynamischen Vorgängen und Schwingungsfeldern spricht. Es ist anzunehmen, dass diese für den Informationsaustausch des Wassers von grosser Bedeutung sind. Möglicherweise haben diese feinstofflichen Schwingungen des Wassers einen grösseren Einfluss auf den menschlichen Organismus, als zurzeit nachgewiesen werden kann, wie sich dies umgekehrt im negativen Beispiel der schwachen Magnetfelder der Mobiltelefone herausgestellt hat.

Heute gibt es über zwei Dutzend Messmethoden und Geräte, mit denen gewisse energetische Eigenschaften des Wassers nachgewiesen werden. Allerdings kann immer nur ein bestimmter Teilbereich des zusammenhängenden Lebensgewebes untersucht werden, und viele energetische Aspekte sind noch unbekannt. Wir stehen erst am Anfang der ganzheitlichen Erforschung der energetischen Vorgänge im Wasser. Diese wird zudem erschwert durch die Eigenschaft des Wassers, selbst auf subtile Einflüsse wie Gedanken und Gefühle des Untersuchenden zu reagieren. Die meisten Messgeräte erzeugen zudem Elektrosmog, was die Resultate ebenfalls verfälscht. Die Erfahrung zeigt, dass gerade in sensiblen Bereichen der Physik solche Einflüsse nicht unterschätzt werden dürfen. Trotzdem hat die Erforschung der energetischen Eigenschaften des Wassers viel zum neu erwachten Interesse für dieses faszinierende Gebiet beigetragen. Sie scheinen auch die uralte überlieferte Erkenntnis zu bestätigen, dass Wasser nicht ausschliesslich aus Stoff gemacht ist. Die Menschen der vorwissenschaftlichen Zeit wussten dies, weil sie über ihren Organismus die Kräfte der Natur unmittelbar wahrnahmen. So spürten sie beispielsweise die besonderen Schwingungen eines Quellwassers, denn nachweisbar reagieren naturverbundene Menschen sehr sensibel auf Veränderungen der natürlichen Kraftfelder.

In der Homöopathie wird die Eigenschaft des Wassers, Informationen zu speichern, seit ihrer Begründung durch den Arzt Samuel Hahnemann vor über zweihundert Jahren angewendet. Verschiedene neuere Studien belegen eindeutig, dass die Wirkung homöopathischer Mittel auf der Übertragung energetischer Informationen von Substanzen beruht, die im Wasser nicht mehr nachweisbar sind. Dabei ist das Gedächtnis des Wassers offenbar erstaunlich stabil, denn einige von Hahnemann selbst hergestellte Mittel haben immer noch dieselben Schwingungseigenschaften wie bei ihrer Herstellung und sind noch immer wirksam.

Zwar wurden zahlreiche Nachweise für die energetischen Eigenschaften des Wassers erbracht, aber bisher gibt es kein allgemein anerkanntes Erklärungsmodell dafür. Die Biochemikerin Joan S. Davis geht davon aus, dass das Gedächtnis des Wassers auf grossen Strukturen oder Gruppierungen von Wassermolekülen beruhen müsse, den so genannten Cluster. Diese bilden möglicherweise einen Code wie in der DNS, wenn auch nicht mit diesem vergleichbar. Es gibt auch Hinweise darauf, dass Wasser ähnlich wie natürlicher Flüssigkristall wirkt. Solche *liquid crystals* werden in der Elektronikindustrie in vielen Anwendungsbereichen als Leiter und Speicher von Informationen verwendet, etwa in Displays und Bildschirmen.

Wahrscheinlich werden die energetischen Eigenschaften des Wassers nie mit physikalischen Modellen erklärbar sein. Unbestritten ist aber, dass selbst schwächste natürliche Einflüsse das energetische Verhalten von Wasser verändern. Dazu gehören Mondphasen, Planetenkonstellationen, die Sonnenfleckenaktivität, radioaktive Strahlen sowie magnetische und elektromagnetische Felder. Heute kommen ausserdem zahlreiche von Menschen gemachte energetische Einflüsse dazu, deren Auswirkungen noch kaum bekannt sind.

Weil Wasser Informationen über lange Zeit zu speichern vermag, müsste es völlig überlastet sein. Doch auch in dieser Hinsicht wirkt der Wasserkreislauf reinigend. Sobald Wasser verdunstet, zerfällt seine Struktur durch die Hitze des Feuers (Sonne), und damit werden alle Informationen gelöscht. Wenn aus dem Dampf durch Abkühlung wieder Wasser entsteht, wird es von den natürlichen Einflüssen wieder neu programmiert, denn es nimmt sofort aus der Atmosphäre Informationen auf. Dazu gehören auch die Photonen. Der russische Professor Alexander Gurwitsch hatte als Erster nachgewiesen, dass diese «Teilchen aus Lichtenergie» von Substanzen aufgenommen und wieder abgegeben werden und damit am Informationsaustausch der Natur beteiligt sind. Nachdem das Wasser von den kosmischen Einflüssen geprägt wurde, nimmt es auf dem Weg durch den Untergrund die Schwingungen der Gesteine und des Erdkraftfelds auf und tritt schliesslich als Quellwasser in neuer energetischer Frische aus dem Boden. Irgendwo zwischen Quellbach und Meeresmündung verdampft es schliesslich wieder, und alle gespeicherten Informationen lösen sich wortwörtlich in Dunst auf.

Das Gestein ist der Körper, das Feuer die Kraft, die Luft der Geist und das Wasser die Seele der Erde.

Volksweisheit

Die Gewässer der Erde bilden wegen der hohen Leitfähigkeit des Wassers ein umfassendes Energienetzwerk. Jedes Molekül, ob im Grundwasser oder in Oberflächengewässern, ist mit der ganzen Wassermasse der Erde unmittelbar verbunden. Wahrscheinlich werden feinstoffliche Informationen unter anderem auch über die Lichtteilchen übertragen, die Informationen ohne Zeitverzögerung weiterleiten, wie ernst zu nehmende Erkenntnisse aus der Physik nahelegen. Das würde bedeuten, dass das Wassersystem der Erde wie ein gigantisches Kommunikationsnetzwerk wirkt, das in Echtzeit unvorstellbare Mengen von Informationen aufnimmt, integriert und weitergibt, also wie ein Bewusstsein funktioniert.

Zurzeit kann nur vermutet werden, welche Funktion dieses energetische Netzwerk für das Leben auf der Erde hat. Es ist aber anzunehmen, dass es ebenso wichtig ist wie die Gewässer auf der materiellen Ebene. Die feinstofflichen Schwingungen der Gewässer reinigen die

Natur laufend von energetischen Störungen und regen sie mittels natürlicher Informationen an. Ausserdem harmonisiert das Wassernetzwerk die energetischen Vorgänge in der Natur, ähnlich wie es als Wärmespeicher ausgleichend auf das Klima wirkt. Dadurch erfüllt es wichtige Aufgaben in der Steuerung der Lebensprozesse im Organismus der Natur. Ob diese Funktion mit jener der Seele vergleichbar ist, wie der Volksmund sagt, kann nach dem heutigen Wissensstand nicht beantwortet werden. Im menschlichen Organismus übernimmt die begrifflich kaum fassbare Seele aber offenbar Aufgaben wie verbinden, harmonisieren oder erneuern, was ebenfalls den Eigenschaften des Wassers entspricht.

Bioresonanz

Nicht nur «Wasserriecher» und Rutengänger kennen den starken Einfluss der Schwingungsfelder von Wasseradern auf Mensch und Umwelt. Auch wenn diese in vielen Fällen störend wirken, bedeutet dies nicht, dass sie an sich negativ sind. Im Gegenteil, ohne das Energiefeld des Wassers könnten wir nicht existieren. Seine Schwingungen verbreiten sich überall, wo Grund- und Oberflächengewässer fliessen, und üben einen grossen Einfluss auf das organische Leben aus. Wie dies genau geschieht, konnte bisher nicht nachgewiesen werden, aber das Modell der Bioresonanz bietet eine mögliche Erklärung. Das Phänomen der Resonanz kennen wir aus dem akustischen Bereich. Wenn von zwei Stimmgabeln derselben Tonhöhe die eine angeschlagen wird, beginnt auch die andere zu klingen. Die Schwingungen übertragen sich, ohne dass sie sich berühren. Ein eindrückliches Beispiel bieten Sänger, die allein mit ihrer Stimme ein Glas zum Bersten bringen. Durch Resonanz wird die Frequenz des Tons auf das Glas übertragen, das dadurch zerspringt. Eine ausgesprochen ästhetische Demonstration der Resonanzphänomene sind die Bilder von Alexander Lauterwasser, welche die Schwingungsfrequenzen im Wasser sichtbar machen.

Resonanz ist nicht nur ein akustisches Phänomen; erwiesenermassen werden alle Schwingungen nach diesem Prinzip übertragen. Die Forschungen in diesem Bereich haben sich zu einem eigentlichen Fachgebiet entwickelt, und heute hat sich der Begriff der Bioresonanz vor allem im Zusammenhang mit der Naturmedizin, der ganzheitlichen Ernährung und der Wasserbelebung etabliert. Das Modell stimmt mit den Erkenntnissen der Physik überein, wonach die Welt aus schwingenden

Energiefeldern besteht, die miteinander kommunizieren. Wie alles in der Natur schwingt auch das Wasser in seiner eigenen Frequenz oder Wellenlänge. Es reagiert also nicht nur sehr sensibel auf Schwingungen aller Art, sondern verbreitet auch eine typische Eigenschwingung. Diese wird von seiner von Ort zu Ort verschiedenen energetischen Eigenschaft mitbestimmt. Wenn man Wasser hören könnte, klänge jedes Wasser etwas anders, jedoch ohne vom eigentlichen Grundton abzuweichen. Ignaz Heim kam zum Schluss, dass dieser Grundton stets im Bereich von G-Dur schwingt.

Die Anwendung der Bioresonanz beruht auf der Beobachtung, dass natürliche Schwingungen sich auf Substanzen, Organe oder Organismen übertragen, deren Eigenschwingungen geschwächt oder gestört sind. Offenbar haben die natürlichen Wellenlängen die Kraft, diese wieder zu «stimmen», also in ihren gesunden Frequenzen zum Schwingen zu bringen. Auf diese Weise übertragen die ober- und unterirdischen Gewässer ihre reinigenden, anregenden oder harmonisierenden Schwingungen auf das Wasser im Humus, in Pflanzen, Tieren und Menschen. Auch wenn der Einfluss dieses energetischen Verhaltens des Wassers auf das Lebensgeflecht der Erde bisher nicht nachgewiesen werden kann, lassen die Erkenntnisse über das Verhalten natürlicher Schwingungsfelder vermuten, dass er bedeutend ist.

Die Körpersäfte

Das vielfältig verästelte, über den ganzen Körper verteilte «Wassernetz» erfüllt in uns auch auf der energetischen Ebene vergleichbare Aufgaben wie in der äusseren Landschaft. Das im Blut und in anderen Körperflüssigkeiten enthaltene Wasser bildet ein fein verästeltes Kommunikationsnetzwerk, das Schwingungen aufnimmt, speichert und weiterleitet und bis ins Innerste der Zellen reicht. Dieser Informationsaustausch ist möglicherweise ebenso wichtig wie die Kommunikation über das Nervensystem, das im Übrigen ebenfalls teilweise aus Wasser besteht. Das innere Wassernetzwerk ist darüber hinaus mit einer Antenne vergleichbar, über die mittels Bioresonanz feinstoffliche Informationen zwischen unserem Organismus und der Umwelt ausgetauscht werden. Die Resonanz zwischen dem körpereigenen Wassersystem und jenem der Aussenwelt findet also nicht nur dann statt, wenn wir Wasser einnehmen oder berühren. Wo immer wir uns im Alpenraum befinden, umgibt uns das Schwingungsfeld der Oberflächengewässer und Grundwasserleiter. Die Resonanz wirkt jedoch in der Tat am intensivsten, wenn wir das Wasser trinken. Aus diesem Grund ist es wichtig, möglichst viel lebendiges Wasser einzunehmen, da es die Körperflüssigkeiten optimal mit natürlichen Informationen belebt und damit die «Leistung» unserer feinstofflichen Antenne fördert. Dadurch wird wiederum der Austausch von Schwingungen innerhalb des Körpers sowie zwischen uns und der Umwelt angeregt. Besonders bei Quellen lässt sich diesesPhänomen deutlich wahrnehmen. Bereits nach einigen Schlucken Wasser spürt man die belebenden Schwingungen der Quelle auf das körpereigene System deutlich intensiver.

Wir kommen nie zu Gedanken, sie kommen zu uns.

Martin Heidegger

Die energetischen Schwingungen von Quellen haben zweifellos auch auf die sensiblen chemischen, elektrischen und feinstofflichen Vorgänge im Gehirn einen grossen Einfluss; unser Bewusstsein beruht zu einem grossen Teil auf der energetischen Leitfähigkeit des im Gehirn reichlich gespeicherten Wassers. Wie dieses verfügt auch das Bewusstsein über die Fähigkeit, Informationen aufzunehmen, zu integrieren (speichern) und weiterzuleiten. Möglicherweise beruhen die tradierten Funktionen der Quellen als Ratgeber oder Wunschbrunnen nicht zuletzt auf ihrem Einfluss auf das Gehirn: Sie können helfen, eingefleischte Denkgewohnheiten aufzulösen und den Geist für Neues zu öffnen. Wohl aus demselben Grund gelten sie seit Beginn der Geschichte als Orte der Inspiration, schätzten doch schon die Dichter und Philosophen des Altertums die anregende Wirkung der Quellen auf die aus dem Unbewussten hervorsprudelnde Kreativität.

Das Element der Gefühle und der Liebe

Das Wasser gilt nach der Naturmythologie als das Element der Gefühle, was ganz der Signatur seiner physischen und energetischen Eigenschaften entspricht. Auch Gefühle wirken verbindend, harmonisierend, reinigend und belebend. Das gilt für die Beziehung zu Menschen wie zur Natur als Ganzem. In beiden Fällen fühlt man sich durch die Gefühle mit dem Gegenüber unmittelbar verbunden. Allein aus diesem Grund ist eine liebevolle Beziehung zur Natur der eigentliche Schlüssel zu ihrer Kraft und Weisheit. Gerade bei Quellen, die als Manifestation der Liebe gelten, lässt sich auf ideale Weise erleben, wie die Gefühle von ihrem Schwingungsfeld angeregt zu fliessen beginnen.

Das Netzwerk der Körperflüssigkeiten scheint das ideale Leitmedium für die jedes Vorstellungsvermögen sprengenden Vorgänge, die wir schliesslich als Gefühle wahrnehmen. Gewiss sind sie weit mehr als bloss energetische Informationen im Wasser, aber sie werden offenbar von diesen angeregt und beeinflusst. Das Wasser ist nicht die Botschaft, sondern das Medium. Allerdings hat das Medium selbst auch eine Botschaft, und wer dafür offen ist, kann vom Verhalten des Wassers so manches über das gelegentlich verwirrende Gefühlsleben lernen. Der hohe Anteil des Wassers in unserem Körper kann übrigens als Hinweis oder Signatur verstanden werden, dass der Mensch grundsätzlich ein Gefühlswesen ist, auch wenn er sich oft wie ein Kopffüssler benimmt. Der Volksmund, der einen gefühlsarmen Menschen allgemein als trocken bezeichnet, wusste dies von jeher. Der Fluss von Gefühlen jeder Art vermag auf wunderbare Weise verkrustete Gewohnheiten und negative Prägungen aufzulösen und wegzuspülen. Das gilt übrigens für alle echten Gefühle, unabhängig davon, wie wir sie bewerten.

In den letzten Jahrzehnten haben verschiedene Untersuchungen gezeigt, dass auch Pflanzen auf Gefühle reagieren. Wahrscheinlich hängt diese erstaunliche Eigenschaft mit dem hohen Anteil von rund neunzig Prozent Wasser in ihren Poren, Kapillaren und Zellen zusammen. Es nimmt Gefühlsschwingungen auf und überträgt sie auf ihre energetische Struktur, was zu messbaren Reaktionen führt. Heute wissen nicht nur die Grossmütter, dass Pflanzen am besten gedeihen, wenn man ihnen Gefühle entgegenbringt, die sich auf das in ihnen eingelagerte Wasser übertragen.

Seherinnen und Naturphilosophen haben im Wasser von jeher ein Gleichnis der Liebe gesehen. Wie das Wasser durchdringt die Liebe wie keine andere Kraft tiefgründig, verbindend, das Feste auflösend, ernährend und alle Hindernisse überwindend das Leben der Menschen. Im Kapitel «Mythos Quelle», Seite 57, werden wir näher darauf eingehen.

Humores

Die Ärzte des griechischen Altertums gingen davon aus, dass im Menschen vier Humores oder Säfte wirken, deren Mischung die Persönlichkeit eines Menschen bestimmt. Erkrankungen des Organismus führten sie auf Störungen dieser Säfte zurück, die allerdings nicht als stoffliche Wasserlösungen zu verstehen sind, sondern als feinstoffliche Schwingungen. Ihr griechischer Name lässt an die «wässrigen» Eigenschaften des Humors denken, der die Kraft hat, Sorgen, Ängste oder Spannungen aufzulösen und die Menschen über alle Grenzen und Schranken hinweg zu verbinden. Manch einer ist überrascht, wenn bei dem traditionellen Essen nach einem Begräbnis die Hinterbliebenen scherzen und Witze erzählen. Doch Humor ist eben auch Teil der Trauer, was übrigens alle grossen Clowns bestätigen.

Kraftzentrum Quelle

Seit Anbeginn der Geschichte gelten Quellen als reinste Manifestation der Lebenskraft, weshalb sie wie kein anderes Naturphänomen als Kraftorte geschätzt wurden. Als Übergänge zwischen Grundwasser und Oberflächengewässern sind sie die Energiezentren des Wassers. Die Wechselwirkung von unterirdischen und oberirdischen Feldern bildet ein einzigartiges Schwingungsfeld, gleichgültig wie gross oder klein die Quelle ist. Und nirgends sonst hat Wasser dieselbe optimale energetische Qualität wie dort, wo es aus der Erde tritt. Der Heilpraktiker Andreas Schulz hat mit einem von ihm entwickelten Verfahren Wasserproben aus zahlreichen Ländern untersucht und nachgewiesen, dass die energetische Qualität der Gewässer mit zunehmender Distanz zur Quelle kontinuierlich abnimmt. Zum selben Resultat kam der Wasserkenner Ernst F. Braun, der die Gestalten in den Wasserkristallbildern aber intuitiv und auf poetische Weise interpretiert. In den Quellwässern erscheinen sie wie mythologische Figuren, ähnlich urgeschichtlichen Darstellungen von Nymphen und anderen Naturgeistern.

Bei einer Quelle wirkt nicht allein das Kraftfeld des Wassers. Ihre unmittelbare Umgebung bildet gewissermassen ein energetisches Biotop, dessen Schwingungsfelder zwar vom Wasser geprägt sind, aber nicht allein von ihm abhängen. Auch auf der energetischen Ebene ist der Einfluss des Einzugsgebiets und des Grundwasserleiters auf die Schwingungen des Wassers und damit der Quelle von grosser Bedeutung. Das

Grundwasser nimmt auf seinem Weg durch die Erde ausser Mineral- und Schwebestoffen vor allem feinstoffliche Informationen auf. Durch die natürlichen Schwingungen des Bodens und des Untergrunds wird es ausserdem von energetischen Schadstoffinformationen gereinigt. Nach der Naturmythologie ist deshalb das Einzugsgebiet und der Untergrund für eine Quelle das, was für einen Baum der Wurzelballen ist. Das weitreichende und fein verästelte Netzwerk des Grundwassers wirkt wie eine Antenne für die Schwingungen der Erde. Anders als bei Bäumen dringen die unterirdischen Wasserläufe, die «Wurzeln» der Quellen, nicht tief in den Boden, sondern wachsen der Oberfläche entgegen und reichen als Regenfäden bis in den Himmel hinauf. Wir werden diesem Bild beim germanischen Lebensbaum Yggdrasil wieder begegnen, der in drei Quellen im Himmel wurzelt, nach unten wächst und alle Dinge und Wesen der Welt ernährt.

Bei Quellen werden mit dem austretenden Wasser gelöste Stoffe an die Oberfläche gespült, die in der Atmosphäre nur kurz existieren. Dazu gehören auch Gase, die aus dem Erdinnern aufsteigen und sich dann in der Luft auflösen. Bei stark fliessenden Karstquellen enthält die Umgebungsluft zudem einen hohen Anteil von anregenden Ionen, die durch die Bewegungsenergie des durch den Untergrund fliessenden Wassers erzeugt werden. Wir betrachten diese Stoffe und Vorgänge als Hinweise auf energetische Schwingungen, die ebenfalls ausschliesslich im Umfeld von Quellen auftreten. Sie können zwar nicht gemessen werden, sind aber für jeden Menschen deutlich spürbar. Es versteht sich, dass auch die feinstofflichen Schwingungen der umgebenden Landschaft einen starken Einfluss auf das Kraftfeld einer Quelle haben. Je nachdem ob das Quellgebiet in einem Wald liegt, im Tal oder auf einem Hügel, in einer Berglandschaft oder einem Moorgebiet, wirkt es nicht nur optisch anders, sondern hat auch eine andere energetische Qualität. Auffallend oft scheinen Quellen ausserdem mit dem Kraftfeld eines nahe gelegenen Hügels oder Berges in einer engen Beziehung zu stehen.

Edelsteine der Landschaft

Jede Quelle ist also ein Brennpunkt von unzähligen grossen und kleinen schwingenden Feldern, die miteinander kommunizieren – ein kunstvolles Gewebe feinstofflicher Kräfte. Die Kraft einer Quelle ist demnach nicht als physikalische Energie zu verstehen, sondern als energetische Informationen, die mittels Bioresonanz die natürlichen Schwingungen des Organismus anregen. Dadurch werden unter anderem energetische Blockierungen gelöst, was den Durchfluss der Lebenskraft steigert; man fühlt sich tatsächlich wie an ein Energienetz angeschlossen. Es ist davon auszugehen, dass noch weitere Kräfte am Schwingungsfeld der Quellen beteiligt sind, die sich weder den Modellen der ganzheitlichen Wasserforschung noch der Geomantie erfassen lassen. Diese Kräfte wurden im Altertum dem Geist der Quelle zugesprochen, auf den wir noch zu sprechen kommen werden. Angesichts der zahlreichen Einflüsse der energetischen Informationen aus der Luft, dem Licht, dem belebten Boden und dem Gestein des Grundwasserleiters sowie der Fliessgeschwindigkeit und Lagerdauer versteht sich, dass jede Quelle eine individuelle Schwingung, ein eigenes Wesen hat. Nach Paracelsus gibt es ebenso viele verschiedene Quellen wie Edelsteine. Tatsächlich sind beide stoffliche und energetische Konzentrationen von Erdkräften und Mineralstoffen, die einen in flüssiger, die anderen in fester Form. Fasst man alle Eigenschaften der Quellen zusammen, wirken sie tatsächlich wie Juwelen der Landschaft. Sensible Menschen beschreiben das Kraftfeld von Quellen denn auch als feinen, silbrigen Glanz, der mit dem Wasser aus dem Boden steigt und die Umgebung wie ein grosser feinstofflicher Tautropfen umgibt.

Die Kraftfelder der Quellen sind über die Gewässer in einem Netz des Informationsaustauschs verbunden und gehen in einem übergeordneten Feld, der Mutter aller Quellen, auf. Entsprechend ist jede Quelle unabhängig von ihrer Grösse unmittelbar mit diesem Kraftfeld verbunden. Und dieses wirkt wiederum als energetisches Medium für die Kräfte der Erde und des Himmels. Alles spricht also dafür, dass die Quellen in der Natur energetisch ebenso lebenswichtige Funktionen erfüllen wie stofflich. Ihre Schwingungen haben einen grossen Einfluss auf die feinstoffliche Qualität der Bäche, Flüsse und Seen. Obwohl unter Umständen Hunderte von Kilometern von ihnen entfernt, sind diese mit den Quellen noch immer unmittelbar verbunden. Auf der stofflichen Ebene ist diese Verbindung einseitig, können doch die gelösten Stoffe im Wasser nicht gegen den Strom wandern. Aber die energetischen Informationen halten sich nicht an die Schwerkraft und müssten also auch von den Gewässern zu den Quellen gelangen können. Nun zeigen die Experimente der ganzheitlichen Wasserforschung, dass belastetes Wasser zwar die Information von reinem Quellwasser aufnimmt, aber nicht umgekehrt. Daraus lässt sich schliessen, dass die Quellen die Gewässer ständig mit natürlichen Informationen versorgen, ohne ihre ursprüngliche Reinheit zu verlieren. Diese erstaunliche Eigenschaft wird sonst nur dem Göttlichen zugesprochen, was uns zum Numen oder Mythos der Quellen führt.

Mythos Quelle

Erdmutter und Quelle (aus Thomas Vömel, «Eschenwelten»).

In den ältesten Überlieferungen der indogermanischen Kultur werden drei Erscheinungsformen der Schöpfung definiert, die alle Bereiche des Seins durchdringen. Diese drei Gunas oder Grundeigenschaften, Tama, Rajas und Sattwa genannt, sind als Trägheit, Leidenschaft und Achtsamkeit allen Menschen bekannt. Sie können aber auch als stoffliche, energetische und spirituelle Eigenschaften der Natur verstanden werden. Die stofflichen Eigenschaften des Wassers lassen sich im täglichen Leben auf vielfältige Weise beobachten, und seine von der ganzheitlichen Wasserforschung nachgewiesenen energetischen Eigenschaften sind nachvollziehbar. Doch sie allein sind nicht der Grund, weshalb Wasser über Jahrtausende als heilig galt und ihm spirituelle Kräfte zugeschrieben wurden. Diese lassen sich allerdings weder mit den Sinnen wahrnehmen noch mit Geräten messen. Wenn wir uns der spirituellen Dimension des Wassers und der Quellen zuwenden, müssen wir uns zwangsläufig vom physikalischen Weltbild lösen und uns ins Reich der Mythen begeben. Vergleicht man Quellen mit einem kunstvollen Gewebe feinstofflicher Kräfte, sind die Mythen die Stickereien, mit denen es verziert ist.

Wasser ist H_2O:
Zwei Teile Wasserstoff,
Ein Teil Sauerstoff,
Aber da ist noch ein Drittes,
Das es zu Wasser macht.
Und niemand weiss, was es ist.

D. H. Lawrence

Romantische Darstellung einer Quellgöttin.

Allein die Tatsache, dass Wasser und insbesondere Quellen wie nichts anderes in der Natur kultische Verehrung genossen, sollte Grund genug sein, ihre spirituelle Dimension nicht von vornherein auszuschliessen, auch wenn das wissenschaftliche Weltbild dafür keine Erklärung bietet. In der vorwissenschaftlichen Welt galt das Wasser als stoffliche und energetische Manifestation des himmlischen Wassers und Urstoffs des Universums. Unter diesem himmlischen «Wasser» ist weder unser irdisches Wasser noch das magische Element Wasser zu verstehen. Der mythische Urozean besteht zwar aus Wellen oder Schwingungen und wird als ein Raunen, Brausen oder Rauschen beschrieben, ist aber eher Klang als Flüssigkeit. Die Welt wäre demnach eine multidimensionale spirituelle Symphonie, die sich über das Medium des Wassers manifestiert und über die Sinneswahrnehmung im Bewusstsein Formen annimmt, ähnlich wie Klangwellen im Wasser zu sichtbaren Mustern werden.

Wenn man ins rinnende Wasser schaut, blickt man der Gottheit ins Auge.

Volksweisheit.

Verschiedene Lehren vergleichen das Wirken der spirituellen Welt mit Klängen, deren Wellen das himmlische Wasser bewegen und dabei die Vorgänge in der energetischen und stofflichen Welt hervorbringen. Wir finden diese Vorstellung in einer populären Darstellung des hinduistischen Götterpaars Vishnu und Lakshmi: Sie sitzen auf der Weltenschlange Ananda (Manifestation der Ewigkeit), die zusammengerollt auf dem Weltenmeer schwimmt. In ihrer Gesellschaft befinden sich auch der himmlische Adler Garuda (Manifestation des Augenblicks) und Narada, der kosmische Barde und Götterbote. Die Gruppe bildet gewissermassen die spirituelle Urzelle des Lebens. Ein orientalischer Weiser erklärte mir einst, dass sich die spirituelle Energie ihrer Gefühle, Gedanken und Gespräche als transzendentale Schwingungen unmittelbar auf das feinstoffliche Wasser des Urozeans übertragen, wodurch die Matrix unserer Wirklichkeit gebildet wird. Die Vorstellung, dass das Lebenswasser vom Göttlichen «spirituell informiert» wird, bildet die Grundlage zahlreicher Mythen. Nach dieser Weltschau leben alle vergänglichen Wesen in einem feinstofflichen Urozean wie die Fische im

Meer. Und wie die Fische mangels Vergleich nicht wissen, dass sie im Wasser schwimmen, wissen wir nicht, dass wir im kosmischen Weltenmeer leben, denn dieses ist das Leben.

Während heute kaum mehr bestritten werden kann, dass an der Natur energetische Vorgänge beteiligt sind, fällt es vielen noch schwer, deren spirituelle Wirklichkeit anzuerkennen. Zu tief sitzt noch das wissenschaftliche Weltbild, nach dem das Leben aus Stoff entstand und sich durch einen Evolutionsvorgang entwickelt hat. Albert Hofmann hat die Schwäche dieser Theorie auf eine nachvollziehbare Weise dargestellt. Wenn die Evolutionstheorie stimmt, argumentiert er, und einer Horde von Affen das gesamte Material zur Verfügung gestellt würde, das für den Bau einer Kathedrale nötig ist, müsste das Bauwerk nach einer unbestimmten Zeitdauer vollendet sein. Man müsste aber wahrscheinlich ewig leben, um diese Kathedrale je einmal zu sehen, denn zunehmend vermuten auch Wissenschaftler, dass am Lebensprozess ausser Bewegung und Energie auch so etwas wie Intelligenz oder Bewusstsein beteiligt sein muss.

Die Erdmutter Gaia

In den siebziger Jahren entwarfen der Mediziner James Lovelock und die Zellbiologin Lynn Margulis die so genannte Gaia-Theorie, nach der die Erde im Vergleich zu ihren unbelebten Nachbarplaneten nicht nur wie ein Lebewesen wirkt, sondern sich tatsächlich wie ein Superorganismus verhält. Die Forscher kamen zum Schluss, dass der Sauerstoffgehalt, die Bildung der Wolken oder der Salzgehalt der Ozeane durch sich gegenseitig beeinflussende physikalische, chemische und biologische Prozesse gesteuert werden und die Selbstregulation des Klimas sowie die physikalischen und chemischen Vorgänge der Erde einen intelligenten Prozess darstellen.

Seit der Publikation der Gaia-Theorie kamen neue Erkenntnisse dazu, die darauf schliessen lassen, dass die Erde tatsächlich wie ein Lebewesen funktioniert und entsprechend über eine Intelligenz verfügen muss. Diese wird etwa als übergeordnetes Steuerungssystem des sich selbst erhaltenden Energiefelds der Natur verstanden. Allerdings orientiert sich diese Sichtweise noch immer an der physikalischen Wirklichkeit und kann deshalb das Phänomen nur teilweise erklären, denn die komplexe und umfassende Funktion einer solchen Intelligenz setzt ein Bewusstsein voraus. Es gibt keinen Grund anzunehmen, dass das Bewusstsein der Erde nicht ebenso biologisch ist wie das Bewusstsein des Menschen, das (je nach Wahrnehmung mehr oder weniger bewusst) den Organismus steuert.

Wenn wir die Welt als Superorganismus betrachten, in dem wir ein Bestandteil sind – nicht dessen Besitzer, noch dessen Mieter und auch nicht sein Passagier –, könnten wir noch eine lange Zeit vor uns haben, und unsere Spezies könnte für ihre «zugewiesene Zeitspanne» überleben. Es hängt alles allein von Ihnen und mir ab.

James Lovelock

Sollte die Erde wirklich ein sie steuerndes Bewusstsein haben, wäre sie tatsächlich ein Wesen. Natürlich müsste sie ein entsprechend umfassendes und mächtiges Wesen sein. Lovelock und Margulis gaben ihrer Theorie den Namen der vorolympischen Erdgöttin Gaia oder Ge. Nach der Mythologie entstand sie aus dem ungeteilten Chaos oder Urmeer und schuf als Erstes die Liebe, durch welche die natürliche Ordnung der Dinge entstand. Dann gebar Gaia die Berge (das Festland) und den Ozean (das Wasser) sowie den Himmel Uranos, mit dem sie wiederum die Titanen, Zyklopen und Riesen zeugte.

Gaia wurde bereits dreitausend Jahre vor unserer Zeitrechnung bei der Wunderquelle Kastalia im Heiligtum von Delphi verehrt, dessen Name «Schoss» bedeutet. Aber auch im übrigen Griechenland waren ihr zahlreiche Quellen geweiht. Als Erdgöttin ist Gaia die Mutter der Quellen und Gewässer und damit auch von deren Göttinnen. Diese sind zwar mit ihr verbunden, haben aber ein eigenständiges Wesen. Wie in der Natur finden wir auch in der Naturmythologie ein vielfältiges Zusammenwirken von Kräften, die nicht klar getrennt werden können.

Zuerst war das Numen

Ganz nach dem Grundsatz des Hermes Trismegistos, was unten ist, ist auch oben, zeigen sich die zwei Haupteigenschaften des Wassers und der Quellen auch auf der spirituellen Ebene, denn nirgends treten Naturgottheiten und Elementarwesen häufiger und zahlreicher auf als bei Quellen. Ihr jungfräulich reines und frisches Wasser scheint als idealer Leiter von spirituellen Schwingungen das «Kommunikationsmedium» zwischen Diesseits und Jenseits, zwischen Menschen und Göttern zu sein. Bei Quellen wurden, nach den Mythologien zu schliessen, alle Naturgottheiten verehrt, und sie erscheinen in den Sagen des Alpenraums immer wieder als Tore in eine andere Wirklichkeit. Auf der spirituellen Ebene zeigt sich die lösende Eigenschaft des Wassers in der seit Jahrtausenden überlieferten rituellen Waschung zur Reinigung und Belebung der Seele. Es ist nachzuvollziehen, dass diese Eigenschaft des Wassers dort die grösste Wirkung hat, wo es aus der Mutter Erde tritt. Jede Quelle ist demnach nicht nur ein sinnliches Erlebnis und ein energetisches Ereignis, sondern auch ein Nabel des Lebens, der alle Welten und Wesen verbindet.

Steinzeit

Anthropologen vermuten, dass das Bewusstsein der frühen Menschen nicht zwischen innen und aussen, ich und anderen, Mensch und Gottheit unterschied. Ihre Welt bestand aus einer ungeteilten Wahrnehmung von Bedeutungen und Gefühlen. Wenn sie auf eine Quelle trafen, nahmen sie diese als Ganzes wahr: ihre Bedeutung als Spenderin des Wassers, ihre Schönheit und Geräusche, ihr aussergewöhnliches Kraftfeld und vor allem auch ihr geheimnisvolles Wesen. Friedrich Muthmann geht in seinem Werk «Mutter und Quelle» davon aus, dass der ursprüngliche Kult der Quellen diesem geheimnisvollen, unfassbaren Wesen galt. Er verwendet dafür den Fachbegriff Numen, der als Anwesenheit einer unfassbaren göttlichen Kraft ohne Form und Namen umschrieben werden kann. Die Wahrnehmung dieses Numens geht weit über unser Denken hinaus, das zwangsläufig auf der Trennung von Subjekt und Objekt beruht. Nun ist diese natürliche Wahrnehmungsweise nicht mit den Menschen der Vorgeschichte verschwunden. Über die Jahrtausende pflegten «Spezialisten» wie Druiden, Schamanen oder Weise Frauen verschiedene Methoden, mittels deren sie das Normalbewusstsein auf diese Ebene hoben. Und von jeher erlebten Menschen die mystische Einheit auch immer wieder spontan ohne Absicht und eigenes Zutun.

Die Menschheit als Ganzes hat allerdings diesen paradiesisch anmutenden Zustand vor langer Zeit verlassen. Mit der Entwicklung des von der Umwelt abgetrennten Ichs veränderte sich die Wahrnehmung der Natur. Die ältesten erhaltenen Zeugnisse menschlichen Bewusstseins in Europa, wie etwa die über 20 000 Jahre alten steinzeitlichen Höhlenmalereien, lassen darauf schliessen, dass ihre Schöpfer mit der magischen Natur noch innig verbunden waren. Die Bilder erinnern an die Zeichnungen der australischen Ureinwohner und sind wahrscheinlich wie diese nicht Darstellungen der realen Welt, sondern der Traumwelt oder der magischen Wirklichkeit. Im Falle der Uraustralier ist diese Wirklichkeit unmittelbar mit Ritualen und Erfahrungen verbunden, die man heute unter dem Begriff Schamanismus zusammenfasst.

Dolores LaChapelle, eine Pionierin des modernen ganzheitlichen Naturverständnisses, kam aufgrund von Erkenntnissen verschiedener Wissenschaftsgebiete wie Physik oder Neurologie zum Schluss, dass der Organismus der naturverbundenen Menschen sehr sensibel auf Veränderungen des Magnetfelds, der Luftzusammensetzung oder der natürlichen Radioaktivität reagiert haben muss. Im Nervensystem werden durch solche Einflüsse elektrochemische Prozesse ausgelöst, die Neuronen und Synapsen im Gehirn aktivieren, was die Wahrnehmung verändert und die damaligen Menschen ein inneres Abbild, eine Gestalt des Numens sehen liess. Neuere Feldforschungen von Ethnologen bestätigen, dass Mitglieder von Naturvölkern bis heute feinstoffliche und spirituelle Vorgänge in der Natur unmittelbar schauen können. Unsere urgeschichtlichen Vorfahren nahmen diese Gestalt offenbar als eine Manifestation oder Gottheit wahr, der sie all die wunderbaren Eigenschaften der Quelle zuschrieben. Diese war allerdings nicht menschenähnlich, wie die ältesten Darstellungen von Quellgottheiten zeigen. Nach den Erfahrungen von traditionellen Schamanen und zeitgenössischen Bewusstseinsforschern erscheint die spirituelle Gestalt der Naturkräfte eher als dynamisches Energiefeld, denn als konkrete Form. Eine der ältesten überlieferten Manifestationen der Quellgottheit hat die Gestalt einer Schlange, deren Wesen und Fortbewegung dem Wasser gleicht. Eine Schlange namens Python lebte einst auch bei der Quelle Kastalia in Delphi. Sie gilt als die ursprünglichste Gottheit des Ortes und weist auf das hohe Alter des Heiligtums. Dies ist der älteste Hinweis auf die Verbindung von Quelle, Schlange und Erdmutter Gaia.

Mutter Quelle

Die Verbindung von Mutter und Quelle ist jedoch wesentlich älter als der Mythos der Gaia. Der Ursprung des Mythos der Quelle als eines heiligen, mit einem Numen oder einer Gottheit verbundenen Ortes hat sich längst im Nebel der Zeit aufgelöst. Wir wissen nicht, wann der Kult um die Quellen begonnen hat, gehen aber davon aus, dass er so alt ist wie das menschliche Bewusstsein. Der älteste sprachliche Hinweis liegt in der Silbe *ana*. Als Eigenname erscheint sie als Ana, eine alte europäische Mutter-, Fruchtbarkeits- und Wassergöttin, die aber möglicherweise auf einen weit älteren Mythos zurückgeht. Sprachwissenschaftler deuten den Begriff Ana als «mit dem Wasser» oder «beim Wasser». Die Ursilbe erscheint denn auch in den Namen verschiedener Quellgöttinnen und mit Quellen verbundenen Naturgöttinnen der europäischen Mythologie. Wir finden sie aber auch im Namen Anna, der Mutter der heiligen Maria, der Quelle des Lebens. Im Lateinischen heisst *annula* Grossmütterchen, und im alten Rom wurde die Göttin Anna Perenna als Grossmutter der Ewigkeit verehrt. Gemeinsam ist diesen sprachlichen Analogien der Begriff Mutter, der Aspekte wie Ursprung, Erzeugerin, Ernährerin oder Ahnin beinhaltet. Auf Altdeutsch heisst *ana* tatsächlich Ahnin. Diese sprachliche Verbindung von Mutter und Quelle deckt sich mit der Sicht der Naturphilosophen, die im Wasser den Ursprung allen Lebens sahen.

Aus solchen sprachlichen Folgerungen ergeben sich zwar plausible Zusammenhänge, aber kaum objektive Fakten. Als wesentlich zuverlässiger gelten handfeste Funde der Archäologie. Bei Quellen gefundene Opfergaben aus der Steinzeit belegen, dass sie damals tatsächlich als Ort eines göttlichen Numens Teil des spirituellen Lebens waren. Die auf den Nahen Osten ausgerichtete Archäologie deutet solche Gaben mehrheitlich als Dank für das rare und kostbare Gut Wasser. Im mittleren Europa, wo das Wasser damals noch reichlicher floss als heute, vermag diese Theorie nicht zu überzeugen. Die Verehrung von Quellen galt offensichtlich dem geheimnisvollen Wesen, das die Menschen bei ihnen wahrnahmen. Verschiedene Funde und Erkenntnisse der letzten Jahrzehnte zeigen, dass die Vorstellung von rohen und dummen Steinzeitmenschen falsch ist und das Bild der vorrömischen Kultur im Alpenraum in wesentlichen Aspekten korrigiert werden muss. Fachleute sprechen von einer europäischen Hochkultur, die zum Beispiel die Astronomie genau so kannte wie die Kulturen des Nahen Ostens. Zahlreiche Hinweise lassen auf eine tiefe Erkenntnis über die Vorgänge in der Natur schliessen, ohne die ihr Wissen über die heilenden Kräfte der Pflanzen oder den Einfluss des Mondes auf die Vegetation nicht erklärt werden kann. Zusammen mit Felsritzungen, Steinanlagen, Funden von Kultgegenständen und anderen Artefakten ergibt sich das Bild einer Kultur, die von einer zutiefst religiösen Lebenshaltung geprägt war. Anders als die materiell ausgerichteten Zivilisationen nutzten diese Menschen offenbar ihre Intelligenz nicht dazu, die Natur zu unterwerfen und zu manipulieren. Sie entwickelten vielmehr «innere Technologien» oder schamanische Methoden, die es ihnen erlaubten, ihre Mitwelt zu verstehen und mit möglichst wenig Eingriffen in die natürlichen Abläufe an ihr teilzuhaben. Ihre Fähigkeit, für ihr Leben ausschliesslich natürliche Dinge zu verwenden und damit alle anderen Mitwesen zu schonen, erscheint heute geradezu vorbildlich. Mit der Entdeckung und Verwendung von Bronze begann sich dies zu ändern, doch die Kultur blieb in den wesentlichen Zügen dieselbe. Es liegt in der Natur der Sache, dass aus der Bronzezeit mehr Zeugnisse der Quellenverehrung erhalten sind, da die Opfergaben aus dem dauerhaften Metall waren, wie etwa die vielen bei Quellen gefundenen Kleidernadeln, Schmuckstücke oder Waffen.

Der Quellenkult der Kelten und Germanen

Wie die zahlreichen bei Quellen und Brunnen gefundenen Weihegaben und Inschriften belegen, war der Quellenkult im Alpenraum im Altertum ebenso verbreitet wie am Mittelmeer. Wie Karl Weinhold feststellte, galt die Verehrung vor allem weiblichen Gottheiten, was ganz ihren lebensspendenden, heilenden und reinigenden Eigenschaften entpricht.

Die Bevölkerung Westeuropas wurde von den Römern nach ihren Siedlungsgebieten rechts des Rheins als Germanen, links des Rheins als Gallier bezeichnet. Lang als zwei verschiedene Völker verstanden, geht man heute davon aus, dass sie sich weder ethnisch noch kulturell grundsätzlich unterschieden. In den Berichten römischer Autoren werden ihre Religion, ihre Bräuche, Lebensweise und sogar ihr Aussehen als ähnlich beschrieben. Die Lebensweise der verschiedenen Stämme wurde natürlich durch die unterschiedlichen Landschaften, Klimaverhältnisse oder Einflüsse von benachbarten Völkern geprägt, weshalb nicht von einer einheitlichen Kultur gesprochen werden kann.

Die Bedeutung der Quelle bei den Germanen als Ursprung des Lebens offenbart sich im Bild des Weltenbaums Yggdrasil, dessen drei Wurzeln von jeweils einer Quelle genährt werden. Die erste wurzelt im Himmel, die zweite in der Unterwelt und die dritte im Reich der Riesen. Am himmlischen Urdarbrunnen sitzen die drei Nornen Urd, Werdandi und Skuld (Vergangenheit, Gegenwart und Zukunft). Sie giessen täglich das Wasser des himmlischen Brunnens über die Wurzeln des Weltenbaums und bewahren ihn so vor dem Verdorren. In der deutschen Dichtung erscheint der Urdarbrunnen bei E. T. A. Hoffmann als Kristallspiegel, der nicht das Gesicht des Betrachters reflektiert, sondern seine Seele. Am rauschenden Kessel des Hvergelmirbrunnen waltet Hel, die Herrin der Unterwelt. Die einseitig als Totengöttin bezeichnete Hel ist ursprünglich die Erdmutter aller Wesen, die nach Ablauf ihres Lebens wieder zu ihr zurückkehren. Am Mimirsbrunnen im Reich der Riesen, dessen Wasser jedem, der es trinkt, Weisheit verleiht, wohnt der Weise Mimir. Weshalb wohnt an diesem Brunnen eine männliche Gestalt? Barbara C. Walker machte darauf aufmerksam, dass Mimir ursprünglich Mutter bedeutet. Möglicherweise ist er eine männliche Überlagerung seiner Schwester Bestla, der Mutter der nordischen Götter Odin, Wili und We.

Die meisten Namen der grösseren schweizerischen Flüsse und vieler Berge sind keltisch geblieben, und in ihnen verbergen sich die Namen der sonst verschollenen keltischen Wasser- und Berggottheiten, eine ganze reiche Mythologie.

Richard Weiss

Der auf Weihesteinen gefundene Name einer germanischen Erdgöttin Hludana hat dieselbe sprachliche Wurzel wie die Holden, weibliche Wasserwesen, die als Brunnenholde bis heute tradiert sind. Ihr Name ist verwandt mit dem Begriff jemandem hold sein, was so viel bedeutet wie jemand lieben, ein weiterer Hinweis auf die enge Verbindung zwischen Quellen und Liebe.

Die Holden tragen dieselben Wesenszüge wie die Nymphen der Griechen und Römer. Hludana, in deren Name wieder die Silbe *ana* vorkommt, wurde zur Holda, die später im Märchen zur Frau Holle wurde. Wie Ana war sie eine Erdgöttin und wurde als solche auch bei

Quellen verehrt. Die Brunnholden, wie die Quellnymphen auch genannt wurden, sind demnach als Gefährtinnen der Holda zu verstehen. Auch der alte Name *Holder* für Holunder wurzelt im Mythos der Holda und ihrer Holden. Das Bild der Göttin mit ihren Quellfrauen findet sich in der Geschichte des Mythos Quelle durch die Mythologien und Sagen hindurch. Die Frau Holle der Märchen wohnt am Grund von Brunnen und Weihern und hält sich mit Vorliebe in deren Umgebung auf, wo sie gelegentlich in der Gestalt einer von innen heraus leuchtenden weissen Frau den Menschen erscheint. Einmal im Jahr zieht sie über das Land und schenkt den Wiesen und Feldern Fruchtbarkeit. In ihrer wässrigen Wohnung der Brunnen und Teiche soll Frau Holle auch die Seelen der Ungeborenen hüten. Die Geschichten über den Storch, der die Kinder bringt, ist in diesem Zusammenhang zu verstehen, holten sich die Vögel ihre Mahlzeiten doch mit Vorliebe bei Weihern, Teichen und Tümpeln. Als ich als etwa Vierjähriger vernahm, dass die Kinder «aus dem Teich kommen», wollte ich diesen wunderbaren Ort sehen. Einige ältere Kinder führten mich schliesslich zu einer romantischen Weiherquelle im Westen Berns und obwohl ich später aufgeklärt wurde, steigt mir beim Anblick eines mit Schilf bewachsenen Weihers jedesmal ein Gefühl der Vertrautheit und Verbundenheit auf, als würde ich wirklich vor dem Ort meiner Herkunft stehen. Der Mythos der Frau Holle als Hüterin der Kinderbrunnen oder Kinderquellen hat sich in der Form der Marienbrunnen bis auf den heutigen Tag erhalten.

Drei weitere germanischen Quellgöttinnen sind unter den Namen Abnoba, Vercana und Meduna überliefert. Ihre Endsilben erinnern an die Urahnin Ana. Vercana und Meduna werden in zwei Inschriften als Schutzgottheiten einer Heilquelle in der Eifel genannt, der Name Vercana wurde ausserdem am Rand einer Brunnenschale bei Zweibrücken überliefert. Abnoba erscheint auch unter dem romanisierten Namen Diana-Abnoba als Quellgöttin bei Badenweiler und Cannstadt.

Die germanische Göttin Freya aus dem Reich der Wanen steht für Freude, Sinnlichkeit, Liebe und Harmonie. Die Wanen sind Gottheiten der Natur und als solche mit dem organischen Bereich des Lebens verbunden. Freyas Welt ist dementsprechend die freie Natur, wo sie mit den wilden Tieren lebt. Als ihre persönlichen Begleiter sind vor allem Katze, Falke und Wildsau überliefert. Einer von Freyas Beinamen bedeutet die Gebende. Er weist darauf hin, dass die Kraft und Schönheit der Liebe im Akt des Gebens liegt. Da Freya als Göttin der Liebe und als Gebende galt, ist anzunehmen, dass sie wie die mit ihr wesensverwandte griechische Aphrodite bei Quellen verehrt wurde, auch wenn sie in den wenigen Überlieferungen nicht spezifisch als Quellgöttin erwähnt wird. Einen weiteren Hinweis auf ihre Verbindung zu Quellen liefert ihr Bruder und Gatte Freyr. Er ist allerdings nicht als Bruder im menschlichen Sinne zu verstehen, sondern als männliche Manifestation jener Eigenschaften, die sie auf weibliche Weise verkörpert. Freyr reitet auf einem Eber und trägt ein Hirschgeweih auf dem Kopf, was an die keltischen Götter Cernunnos und Grannus erinnert, die zusammen mit ihren Göttinnen Ana und Sirona bei Quellen verehrt wurden.

Vor allem westlich des Rheins, in Gallien, und im Alpenraum ging Ana in der keltischen Quellgöttin Divona oder Sirona auf, deren Name im alten Badeort Divonne-les-Bains in der Nähe des Genfersees nachklingt. Die Endsilbe *ana*, auch *una* oder *ena*, wird zu *ona*. Zweifellos handelt es sich um dieselbe Ursilbe, die in den verschiedenen lokalen Umgangssprachen unterschiedlich ausgesprochen wurde. Einen Hinweis auf die Bedeutung der Göttin Sirona liefert der Fluss Rhone, dessen Name möglicherweise von ihr abgeleitet ist.

Sirona (Zeichnung aus B. Hutzl-Ronge, «Quellgöttinnen, Flussheilige und Meerfrauen»).

Unter dem Einfluss der Römer begannen die Gallier den Quellgottheiten Weihesteine mit Inschriften der Namen ihrer Gottheiten und Altäre mit deren Bildnissen zu bauen. Der Name Sirona erscheint auf Funden aus galloromanischen Anlagen in Graux, Heiligenbronn (Heiligenbrunnen), Niedaltorf, Bitburg, Luxeuil-les-Bains, Wiesbaden, oder Nierstein. Beim schweizerischen Augst wurde der Griff einer bronzenen Schöpfkelle gefunden, auf dem der Name Sirona eingraviert ist. Der reichhaltigste Fund eines dem Götterpaar Grannus/Apollo-Sirona geweihten Heiligtums wurde bei einer Quelle in der Umgebung von Hochscheid gemacht. Ausser einer Altar-Weiheschrift mit den Namen der beiden Gottheiten fanden die Archäologen Fragmente zweier Apollostatuen und verschiedene Kleinfunde. Der Hauptfund ist ein Hochrelief mit einer lebensgrossen Gestalt der Sirona. Die Statue ist bis zu den Knien erhalten. Der abgeschlagene Kopf wurde im Quellbecken gefunden, in das er wahrscheinlich von einer wütenden Horde christlicher Fundamentalisten bei der Zerstörung des Quellheiligtums geworfen wurde. Verschiedene Votivgaben in der Form von Terrakottastatuen von Silvanus, Minerva, Venus, Diana, Fortuna mit Füllhorn und mehreren Muttergottheiten mit einem Tier oder Kleinkind im Schoss (!) zeugen von der übergeordneten Stellung der Sirona. Ihre Rolle als Fruchtbarkeitsgöttin ist dargestellt durch eine Schale mit drei Eiern in der linken Hand und eine um den rechten Arm gewundene Schlange. Mit dieser Hand zeigt sie auf das bereits aufgebrochene Ei in der Schale, was als Hinweis auf die Bedeutung des hervorbrechenden jungen Lebens verstanden werden kann.

Die Funde belegen klar, dass die bei Quellen verehrten Gottheiten auch in Gallien und damit auf dem Gebiet der keltischen Schweiz mehrheitlich weiblich waren. Divona nimmt unter diesen Göttinnen wohl deshalb eine besondere Stellung ein, weil sie als übergeordnete Quellgöttin die Hüterin aller Quellen war, also auch jener von anderen Gottheiten. Sirona erscheint ausschliesslich bei Quellen und wird häufig in Gesellschaft ihres Gefährten Grannus dargestellt. Dieser wird von Cäsar mit dem Apoll der Gallier gleichgesetzt. Wie der Keltenforscher Jean Markale nachweist, unterschied sich die keltische Kultur aber derart von der römischen, dass nicht auf eine Ähnlichkeit mit dem römischen Apoll geschlossen werden kann. Grannus wird denn auch nicht in erster Linie als Sonnengott beschrieben, sondern als Gott der Heilkunde. Nach den Römern war der gallische Apollo/Grannus der Schutzgott der meisten Heilquellen Galliens; er wurde auch unter dem Namen Belenos verehrt, was «der Glänzende» bedeutet. Die Quellenstadt Aachen soll ihren Namen von *aquae granni*, Wasser des Grannus, erhalten haben. An der Fassade des Turms beim Lochbad bei Oberburg im Emmental ist die Statue einer Figur mit einem Hirschgeweih auf dem Kopf angebracht. Sie stellt den Lochbadgränni dar, von dem niemand mehr weiss, wer er war. Die Figur ist offenbar mit dem alten Bad beziehungsweise mit dessen Quelle verbunden. Die Ähnlichkeit seines Namens mit *granni* oder Grannus ist nicht zu übersehen, ebenso wenig die Tatsache, dass der emmentalische Gränni wie andere keltische Götter ein Hirschgeweih trägt. Aus dem lateinischen *aquae granni* wurde möglicherweise Gränniwasser, was auch Tränen bedeutet, denn das berndeutsche Verb *gränne* steht für «weinen». Selbstverständlich ist die sprachliche Verbindung zwischen dem Mundartwort für das aus den Augen quellende Wasser und dem keltischen Quellgott kein Beweis, aber

Lochbadgränni.

doch ein starker Hinweis darauf, dass der Lochbadgränni als eine lokale Form von Grannus zu verstehen ist. Auffallend ist auch die sprachliche Verwandtschaft der Silben *ran* und *ron* in den Namen Grannus und Sirona mit dem Verb «rinnen».

Im Alpenraum hat der Mythos der Quellgöttin vor allem in den Sagengeschichten überlebt. Eine ihrer uralten und weitherum tradierten Erscheinungsweisen ist die bereits erwähnte Schlange. Nachdem der Biss der im Alpenraum lebenden Vipern oder Kreuzottern für einen Menschen äusserst selten tödlich ist, galt die Schlange wohl nicht als Feind oder gar als Symbol des Todes. In der europäischen Naturmythologie ist sie vielmehr eine Manifestation der Lebenskraft, sei es im Zusammenhang mit dem Lebensbaum oder mit dem Lebenskraft spendenden Wasser.

Das Gleichnis der Schlange wird nachvollziehbar in dem bei Quellen aus geheimnisvoller Tiefe aufsteigenden und sich schlängelnd seinen Weg suchenden Wasser, und man versteht, weshalb in der indoeuropäischen Mythologie Schlangen als Hüterinnen der Quellen gelten. Später wird die Schlange zu einem Attribut der Quellgöttin, wie etwa bei Sirona von Hochscheid. Verschiedene Sagen des Alpenraums erzählen von Drachen, die kleine Seen bewohnen und sich darin gelegentlich rühren sollen. Wasserdrachen und Schlangen stehen im Sprachgebrauch der Volksmythen oft für dasselbe Phänomen. Bei den vor allem in den in Quellnähe gelegenen Bergseen vorkommenden Drachen handelt es sich wohl um die ursprünglichen Quellengottheiten. Dies könnte auch bei der heiligen Margarete mit dem Drachen der Fall sein. Die christliche Heilige trat an die Stelle der alten Fruchtbarkeits- und Wassergöttin Marga (Grosse) Raitha oder Rethia. Im an Gewässern und Quellen reichen Gebiet, das unter den Römern zur Provinz Rätien wurde, gab es wohl verschiedene lokale Wasser- und Quellgöttinnen. Der Beiname lässt vermuten, dass Marga Raitha die übergeordnete Göttin der Quellen und Gewässer der Region war. Ein weiterer Hinweis auf ihre Funktion als Quellgöttin findet sich im bekannten Margarethenlied, das erzählt, wie die Quellen vertrockneten und das Gras verdorrte, als die Heilige das Land verliess.

Die Schlangen in den Sagen des Alpenraums sowie die mit den Flüssen und Schluchten des Juras verbundene Drachenschlange Vuivre tragen eine Krone oder einen Edelstein auf dem Kopf, was als Zeichen ihrer mächtigen Aura oder Ausstrahlung zu verstehen ist.

In einer der Sagen, deren Handlungsort das wasser- und quellenreiche Tal der Weissen Lütschine im Berner Oberland gewesen sein soll, erscheint die Schlangengöttin als Helferin bei einer aussichtslosen Liebe zwischen einem armen Sennen und einer reichen Bergbauerntochter. Das Mädchen hatte das Haus ihres Vaters verlassen, weil dieser sich gegen die Ehe mit dem geliebten Sennen stellte. In einer verlassenen Hütte traf sie auf eine kranke Schlange, die sie liebevoll gesund pflegte. Wie durch eine wunderbare Fügung wurde darauf der arme Senn mit besonders schönen Kälbern und einer nie dagewesenen Menge an Käse beschenkt. Beim reichen Bauern hingegen kam es zu verschiedenen Unglücksfällen, die den Hof verwüsteten und die Herde dezimierten. Nun war der arme Senn zum reichen Mann geworden, und bald wurde Hochzeit gefeiert. Als die Gäste fröhlich beisammensassen, glitt eine grosse Schlange mit einer strahlenden, weissen Frau auf ihrem Rücken in die Feststube. Auf der Stirn trug sie einen glänzenden Edelstein. Sie gab sich der jungen Braut als die von ihr einst gesund gepflegte Schlange zu erkennen und schenkte ihr das funkelnde Juwel mit den Worten, sie sei nicht wirklich krank gewesen, sondern habe sich lediglich von der Güte des Mädchens überzeugen wollen. Das Paar und seine Nachkommen sollen dank der Kraft des magischen Hochzeitsgeschenks über Generationen ein glückliches Leben geführt haben.

Ähnlich wie diese erzählen Schlangensagen oft von Hirten, die an abgelegenen Stellen einer gekrönten Schlange begegnen. Anstatt vor dem magischen Tier zu flüchten, teilen sie ihr karges Mahl mit ihr und werden darauf reich (mit Lebenskraft) belohnt. Weit verbreitet sind Geschichten, in denen eine magische Schlange getötet wird, was für die Täter stets im Unglück endet. Die Wundermedizin des sagenhaften «Zauberdoktors von Grindelwald» soll übrigens aus Wasser bestanden haben, das durch eine Schlange energetisiert wurde, was als Hinweis auf die Verwendung von heilkräftigem Quellwasser verstanden werden kann.

Quellgöttinnen und Nymphen der Griechen und Römer

Die Funde und Überlieferungen zum Quellenkult bei den Kelten und Germanen sind ebenso spärlich wie die Belege für die anderen Bereiche ihres religiösen Lebens. Ihre Mythen sind aber jenen der Griechen und Römer in vielem ähnlich. Die zahlreichen Übereinstimmungen weisen darauf hin, dass die alten Griechen Teil einer grossräumigen europäischen Kultur waren und ihre Mythologie nicht isoliert entstanden ist. Man darf vielmehr davon ausgehen, dass zwischen den verschiedenen Völkern bereits in der Steinzeit vielfältige Beziehungen bestanden.

Sicher finden sich bei den Griechen Einflüsse aus dem Orient, aber wie die Archäologie in den letzten Jahren feststellte, liegt der Ursprung der europäischen Kultur und Religion eher im Alpenraum. Auf den folgenden Seiten gehen wir den Überlieferungen des Quellenkults bei den Griechen und ihren kulturellen Erben, den Römern, nach, jedoch ohne die Dichtungen im Detail zu analysieren, so als wären sie dokumentarische Berichte über das Leben der Götter.

Aus keiner anderen Region des vorrömischen Europas sind so viele Zeugnisse des Quellenkults überliefert wie aus dem alten Griechenland. Das bedeutet nicht, dass die Verehrung der Quellen dort weiter verbreitet war als anderswo, aber im Gegensatz zu den Kelten und Germanen begann bei den Griechen die Verwendung der Schrift und die Darstellung ihrer Gottheiten in Bildern, Reliefs und Statuen wesentlich früher. Aus diesem Grund lässt sich klar nachweisen, dass Quellen in ihrer Mythologie eine zentrale Rolle als heilige Stätten spielten, die mit zahlreichen Gottheiten verbunden waren. Ohne die griechischen Mythen auf den Alpenraum übertragen zu wollen, sind die griechischen Dichter und Philosophen doch die ersten Chronisten des Quellenkults im alten Europa.

Im griechischen Kulturraum galten ursprünglich die Quellen an sich als Heiligtümer. Wie die Kelten glaubten auch die alten Griechen, dass Quellen Tore zur Welt der Götter sind und deshalb das Heiligste auf der Erde darstellen. Unter verschiedenen Einflüssen wurde mit der Zeit das namenlose Numen der Quellen auf Quellgottheiten übertragen, die, in zahlreichen Heiligtümern verehrt, Teil der griechischen Religion wurden. Von nun an besangen Dichter die im Schatten von alten Bäumen sprudelnden Quellen als Wohnort der Nymphen und Treffpunkt der Götter, Hirten und Liebenden. Die Nymphen und die mit ihnen verbundenen Musen, Chariten, Horen und Hesperiden weisen Wesenszüge auf, wie sie im Alpenraum von Wasserfrauen, Feen oder Elfen überliefert sind. Als Dryaden oder Baumelfen wohnen sie in den Wäldern, als Oreaden oder Bergfeen auf Hügeln und Bergrücken. Diese Naturgeister wurden schon früh als Begleiter der wichtigen Naturgottheiten dargestellt. Am meisten Verehrung genossen die Najaden, die eigentlichen Quellnymphen und Spenderinnen des rinnenden Wassers. Sie bevölkern in Scharen die Quellgebiete, einzelne wurden als Hüterinnen bestimmter Quellen, Brunnen und Wasserläufe verehrt. Oft verwendete Symbole der Nymphen sind Wasserurnen und Schlangen. Wie den alten Göttinnen wurden auch den Nymphen das Gedeihen der

Vegetation und die Fruchtbarkeit von Tieren und Menschen zugeschrieben. Von der Zeit Homers bis zum Ende der hellenischen Kultur spielten Dutzende von Nymphen, die meistens an allen Quellen anzutreffen waren, in der Mythologie und Dichtung des antiken Griechenlands eine wichtige Rolle. Sie sind grundsätzlich als die Elementarwesen des Wassers zu verstehen. Hinter gewissen Nymphen stecken allerdings auch alte Göttinnen, die allmählich durch Götter ersetzt und gewissermassen herabgestuft wurden, wie Barbara Hutzl-Ronge in ihrem Buch über Quellgöttinnen nachweist. Viele der Nymphen waren ursprünglich Quell- und Flussgöttinnen oder hatten Eigenschaften anderer Naturgöttinnen. Nun lassen sich Quellgöttinnen und Nymphen ohnehin nicht klar trennen, sie sind Manifestationen desselben Wesens auf verschiedenen Ebenen.

Wo Nymphen baden, ist oft der uralte Naturgott Pan anzutreffen. Dieser wurde nicht immer in seiner halbtierischen Gestalt dargestellt, sondern auch als schöner junger Mann mit kleinen Hörnern über der Stirn. Tatsächlich ist Pan nicht der stinkende, den Nymphen unablässig nachstellende Ziegengott, als der er zur Zeit der hellenischen Kultur dargestellt wurde. Mystiker gingen schon immer davon aus, dass Pan als All zu verstehen ist, dass der gehörnte Gott ursprünglich der in allem lebende Gott der Götter war. Als solcher erinnert er an den keltischen Cernunnos, der bei den Galliern dieselbe hohe Stellung einnahm. Möglicherweise handelt es sich bei ihm um den von Cäsar erwähnten «gallischen Merkur», der von den Kelten besonders verehrt worden sei und offenbar ihr Hauptgott war. Leider ist sein Name bei Cäsar nicht überliefert. Hermes, das griechische Vorbild des römischen Merkurs, gilt als Vater Pans, obwohl er in der Mythologie wesentlich später als dieser auftritt. Deshalb ist anzunehmen, dass der alte Pan durch Hermes ersetzt wurde und in der Mythologie als dessen Sohn noch in der Funktion eines untergeordneten Gottes weiterlebte. Dafür spricht auch, dass Hermes ebenfalls als Gott der Hirten gilt. Auf alten Darstellungen erinnern die Flügel auf seinem Kopf stark an Hörner. Hörner oder Geweih symbolisieren die tierische Seite des Gottes, die bei Pan noch stark betont war, während Hermes vor allem als Götterbote galt, der auch die Welt der Menschen bereiste. Verbindet man die Eigenschaften von Pan und Hermes, ergibt sich eine Gottheit, die an den geheimnisvollen Hermes Trismegistos erinnert. Der «dreifach mächtige Hermes» vereinigt in sich die Welten der Tiere, Menschen und Götter und ist deshalb in allen dreien zuhause. Die Fähigkeit, in allen Welten zu verkehren, zeigt sich auch in seiner Funktion als Führer auf allen Wegen, womit sicher nicht nur irdische Wanderungen, sondern vor allem magische Reisen in andere Welten gemeint waren.

Hermes, der in der hellenischen Mythologie als Sohn des Zeus und der Göttin Maia dargestellt wird, war also ursprünglich ein Naturgott wie Pan. Es ist wohl dieser universale Pan/Hermes, der bei verschiedenen bedeutenden Quellen verehrt wurde. Wenn er auf seiner Zauberflöte Syrinx spielte, sollen alle, die seine Melodien hörten, vom Liebesrausch durchströmt worden sein. Die griechischen Mystiker glaubten gar, ohne Pans Flötenspiel würden Pflanzen, Tiere und Menschen ihre Zeugungskraft verlieren. Darstellungen von Pan und den Nymphen in der Quellgrotte galten im alten Griechenland und Rom als Gleichnis für Lebensfreude, Kraft und Sinnlichkeit, Eigenschaften, die auch den Quellen zugeschrieben wurden.

Bei den ersten Bauten von Quellheiligtümern wurde das Wasser in steinernen Rohren in Tröge geleitet, die durch einen Vorbau geschützt waren. Diese Nymphäen genannten Kapellen belegen die zentrale Bedeutung der Nymphen im Quellenkult. Viele Nymphäen wurden später zu Tempeln ausgebaut und die Nymphen durch andere Gottheiten ersetzt. Im antiken Griechenland gehörten steinerne Brunnen in den verschiedensten Formen bereits zum Alltagsbild. Sie wurden wie die Quellen als Heiligtümer gepflegt. An Feiertagen schmückten die griechischen Frauen die Nymphäen und Brunnen mit Zweigen, Blumen, Ähren und farbigen Tüchern. Auch dieser Kult galt bald nicht länger nur den Nymphen, zunehmend gesellten sich männliche Gottheiten hinzu. Mit Pan trat zum Beispiel der ihm ähnliche bärtige und gehörnte Acheloos bei den Quellen auf und ging als mächtiger Quellgott in die Mythologie ein. Die Quelle Kastalia in Delphi erhielt ihren Namen von einer Nymphe und Tochter des Acheloos. Trotzdem wurden bei Quellen weiterhin auch Göttinnen verehrt, wie etwa Rhea, die Gattin des Kronos, die als Göttermutter ähnliche Wesenszüge aufweist wie Gaia, und auch die hellenische Muttergöttin Demeter ist mit zahlreichen Kultquellen verbunden.

Artemis

Quellen spielten auch im Mythos und Kult der Göttin Artemis eine bedeutende Rolle. Sie wird als Herrin der Quellen bezeichnet, die ihr Wasser hervorsprudeln lassen konnte, und trägt den Beinamen «Bergquellöffnerin». Im alten Griechenland waren denn auch zahlreiche

Quellen oder an Gewässern gelegene Heiligtümer Artemis geweiht. Als Patronin vieler heilkräftiger Quellen erfüllte sie auch die Aufgabe einer Heilgöttin. Artemis' Beiname als Wilde Jägerin bezieht sich nicht auf das Töten der Tiere, vielmehr jagte sie mit diesen durch die Wildnis von Wald und Heide. Dabei war sie meistens in der Gesellschaft von Nymphen, weshalb sie als deren Anführerin galt. Als Beschützerin der Quellen, Heilerin, Geburtshelferin und Freundin der jungen Frauen fasst Artemis alle Eigenschaften der Nymphen in ihrer Gestalt zusammen. Eine schöne Darstellung der Verbindung von Artemis und den Quellen ist das bei Grächwil (Kanton Bern) gefundene Wassergefäss aus dem griechischen Kulturkreis.

Artemis zeigt ähnliche Wesenszüge wie der alte Pan/Hermes. Wie dieser gilt sie als Hüterin und Begleiterin auf allen Wegen und badet mit Vorliebe in Gesellschaft der Nymphen in abgelegenen Quellen und Grotten. Ihre enge Verbindung mit dem Tierreich zeigt sich auch in

Wassergefäss von Grächwil mit Potnia Theron, einer frühen Form der Artemis.

ihrem Namen, der mit dem griechischen *arctos* für Bär verwandt ist, dem heiligsten Tier der Göttin. Die Nymphe Kallisto, eine ihrer nächsten Vertrauten, wurde in eine Bärin verwandelt, die nach Friedrich Muthmann als Manifestation der Artemis in Tiergestalt zu verstehen ist. Die Göttin wurde auch in Begleitung zweier Wölfe dargestellt, was ebenfalls auf ihre enge Verbindung mit der Wildnis hinweist.

Aphrodite

In der Ilias erscheint Aphrodite (römisch Venus) als Tochter der Quellgöttin Dione (Divona!). Homer weicht damit von der durch Hesiod in die Welt gesetzten Vorstellung ab, nach der Aphrodite aus dem Schaum des Meeres geboren wurde. Andere Dichter übernahmen Homers Version, und einige gingen so weit, Dione und Aphrodite gleichzusetzen. Sie gilt als Göttin der Blumen, des Frühlings und der Lebensfreude, vor allem aber als die Göttin der Liebe und Sinnlichkeit. Aphrodite bedeutet «aus Schaum geboren», was durchaus als Hinweis auf die schäumenden Quellen verstanden werden kann, bei denen die Göttin vorzugsweise verehrt wurde. Ohne diese Aphroditequellen, wo sich die Liebenden trafen und die Dichter träumten, wäre die griechische Kultur um vieles ärmer.

Die alten Römer verstanden sich als Nachkommen der Griechen, deren Mythologie sie zu einem grossen Teil übernahmen. Im römischen Reich war die Verehrung von Quellen ebenso weit verbreitet und allgegenwärtig. In den Städten waren überall künstliche Quellgrotten und Brunnen mit Statuen von Naturgottheiten zu finden. Quellen waren auch beliebte Motive der in Pompeji gefundenen Fresken von Sakrallandschaften. Der römische Quellkult war vor allem auf die Verehrung des Quellgottes Fons ausgerichtet (lateinisch für «Quelle»). Er ist einer der ältesten unter den nicht griechischen Göttern Roms, was auf die Bedeutung und das Alter des ursprünglichen Quellkults schliessen lässt. Jeweils am 13. Oktober wurde das Fontinalia genannte Fest der Quellen gefeiert, das aber nicht ausschliesslich dem Gott Fons galt, sondern allen Quellen, ob kultisch verehrt oder namenlos. Während der römischen Besetzung wurden Fons auch auf dem Gebiet der heutigen Schweiz Quellen geweiht. Bei Burgdorf im Emmental stand bis ins letzte Jahrhundert das Fousbad, dessen Name auf den römischen Quellgott zurückgeführt wird; im Dialekt der alten Emmentaler wurde der Name Fons zu Fous. Die Quelle des einstigen Fonsheiligtums wurde bis 1880 als Heilwasser genutzt. Das Fousbad liegt übrigens bloss wenige Kilometer vom bereits erwähnten Lochbad entfernt, dessen Quelle offenbar einst dem keltischen Grannus oder Gränni geweiht war.

Neben Fons spielten vor allem die Lymphae eine grosse Rolle im römischen Quellkult. Sie wurden zunehmend den griechischen Nymphen angepasst und erhielten schliesslich auch deren Name. Der Nymphenkult der Römer war ebenso verbreitet wie in Griechenland und wurde wie dort anfänglich bei natürlichen Quellen gefeiert. Viele der Naturheiligtümer wurden später zu Quelltempelchen oder Brunnenhäusern ausgebaut. Die meisten Quellnymphen blieben anonym, doch einige trugen Namen und genossen grosse Verehrung als Gottheiten. Sie traten oft an die Stelle der vorrömischen Fruchtbarkeits- und Muttergottheiten, galten aber auch als göttliche Heilerinnen. Die Römer schätzten vor allem die heilkräftigen Quellen, die stets von Nymphen bewohnt und gehütet wurden. Der Heilgott Apollo und der Waldgott Silvanus weilten ebenso gerne bei Quellen wie Herkules, der als heroischer Beschützer aller Quellen galt. Aber auch Merkur waren Quellen geweiht. An dem Tag, an dem die Kaufleute Merkur und dessen Mutter Maia Opfer brachten, tauchten sie einen Lorbeerzweig in das Wasser der Merkurquellen, besprengten sich damit und baten die Gottheit, ihnen die alltäglichen Betrügereien zu verzeihen sowie ihre Waren zu segnen.

Bei den römischen Quellen wurden auch die wichtigen weiblichen Naturgottheiten Luna, Diana, Tellus, Ceres, Flora und Feronia verehrt. Sie galten als Mondgöttinnen und unterschieden sich wahrscheinlich nur im Namen voneinander. Im religiösen Leben der Römer vermischten sich jahrtausendealte Kulte aus verschiedenen Kulturen Europas mit neuen Einflüssen. Im Namen Diana (Diva Ana = göttliche Ana) lässt sich noch leicht unsere uralte Ana erkennen. In Rom galt Diana wie ihr griechisches Vorbild Artemis als Beschützerin der Frauen und der Geburt. Die zahlreichen ihr geweihten Quellen wurden entsprechend vor allem von Frauen besucht. In den nördlichen Provinzen wurden Diana unter dem Namen Diana Abnoba Quellen und Bäder geweiht. Sie verdrängte allmählich die keltischen Quellgöttinnen wie etwa Sirona. Ihr Gefährte Grannus wurde zum galloromanischen Apollo-Grannus, der im römisch besetzten Gallien und Germanien vor allem als Gott der Heilkunst galt.

Vom Quellheiligtum zur christlichen Kultstätte

Das frühe westeuropäische Christentum war ein Amalgam, ein Gemisch aus Elementen der vorkeltischen, keltischen, germanischen, griechischen und römischen Mythologien in Verbindung mit dem Evangelium. Papst Gregor der Grosse schrieb im 6. Jahrhundert an den Abt eines Klosters: «Nach langer Überlegung habe ich erkannt, dass es besser ist, anstatt die heidnischen Heiligtümer zu zerstören, dieselben in christliche Kirchen umzuwandeln, es ist nämlich unmöglich, diese rohen Gemüter mit einem Schlage von ihren Irrtümern zu reinigen. Wer die Spitze eines Berges erreichen will, steigt nicht in Sprüngen, sondern Schritt für Schritt.» Vatikanische Erlasse aus dem frühen Mittelalter belegen, dass die Kirche Feiern und Bräuche des alten Glaubens übernahm, die in den wichtigsten Kirchenfeiertagen und Ritualen des Christentums weiterlebten. Der Historiker Sokrates Scholastikos schrieb im 5. Jahrhundert in seinem Werk zur Kirchengeschichte: «Mir scheint, das Osterfest hat über irgendwelche alte Sitten in die Kirche Eingang gefunden, so wie sich zahlreiche andere Bräuche gehalten haben.» Und am 21. Dezember 1993 räumte Papst Johannes ein, dass in heidnischer Vorzeit an diesem Tag die Wintersonnenwende, also die ewige Wiederkehr der Sonne, gefeiert wurde. Den Christen erschien es logisch und naheliegend, so der Papst, dieses Fest durch die Feier zu Ehren der einzigen und wahren Sonne Jesus Christus zu ersetzen.

Besonders hartnäckig hielt die Bevölkerung an der Verehrung der Quellen und ihrer Göttinnen fest. Die heiligen Quellen und Brunnen der alten Religion wurden deshalb gesegnet, mit einem Kreuz versehen und der Muttergottes, Christus, einem Apostel oder einem Heiligen geweiht, deren Wesen sich oft kaum von den alten Quellgottheiten unterschied. Die heiligen Quellen wurden zu Heiligenquellen und mit deren Bildern und Statuen versehen. In Griechenland wurde bereits Anfang des 6. Jahrhunderts begonnen, die alten Quellheiligtümer zu christlichen Kultstätten umzuwandeln. Zu dieser Zeit entstand in der an Quellen reichen Landschaft von Romainmôtier auch die älteste Kirche auf dem Gebiet der Schweiz. Die meisten der auf Quellheiligtümern erbauten Kirchen und Kapellen gehen jedoch auf das 7. Jahrhundert zurück. Auf diese Weise, so glaubte der Vatikan, «wurde der Heide unvermerkt zum christlichen Kult hinübergeleitet». So erstaunt es nicht, unter den christlichen Heiligen die Urgöttin Ana als Santa Anna oder den wahrscheinlich ebenso alten Cernunnos als Saint Corneille wiederzufinden. Wie Barbara Hutzl-Ronge nachweist, wurde sogar die Quellgöttin Sequana, der die Seinequelle geweiht war, zum christlichen Heiligen Sequanus oder Saint Seine umgewandelt. Nach der Kirchenlegende habe er Gott gebeten, die Quelle aus dem Boden sprudeln zu lassen, als hätte der Fluss, dessen Name auf die Göttin Sequana zurückgeht, vor der Einführung des Christentums nicht existiert. Der heilige Sequanus soll, ganz in der Tradition der Quellgöttinnen, Kranke geheilt und Blinde sehend gemacht haben. Auch die Kathedrale von Chartres steht auf einem Quellheiligtum. In der Krypta wurden ein tiefer keltischer Schachtbrunnen und die Reste eines kleinen Heiligtums gefunden, Spuren, die möglicherweise weit über die galloromanische Periode zurück in die Vergangenheit führen.

Die Überwindung des heidnischen Wasserkultus gelang dem Christentum erst dadurch, dass es die Quellen selber christianisierte, ihnen einen christlichen Sinn gab.

Bischof Caminada

Der Wandel vom heidnischen Quellheiligtum zur Kirche vollzog sich wahrscheinlich über viele Generationen. Auch wenn nun ein Priester die Zeremonie leitete, war für das Volk das Objekt ihrer Verehrung immer noch die Quelle beziehungsweise ihre Göttin, wenn diese auch nun einen anderen Namen trug. Diese Vermischung einer alten mit der neuen Religion findet auf anderen Kontinenten bis in unsere Zeit statt. Von einem zentralamerikanischen Indianer vernahm ich, dass noch während seiner Kindheit der christliche Gottesdienst bei einer heiligen Quelle abgehalten wurde. Weil es den Missionaren nicht gelungen war, die Leute in die Kirche zu holen, stellten sie bei der Quelle ein Kruzifix auf und versammelten dort die Gemeinde. Die Indios waren zufrieden, weil sie nach wie vor mit ihrer Gottheit kommunizieren konnten, und die Missionare ebenso, da die Gläubigen offensichtlich zu Jesus Christus beteten. Auch im Alpenraum kam der Kompromiss, den die Kirche mit den religiösen Gefühlen der Bevölkerung einging, nicht freiwillig zustande, ist aber dennoch ein anschauliches Beispiel für das harmonisierende und versöhnende Wesen der Quellen.

Mutter Maria an der Quelle.

Ein grosser Teil der alten Kirchen der Schweiz wurde in unmittelbarer Nähe von Quellen gebaut. Manchmal wurden sie unter grossem Aufwand sogar direkt über diesen erstellt, wie etwa im bündnerischen Ruschein. Wie sehr der Quellenkult im Christentum aufging, bezeugen die unzähligen Heiligenfiguren, Kruzifixe und Gebetsstöcke, die vielerorts in den katholischen Gebieten noch heute bei Quellen zu finden sind. Bei manchen der Quellen und Brunnen erinnern nur noch ihre Namen daran, dass sie einst als mit dem Heiligen verbunden galten. Fasst man alle diese Orte zusammen, ergibt sich das Bild eines Christentums, in dem zumindest für das Volk der alte Glaube an die Kraft der Quellen unter anderen Namen und Bildern ungebrochen weiterlebte. Die Nähe der Kirche zum Quellenkult lässt sich auch in der Tradition der Taufe erkennen, während der Täufling ursprünglich in eine Quelle getaucht oder mit ihrem Wasser übergossen wurde.

An dieser Stelle darf aber nicht verschwiegen werden, dass parallel zu dieser bloss teilweisen und vor allem rein formalen Integration der alten Religion ihre Anhänger von der Kirche gnadenlos verfolgt und die Spuren der ursprünglichen Kultur möglichst zerstört oder verwischt wurden. Die verschiedenen bei Quellen verehrten Heiligen gehen zwar ohne Zweifel auf die Quellgottheiten des Altertums zurück, was aber nicht bedeutet, dass sie mit diesen gleichgesetzt werden können. Von der Lebensfreude, Sinnlichkeit oder Naturverbundenheit der Quellgöttinnen ist in den Figuren der auf das Jenseits ausgerichteten Kirchenreligion kaum mehr etwas zu finden. Aber wie die Quellen über die Jahrhunderte unentwegt weiter sprudelten, haben sie für jene, «die Augen haben zu sehen», ihre zeitlose Bedeutung nicht verloren.

Die Quellgöttinnen des Altertums gingen zur Mehrheit in der Gestalt der Mutter Maria auf, der Tochter der Anna oder Ana. Wie diese galt auch Maria als Mutter, die Milch, Honig und die Früchte der Wälder und Felder schenkte. Die Gleichsetzung Marias mit den alten Erd- und Fruchtbarkeitsgöttinnen hat sich bis auf den heutigen Tag erhalten. Die Gottesmutter wird in den ländlichen Gegenden des katholischen Europas um Erntesegen, Fruchtbarkeit bei Tieren und Menschen und Hilfe in Frauenangelegenheiten oder bei Geburten angerufen. Überhaupt kam der Quelle im frühen Christentum eine überragende symbolische Bedeutung zu. Neben Maria gilt auch Jesus als Quelle des Lebens, und in der Bibel ist die Quelle ein Symbol der Offenbarung, des Evangeliums, der Weisheit und des nie versiegenden Lebenswassers. Was lag näher, als die symbolische Quelle mit der natürlichen zu verbinden. Auf diese Weise verschmolzen der alte und der neue Glaube im Bewusstsein der Bevölkerung zu einer Einheit, in der für sie noch immer die alte Quellgöttin zu erahnen war. Dieser Vorgang zeigt sich auch im Wandel der Frau Holle zur Mutter Gottes, die nun deren Stelle bei Quellen, Brunnen und Teichen einnahm, um dort die ungeborenen Kinder zu hüten. Mit der Verbreitung christlicher Statuen wurde die sitzende Maria mit dem Kind auf dem Schoss zu einem weit verbreiteten Bildnis bei Quellen oder Brunnen, und die unzähligen Marien- oder Frauenbrunnen belegen, dass die Gottesmutter wie keine andere Heilige bei Quellen verehrt wurde.

Verena

Eine typisch schweizerische Heilige ist Verena. Sie soll im 3. Jahrhundert der Thebäischen Legion (siehe seite 236) folgend in das Gebiet der Schweiz eingereist sein und zuerst in Solothurn, später in Zurzach gelebt haben. Nach der Legende streckte sie bei Klingnau an der Aare drei Finger zum Himmel und darauf in den Boden, worauf daraus augenblicklich eine kräftige Quelle entsprang. In Zurzach, wo die Heilige ihren Lebensabend verbrachte, wurde auf ihrem Grab eine Wallfahrtskirche erbaut, in deren Fundamenten zwei Brunnen entdeckt wurden. Der ältere, beim Grabmahl Verenas gelegene, geht auf das 10. Jahrhundert zurück. Sein heilkräftiges Wasser soll bei verschiedensten Gebrechen, vor allem aber Frauen mit unerfülltem Kinderwunsch geholfen haben. Wahrscheinlich wurde die Quelle, die in einem alten Siedlungsgebiet liegt, bereits zur Zeit der Kelten oder früher verehrt. Der Verenakult ging auch auf die Bäderstadt Baden über, deren Quellen schon zur Zeit der Römer als heilig galten, wie zahlreiche Votivgaben belegen. Die aufgrund ihres heilkräftigen Wassers bis heute geschätzte Badeanlage trägt noch immer den Namen der Heiligen. Bei einer Statue der Verena mitten im Badebecken opferten die jungen Frauen Blumen und baten um eine glückliche Beziehung. Andere hielten einen Fuss in das Loch, aus dem die Quelle trat, und sollen danach mit gesunden, kräftigen Kindern gesegnet worden sein.

Verena war an die Stelle einer älteren Quellgöttin getreten, deren Name aber nicht erhalten blieb. Wegen der sprachlichen Ähnlichkeit wird Verena mit der römischen Venus in Verbindung gebracht, ihr Name könnte aber auch von der germanischen Liebesgöttin Freya oder der Quellgöttin Vercana abgeleitet sein. Auf alten Darstellungen wird Verena mit einem Krug und einem Kamm, manchmal mit Brot und Wein dargestellt. In letzterem Attribut ist leicht der römische Einfluss zu erkennen. Wesentlich älter sind die Symbole Krug und Kamm. Die so genannte Sprudelvase, ein amphorenförmiger Krug, erscheint bereits auf den ältesten Darstellungen von Quellgöttinnen. Der Kamm wird als Symbol für das Wasser gedeutet und stellt möglicherweise den Regen dar, den die Wassergöttin aus ihrem Haar kämmt.

Paracelsus und die Nymphen

Der in Einsiedeln aufgewachsene Gelehrte Paracelsus wird heute zu den herausragenden Köpfen der deutschen Renaissance gezählt. Seine wegweisende Rolle in der Entwicklung der Schulmedizin ist heute genauso unumstritten wie seine Kompetenz auf dem Gebiet der Naturheilkunde. Paracelsus war aber mehr als ein genialer Heilkundiger. Seine Schriften verraten eine tiefe Einsicht in das magische Wesen der Natur und das Wirken des Göttlichen und machen ihn zum bedeutendsten Mystiker seiner Zeit. Wie kein anderer sah er ein neues Zeitalter am Horizont aufsteigen, was ihn offenbar veranlasste, sein Wissen über die alte Naturmythologie möglichst umfassend und detailliert festzuhalten. Dabei stützte er sich auch auf die reichen Erfahrungen von Frauen und Männern, die in abgelegenen Gebieten die lebendige Beziehung zur beseelten Natur weiter pflegten. Besonders interessant sind seine Berichte über die Elementarwesen, die zu seiner Zeit noch häufig mit den Menschen verkehrt haben sollen.

Alles was Gott erschaffen hat, lässt er dem Menschen offenbar werden, deshalb lässt er ihm Engel erscheinen, um ihm zu zeigen, dass es wirklich Engel gibt. Dasselbe gilt für die Naturgeister. Er lässt sie zu gewissen Zeiten mit den Menschen reden und leben, um ihnen vor Augen zu führen, dass sie unter uns sind.

Paracelsus

Paracelsus bezeichnet die vier Geschlechter der Naturgeister auch mit den deutschen Namen als Wasserleute, Erdleute, Feuerleute und Windleute. Nach ihm sind sie nicht Nachkommen Adams, gehören also nicht der menschlichen Spezies an, sind aber wie diese ebenfalls in weibliche und männliche Wesen geteilt und sollen sogar Kinder gebären. Paracelsus bezeichnet sie als unser Ebenbild und als ebenso klug, reich, verständig, arm oder töricht wie wir. Elementarwesen nehmen Nahrung zu sich, und wenn sie sterben, vergeht ihr elementarer Körper ebenfalls. Er gab den Naturgeistern den Namen Elementarwesen, weil sie mit den vier Elementen verbunden sind, in denen sie wohnen wie wir in unserer Welt. In diesem Zusammenhang hielt er fest, dass jedes dieser Wesen nur in seinem Element oder «Chaos» gesund sein kann und in jedem anderen sterben muss. Abgesehen von der Bindung an ihr Element sind sie aber freie Geister, die niemand beherrschen oder einsperren kann. In Sitten und Verhalten erscheinen sie wiederum sehr menschlich, manchmal rauher, manchmal subtiler, manchmal besser, manchmal gröber. Dasselbe gilt für ihre Gestalt, die mal gross, mal klein ist und ebenso unterschiedliche Formen aufweist wie die Natur. Sogar

Badende Melusine mit Drachen.

ihre Nahrung soll jener der Menschen ähnlich sein, ebenso die Kleider, die sie in Handarbeit liebevoll herstellen.

Von den Elementarwesen sind uns nach Paracelsus die Wassergeister oder Nymphen am nächsten. Sei sehen ähnlich aus, sind nach unserer Art gekleidet und von Natur aus eher gesprächig. Nymphen beherrschen im Gegensatz zu den anderen Elementarwesen sogar die jeweilige Landessprache, ja selbst lokale Dialekte. In einem sollen sie sich allerdings vom Menschen unterscheiden: Sie haben keine Seele. Ähnlich wie sich Menschen das unschuldige Leben der Naturgeister wünschen, sehnen sich deshalb gewisse Nymphen nach einer Seele, und die einzige Möglichkeit, an dieser teilzuhaben, ist offenbar die eheliche Verbindung mit einem Menschen. Zur Lebzeit von Paracelsus soll es noch zu solchen Mischehen gekommen sein, und nicht selten seien daraus Kinder entstanden. Tatsächlich erzählen die Mythologien von Beziehungen zwischen Menschen und Wesen der Anderswelt und deren Kindern. Sollten die Nymphen tatsächlich unter uns genetische Spuren hinterlassen haben, würde dies zum Beispiel die intensive Beziehung erklären, die manche Menschen zum Wasser empfinden. Diese müssten dann aber auch andere Eigenschaften der Nymphen in ihren Genen haben. In der Vergangenheit führten Heilerinnen ihre Begabung nicht selten auf eine Nymphe in ihrer Ahnenreihe zurück. An dieser Stelle sei erwähnt, dass verschiedentlich vermutet wurde, der zeitlebens ledig gebliebene Paracelsus habe eine Beziehung mit einer Nymphe gepflegt, was seine ausgesprochen tiefgründigen und umfassenden Kenntnisse über die Geheimnisse der Natur erklären würde.

Während der geistigen Diktatur des Vatikans wurde eine Beziehung zu einer Nymphe selbstverständlich vor der Öffentlichkeit geheim gehalten. Verschiedene Sagen berichten von Männern, die ihre Wahl bereuten und die Nymphe verliessen, weil sie sich fürchteten, wegen Verkehr mit dem Teufel angeklagt zu werden. Die Verteufelung, fand der gläubige Christ Paracelsus, sei ein tragisches Missverständnis, denn nur Gott könne solch wunderbare Wesen erschaffen. Er warnte aber trotzdem davor, sich mit Wasserfrauen einzulassen, weil eine solche Beziehung stets mit einem Gelübde oder Tabu verbunden ist, das offenbar nicht leicht einzuhalten ist; das Abenteuer kann daher in Wahnsinn oder Tod enden. In den Sagen des Alpenraums besteht das Tabu etwa darin, dass die Nymphe nicht beim Baden beobachtet werden darf. Jene Unglücklichen, die das Versprechen brachen, berichteten, wie sich ihr Unterkörper im Wasser veränderte und die Form eines Fischschwanzes annahm. Manchmal sollen sich Nymphen gar in Drachen oder Schlangen verwandelt haben, und in der Sage der Fee von Vallorbe sah der Schmied Donat, wie unter deren Kleid Gänsefüsse hervorkamen.

Paracelsus bezeichnet Nymphen als äusserst freiheitsliebend, was als weiterer Grund galt, weshalb sich Männer eigentlich nicht mit ihnen einlassen sollten. Wenn der Partner ihr unabhängiges Wesen missachtet, verlässt sie ihn zwar, bleibt aber bis zum Jüngsten Tag mit ihm verheiratet, was bedeutet, dass er bis dahin mit keiner anderen Frau glücklich werden kann. Paracelsus erwähnt auch die Sirenen, eine Unterart der Nymphen. Unter ihnen sollen die Frauen in der Überzahl sein, weshalb sie sich besonders gern mit menschlichen Männern einlassen. Im Unterschied zu den Nymphen können sie aber keine Kinder gebären. Die Beziehung zu einer Sirene soll ebenfalls nicht ungefährlich sein und zu geistiger Verwirrung führen können. Natürlich lässt sich aus solchen Überlieferungen auch die kirchliche Warnung heraushören, sich nicht mit den «Naturdämonen» einzulassen.

Alles ist klar auf dem Berg der Tiere, alles ist klar auf dem Berg der Götter, aber nichts ist klar dazwischen im Tal der Menschen.

Paul Klee

Wenn Paracelsus die Elementarwesen und Naturgötter mit den Tieren vergleicht, bedeutet dies nicht, dass er sie für Tiere hält. Vielmehr sind die Götter, so wie die Tiere ihren Instinkten gehorchen, an ihre Aufgaben gebunden. Beide haben keine andere Wahl, als ihrem Wesen zu folgen. Nur der Mensch kann entscheiden, was er tun soll. Mit dieser Entscheidungsfreiheit ist das Gewissen verbunden, das der Seele zugeordnet wird, weshalb anzunehmen ist, dass Paracelsus in diesem Zusammenhang unter Seele vor allem das menschliche Gewissen verstand. In dem oft zitierten Satz «Die Sterne gebieten den Menschen, der Weise gebietet den Sternen», fasst Paracelsus seine Ansicht zusammen, dass der Einfluss der Kräfte der Natur, einschliesslich der Götter und Elementarwesen, nur auf die körperliche Natur des Menschen beschränkt ist. Wenn der Mensch in der Natur wandelt, erklärt er, so dient er der Natur, wandelt er im Geist, so dient er dem Geist. Solange der Mensch einen Körper hat, ist er von der Natur abhängig, verfügt aber auch über die Fähigkeit, seinen Geist von ihrem Einfluss zu lösen. Die Möglichkeit zu wählen, wem er dienen oder folgen will, erlaubt ihm eine geistige Entwicklung, einen Weg, der je nach Glaube ins Paradies oder zur Erleuchtung führt. Möglicherweise haben gewisse Nymphen dasselbe Ziel und suchen aus diesem Grund die Beziehung zu den Menschen.

Im Sinne von Paracelsus sind Quellgöttinnen und Nymphen also nicht als barmherzige Engel zu verstehen, die sich verständnisvoll all unserer Sorgen annehmen. Aus heutiger Sicht sind sie Naturkräfte, Manifestationen der stofflichen, energetischen und spirituellen Eigenschaften von Quellen. Als solche haben sie einen grossen Einfluss auf unsere Natur, und solange wir in der Natur wandeln, können Quellen uns helfen, zu unserem natürlichen Wesen zurückzufinden, das eigentlich immer weiss, was zu tun ist.

Aberglaube oder Wirklichkeit?

Wintergeister in der Simmenquelle (Foto: Elmar Good).

Während einer Exkursion fragte eine Teilnehmerin, weshalb wir uns als Erwachsene eigentlich noch für Quellnymphen interessieren sollten. Angesichts der Herausforderungen des modernen Lebens eine verständliche Frage. Unser Interesse gilt grundsätzlich unserem kulturellen Erbe aus dem Altertum, der Erfahrungswissenschaft der Ahnen, die uns möglicherweise bei der Lösung einiger der heutigen Probleme helfen kann. Wir wollen deshalb der Frage nachgehen, als was die Naturgottheiten heute zu verstehen sind und welche Rolle sie für uns spielen oder spielen könnten.

Das Ganze ist vollkommen und vollständig, ebenso vollkommen und vollständig sind alle Dinge, die von ihm ausgehen, wie die vor uns manifestierte Welt.

Upanishaden

In seinem Buch über «Die grossen Mythen der Menschheit» hält Sergius Golowin fest, dass die Entstehung der Mythologien gleich am Beginn der Menschheitsgeschichte steht, und fährt fort: «Als diese frühen Menschen sich mit entsprechenden Ahnungen, Träumen und magischen Erlebnissen auseinander zu setzen begannen, als sie die wertvollsten Bilder, die daraus entstanden, ihren Nachkommen weitergaben, war dies die Geburt all dessen, was wir als Kultur bezeichnen. Neuere Forschungen haben bewiesen, dass gerade die ‹primitivsten›, also die am ursprünglichsten lebenden Stämme oft die tiefsinnigsten Gedanken über den Ursprung der Schöpfung entwickelt haben. Die griechische Kultur setzte an den Anfang das Chaos, die Gesamtheit der endlos verdünnten, gestaltlosen Stoffe, die über den endlosen Raum verteilt waren. Wie in anderen Mythologien war es die Liebe, die Kraft der gegenseitigen Anziehung, welche die ungeordneten Stoffe durchdringt, bis sich das ‹Zusammengehörige› findet und daraus nach und nach die Weltordnung des Kosmos entsteht. Tatsächlich erscheint in allen Religionen – mal deutlicher, mal verschwommener – die Ahnung einer Urkraft, die hinter allen Erscheinungen des Lebens steht und für unseren Verstand völlig unfassbar ist.»

Die meisten Menschen stellen die Existenz einer solchen Kraft nicht in Frage, wohl aber das Wirken von Naturkräften, oder sie sehen in der Naturmythologie gar eine Konkurrenz zur Religion. Wie alles in der Natur sind auch die Naturgottheiten als Teil der Schöpfung zu verstehen, und nicht als schöpfende Kräfte. Auch in vorchristlichen Kulturen gab es die Ahnung vom Wirken einer Kraft, die über den Göttern steht, die alles durchdringt und umfasst. Von ihr gehen die Wesen aller Welten aus, die auf ihre jeweils eigene Art Zeugnis der unendlichen Schöpfungskraft sind. Die Frage, ob nur eine Gottheit existiert oder mehrere und ob sie über der Welt steht oder sich in allem manifestiert, ist deshalb hinfällig. In der unmittelbaren Erfahrung bilden Monotheismus, Polytheismus und Pantheismus eine Einheit. Es ist der Verstand, der sich solche Unterscheidungen ausdenkt.

Die Welt der Götter und Naturgeister ist nicht in der Vergangenheit anzusiedeln, sondern vielmehr auf einer anderen Ebene der Wirklichkeit. Ein Teil der Menschen der Vergangenheit hatte einen direkten Zugang zu dieser Welt, doch es wäre es falsch zu glauben, dass dieser für immer verloren ging. Die Erfahrungen von Schamanen und Medizinfrauen der Naturvölker und die Berichte von zeitgenössischen Psychonauten bestätigen im Grossen und Ganzen die tradierten Inhalte der europäischen Mythologien und lassen darauf schliessen, dass die Anderswelt nach wie vor parallel zu der unseren existiert. Die Welt der Mythen ist zeitlos und bloss aus unserem kollektiven Bewusstsein verschwunden. Wo sind also die Quellgöttinnen und Nymphen geblieben? Heute leben allein in der Schweiz Viele, die sich auf die eine oder andere Art mit den Naturkräften beschäftigen, und das Interesse für die unsichtbaren Mitbewohner unseres Lebensraums nimmt auch in der breiteren Öffentlichkeit zu. Gewiss sind Berichte über Begegnungen mit Naturgeistern kritisch zu betrachten, und selbstverständlich beruhen einige auf Einbildungen oder Geltungsbedürfnis. Es wäre allerdings falsch, die Existenz von Wesen, die sich unserer normalen Wahrnehmung entziehen, grundsätzlich auszuschliessen.

Was haben wir verloren, als die Quellgöttinnen und Nymphen aus unserem Bewusstsein verschwanden? Möglicherweise hat sich dieser Verlust auf unser Wesen ebenso stark ausgewirkt, wie der Verlust der Quellen auf die Landschaft. Und vielleicht ist das neu erwachte Interesse an den Naturkräften und Mythen eine natürliche Reaktion des kollektiven Unbewussten auf diesen Verlust.

Engel, Ausserirdische und Göttinnen

Es liegt in der Natur des menschlichen Bewusstseins, die Wahrnehmung unbekannter Phänomene in Bilder umzuwandeln, die in unserem Weltbild existieren. Ein Beispiel dafür ist das Phänomen der Ausserirdischen, die, wie Robert Anton Wilson nachweist, parallel mit der Entwicklung des technologischen Zeitalters ins Bewusstsein der Menschen traten. Im selben Mass, wie die Sichtungen von fliegenden Lichterscheinungen und fremden Astronauten zunahmen, gingen die Berichte über Begegnungen mit Engeln zurück. Entsprechendes geschah wahrscheinlich auch bei der Einführung des Christentums, als die Feen und Elfen entweder zu Engeln oder zu Dämonen wurden. Nun befinden wir uns offenbar wieder in einer solchen Zeitenwende. Seit den Sechziger Jahren wurde das physikalische Weltbild gerade durch Erkenntnisse der Physiker zunehmend in Frage gestellt und damit die Existenz einer anderen Wirklichkeit nicht mehr ausgeschlossen. Mit den romantischen Blumenkindern und der spirituell orientierten New-Age-Bewegung traten die alten Mythen wieder ins Licht der Öffentlichkeit. Seither häufen sich die Berichte von Menschen, die überzeugt sind, auf die eine oder andere Weise Göttinnen oder Nymphen begegnet zu sein. Parallel dazu nahmen auch Madonnenerscheinungen bei Quellen zu, was zu einem neuen Aufleben des Marienkults führte.

> *«Nur die Namen haben sich verändert, die Sache selbst ist die alte.»*
>
> Karl Weinhold

Was während solcher Begegnungen wahrgenommen wird, ist jenseits von Worten und Bildern und nimmt erst im Bewusstsein Gestalt an, indem es in das eingeprägte gesellschaftliche oder individuelle Glaubensmodell umgeformt wird. Was verbirgt sich nun hinter diesen Erscheinungen? Die Quellmythen der keltischen, germanischen, griechischen, römischen und christlichen Mythologie sind derart miteinander verwoben, dass ein gemeinsamer Ursprung vermutet werden darf. Darunter ist weniger eine einheitliche europäische Urmythologie zu verstehen als die allen gemeinsame unmittelbare Erfahrung derselben Naturkräfte. Der ursprüngliche Quellenkult wurde darauf durch die verschiedenen Mythologien nicht weiter entwickelt, sondern vielmehr Schicht für Schicht überlagert und zunehmend vom unmittelbaren Erlebnis der magischen Kräfte der Quellen entfremdet. Die natürliche Quelle, die ursprünglich das Ziel der Verehrung war, wurde durch Vorstellungen von Gottheiten ersetzt, gewissermassen in Symbole gefasst und sprachlich eingedolt. In dieser Entwicklung spiegelt sich die zunehmende Distanz zwischen Mensch und Natur, die schliesslich in eine Wirklichkeit führte, in der die Erde keine Göttin mehr ist und bei den Quellen keine Nymphen mehr wohnen. Diese historisch nachweisbare Entfremdung, die uns seit dem Untergang des antiken Weltbilds zunehmend von der Natur getrennt hat, verlief zeitgleich mit dem allmählichen Verschwinden der Gottheiten und Elementarwesen aus der gelebten Wirklichkeit. Es scheint, als hätte sich mit dem Verlust der Beziehung zu den Naturkräften auch die Beziehung zur Natur verändert, und zwar zur Umwelt wie zur inneren Natürlichkeit. Anders lässt sich nicht erklären, wie die Menschheit zur Auffassung kam, sie könne die «tote» Natur nach Belieben unterwerfen und ausbeuten. Wer sich auch nur für einen kurzen Augenblick mit der magischen Wirklichkeit der Natur verbunden fühlt, wird ihr fortan anders begegnen, nicht mehr als ein ihr gegenüber stehendes, in seiner Haut eingeschlossenes Individuum, sondern als Teil von ihr. Alle die Gesetze und Institutionen zum Schutz der Natur sind mehr als notwendig, aber sie allein werden das Problem der Zerstörung unserer Welt nicht lösen können, solange die Beziehung der meisten Menschen zu den anderen Bewohnern der Erde derart gestört ist.

Pforten zu einer anderen Wirklichkeit

Der Mythos Quelle ist während Jahrtausenden vom unfassbaren Numen bis zu einem komplexen Pantheon, einer verwirrenden Vielzahl von Gottheiten, angewachsen. Die griechische und die römische Mythologie wurden von Dichtern ausgearbeitet, welche die Gottheiten nur noch vom Hörensagen kannten. Ihre Geschichten reflektieren ausserdem ihre persönlichen Ansichten und den herrschenden Zeitgeist. Davon ausgehend, dass die mythologischen Gestalten aus der Erfahrung von Naturkräften entstanden sind, wollen wir nun versuchen, jene Gottheiten, die häufig im Zusammenhang mit Quellen erscheinen, zusammenzufassen und ihre Verbindung mit den Naturkräften darzustellen.

Dabei folgen wir der Auffassung, dass die Quellgöttinnen im ursprünglichen Sinn als ein unfassbares Numen, ein spirituelles Schwingungsfeld oder Bewusstsein umschrieben werden können, das unmittelbar mit den Quellen verbunden ist und demnach überall existiert, wo diese noch frei fliessen. Quellen sind deshalb ideale Orte, um der magischen Dimension der Natur zu begegnen.

Nach den Mythen und Sagen manifestiert sich bei Quellen eine «von innen heraus leuchtende» Gestalt, die bis in die Gegenwart als weiblich wahrgenommen wurde. Das Wasser gilt in der Naturmythologie von jeher als weiblich, also müssen es auch dessen Göttinnen sein. Allerdings bedeutet weiblich und männlich in diesem Zusammenhang nicht Frau und Mann, sondern bezieht sich vielmehr auf die zugrunde liegende polar ausgerichtete Lebenskraft, die sich unter anderem auch in den Geschlechtern spiegelt. Diese polaren Kräfte werden in der taoistischen Philosophie unter den Begriffen Yin und Yang direkt von der Naturbeobachtung abgeleitet. Im ursprünglichen Sinn steht Yin für den der Sonne abgewendeten Nordhang eines Hügels. Entsprechend ist Yin verbunden mit Kühle, Schatten, Feuchtigkeit, Dunkel, Nacht, mit Fruchtbarkeit, Gebären, dem Weichen sowie mit Erde, Mond und Wasser. Yang steht für den Sonnenhang eines Hügels und damit für Licht, Helligkeit, Wärme, Tag, die zeugende Energie, das Harte sowie für Himmel, Sonne und Feuer. Die Inder verwenden zur Bezeichnung dieser polaren Kräfte die Begriffe Shakti und Shakta. Shakti steht für Energie und das Weibliche, Shakta für Form und das Männliche. Auch in diesem Modell entsteht das Leben erst durch die Verbindung von beidem, denn Energie ohne Form bedeutet Chaos und Form ohne Energie Erstarrung. Wenn also in den alten Mythen Gottheiten als Paare auftreten, ist dies ein Spiegel der polaren Wechselwirkungen des Lebens, die von alltäglichen Erscheinungen wie Tag und Nacht bis hin zum Spiel der negativen und positiven Ladungen der Atome die Welt in Bewegung hält. Die Natur scheint grundsätzlich nach einem Ausgleich der polaren Kräfte zu streben. Das Auftreten von Göttern an der Seite der Quellgöttinnen entspricht demnach der natürlichen Symmetrie des Lebens. Sie sind als komplementäre Entsprechungen der Göttinnen zu verstehen, und nicht als eigentliche Quellgötter. In der bis ins sechste Jahrtausend vor unserer Zeit zurückreichenden Verehrung von Quellen kamen erst einige Jahrtausende nach den Göttinnen die Quellgötter hinzu und traten als paternale Beschützer der Quellen und Gewässer auf, wie die Archäologin Maria Gimbutas darlegt.

Fasst man die Überlieferungen zusammen, erscheinen Quellen als die eigentlichen Treffpunkte der Göttinnen und Götter, die dort weit häufiger auftreten als anderswo in der Natur. Daraus lässt sich folgern, dass Quellen eine ideale Verbindung zu den Naturkräften oder Gottheiten bilden und demnach die Quellgöttinnen gewissermassen als Mittlerinnen zwischen den Menschen und den Gottheiten zu verstehen sind. Neben den eigentlichen Quellgöttinnen werden in den Mythologien bei Quellen am häufigsten Erdmutter, Mondgöttin und Liebesgöttin erwähnt.

Die Muttergöttin

Die alte Ana ist eine der ältesten der bei Quellen verehrten Gottheiten im Alpenraum. Als grosse Ahnin ist sie eine allumfassende Muttergöttin, die Pflanzen, Tiere, Menschen, aber auch die Elementargeister und Naturgottheiten ernährt und behütet. Die in verschiedenen Regionen Europas gefundenen steinzeitlichen Mutterfiguren, wie etwa die berühmte «Venus» von Willendorf 20 000 v. Chr. oder die «Venus» von Laussel mit einem (Füll-)Horn in der Hand, belegen das hohe Alter der kultischen Verehrung der Muttergöttin. Beide Statuen weisen deutlich mütterliche Formen auf, weshalb die Bezeichnung «Venus» schwer

Nymphe beim Quellheiligtum.

nachvollziehbar ist. Die Wissenschaftler, die sich seinerzeit auf diesen Namen einigten, gingen wohl davon aus, dass eine nackte Göttin mit betont dargestellter Vagina nur eine Venus sein könne. Ana und mit ihr alle anderen Muttergöttinnen sind aber vielmehr als Manifestationen oder Personifizierungen der universalen Mütterlichkeit zu verstehen, ohne die das Leben auch heute nicht vorstellbar ist.

Der mit Ana verbundene, ein Hirschgeweih tragende Cernunnos verkörpert demnach das väterliche Prinzip und ist als Himmelsvater zu verstehen. Als solcher ist er vergleichbar mit dem griechischen Uranos, dem Urahn, mit dem die Erdmutter Gaia die Götter oder Titanen zeugte.

Die Quellgöttin

Als Erdgöttin ist Ana auch die Mutter des Wassers und der Quellen beziehungsweise ihrer Göttinnen. Da die Götter ausserhalb der Zeit und der Generationenfolge leben, ist die Quellgöttin im Grunde als eine Erweiterung der Erdmutter zu verstehen. Ihr Verhältnis lässt sich bildlich mit dem Modell der schwingenden Felder erklären. Das spirituelle Feld der Quelle geht demnach im übergeordneten Feld des Wassers auf, das wiederum Teil des Schwingungsfeldes der Erde ist. Da die Kultur der alten Völker regional verankert war, wurde die Quellgöttin bei den einzelnen Quellen unter verschiedenen Namen verehrt; daher die verwirrende Vielzahl von Quellgöttinnen in den Mythologien. Wie bereits erläutert, sind alle Quellen über das Gewässersystem der Erde unmittelbar miteinander verbunden und können Informationen austauschen. Nach einer wissenschaftlichen Theorie kommunizieren die Photonen miteinander in Nullzeit, was bedeutet, dass diese Lichtteilchen im Wasser ein gemeinsames energetisches Feld oder ein Bewusstsein bilden, das mit dem spirituellen Feld der «von innen heraus leuchtenden» Quellgöttin verbunden ist.

Der Übergang von der Erdgöttin über die Wassergöttin zur Quellgöttin beziehungsweise den Göttinnen der lokalen Quellen ist nicht als eine hierarchische Ordnung zu verstehen. Die «untergeordneten» Göttinnen stellen vielmehr verschiedene Funktionen im Organismus der Erdgöttin dar, vergleichbar mit den Organen unseres Körpers. Quellgöttinnen sind grundsätzlich als Manifestationen der umfassenden Schwingungsfelder von Quellen zu verstehen. Sie verkörpern gewissermassen deren spirituelle Eigenschaften. Wie bereits erwähnt scheinen Quellgöttinnen entsprechend den Funktionen des Wassers wie Mittlerinnen oder Medien zwischen uns und den Naturgottheiten zu wirken.

Zu den ältesten reinen Quellgöttinnen im Alpenraum gehört neben den germanischen Abnoba, Vercana und Meduna auch die keltische Sirona/Divona, deren Name möglicherweise verwandt ist mit jenem der griechischen Quellgöttin Dione, der Mutter von Aphrodite. Bei zahlreichen Quellen wurde mit ihr zusammen auch Grannus verehrt (als Gränni ebenfalls mit Hirschgeweih). Wenn Sirona eine Erweiterung der Ana darstellt, kann ihr Gegenüber Grannus als Erweiterung des Urahnen Cernunnos verstanden werden. Leider wissen wir über Grannus genauso wenig wie über die meisten der keltischen Gottheiten im Alpenraum. Als polare Entsprechung der wässrigen Quellgöttin müsste er am ehesten ein erdverbundener Feuergott sein. Die perfekte Verbindung des feurigen Sonnenlichts und der feuchten Erde finden wir in den Pflanzen. Als einzige Lebewesen können sie Licht direkt in Stoff umwandeln. So betrachtet sind sie Kinder des Lichts, weshalb die Pflanzenelfen dem Element Feuer zugeordnet werden. Ausserdem bestehen Pflanzen zu neunzig Prozent aus Wasser, was ihre starke Bindung an dieses Element zeigt. So lässt sich folgern, dass Grannus für die feurige Kraft der Vegetation steht, und demnach als ihre mythologische Manifestation der ideale Partner der Quellgöttin ist. Als solcher gleicht er dem in den Sagen auftretenden Grünen, der beispielsweise in den Mythen um den Bielersee als Grüner Peter ein Geweih trägt und eng mit der Wolkenfrau oder Seegöttin verbunden ist. In den Sagen tritt er als ein in Tierfelle gehüllter Schamane auf, der seine Anhänger in die Geheimnisse der Natur einweiht. Er kann deshalb auch als Heilgott bezeichnet werden, auch wenn die eigentliche Heilkraft der Quellen von ihrer Göttin ausgeht.

Flussgöttinnen

Im ganzen keltischen Kulturraum trugen die Flüsse durchwegs Namen von Göttinnen. Sie waren wahrscheinlich identisch mit der jeweiligen Quellgöttin, wie im Fall der Sequana, nach der die Seine benannt wurde. Ein solcher Zusammenhang lässt sich auch zwischen der Wassergöttin Raitha und dem Rhein oder zwischen der in Muri bei Bern gefundenen galloromanischen Göttin Naria und der Aare vermuten. Die phonetischen Ähnlichkeiten sind natürlich kein schlüssiger Beweis, aber angesichts des vernetzten Weltbilds unserer Vorfahren ist es nachvollziehbar, dass die jeweilige Quell- und Flussgöttin dieselbe war. Diese Tradition reicht sicher vor die Zeit der Kelten zurück und wurzelt im Mythos der Quelle als Beginn und Mutter des Flusses.

Quellnymphen

Die eigentlichen Quellnymphen sind als untergeordnete Quellgöttinnen zu verstehen. Es ist vorstellbar, dass die Göttin von der jeweiligen Kultgemeinschaft bei ihrer heiligen Quelle verehrt wurde, und ihre Nymphen bei allen anderen Quellen der Landschaft. Wie bei allen Vorgängen in der Natur ist allerdings auch der Übergang zwischen Göttin und Nymphe fliessend. Quellnymphen gelten wie Quellgöttinnen als mit ihrer Quelle und deren Umgebung unmittelbar verbunden, ja im eigentlichen Sinne verwurzelt. Als Elementarwesen erfüllen die Quellnymphen in der Natur eine lebenswichtige Funktion, indem sie die feinstofflichen Vorgänge in der Landschaft harmonisieren. Ihre spirituellen

«Vermählung» von Wassergeist und Feuergeist.

Schwingungen werden mit einem ekstatischen Tanz verglichen, mit dem sie die Natur beleben. Quellnymphen stehen ausserdem mit allen anderen Elementarwesen der Landschaft in vielfältiger Beziehung. Manchmal übernehmen sie die Funktion einer Landschaftsfee, die das Chaos der verschiedenen elementaren Kräfte zu einem symphonischen Schwingungsmuster verbindet.

Die Zeit scheint gekommen, da Elementarwesen von uns Menschen wieder als real wahr- und ernstgenommen werden wollen.

Marco Pogačnik

Die Elementarwesen kennen die Schöpfungsvorgänge in ihrem jeweiligen Element verständlicherweise besser als die Menschen, die sich mit vielen anderen Dingen beschäftigen müssen. Quellnymphen treten deshalb in den Mythen und Sagen auch als Lehrerinnen auf, die unsere Vorfahren zum Beispiel in die Geheimnisse der Heilkunst eingeweiht haben. Als Energiewesen haben sie einen grossen Einfluss auf die Vorgänge im menschlichen Organismus; allein aus diesem Grund schon ist der Aufenthalt bei Quellen zu empfehlen. Ausserdem bringen sie ihre tradierte Fähigkeit, die inneren Quellen der Kreativität sprudeln zu lassen, unmittelbar mit den Musen in Verbindung.

Mondgöttin

In den Mythen erscheint der Mond mal als Gott, mal als Göttin, weshalb die Frage, was nun zutreffend sei, seit Menschengedenken leidenschaftlich diskutiert wird. Zurzeit herrscht die verbreitete Ansicht, dass der Mond die Qualität von Yang oder des Weiblichen habe. Dafür spricht unter anderem auch die Übereinstimmung zwischen der 28-tägigen Umlaufzeit des Mondes um die Erde und dem Menstruationszyklus der Frau. Bei den zahlreichen Mondgöttinnen der europäischen Mythologien finden sich stets auch Aspekte der Erdmutter. Der ständig die Erde umkreisende Mond erinnert tatsächlich an eine behütende Mutter, die (fast) jeden Abend erscheint, um uns in den Schlaf zu begleiten und bis zum Morgen über uns wacht.

Ausserdem besteht die Erdoberfläche zu einem grossen Teil aus Wasser, was sicher mit ein Grund ist, weshalb Erdoberfläche und Mondgottheiten eng verbunden sind, denn der Mond übt einen sichtbaren Einfluss auf das Wasser aus. Der Einfluss der Mondphasen auf Ebbe und Flut, auf das Verhalten der Pflanzensäfte oder unserer Körperflüssigkeiten ist unbestritten. Nachgewiesen ist auch, dass sich das energetische Feld der Erde während der Mondphasen verändert. Früher wurden diese Einflüsse vor allem am Wachstum der Vegetation und dem Verhalten der Tiere beobachtet, weshalb der Mond mit der Fruchtbarkeit von Pflanzen, Tieren und Menschen in Verbindung gebracht wurde. Entsprechend naheliegend ist denn auch die enge Verbindung der Mondgöttin mit der Mutter aller Gewässer, der Quellgöttin. Unter der Mondgöttin ist aber nicht unser Himmelskörper zu verstehen, auch wenn dieser mit ihrem Wirken unmittelbar verbunden ist. Eher verhält es sich dabei wie bei einem Uhrzeiger, der die Zeit angibt, sie aber nicht macht.

Die Mondsichel als älteste Darstellung des Mondes findet sich unter anderem in den steinzeitlichen Höhlenmalereien in Spanien und Südfrankreich. Sie erscheint oft in der Nähe von Hörner oder Geweih tragenden Tieren, weshalb diese der Mondgöttin zugeordnet werden. Denkbar ist auch, dass diese männlichen Tiere für die polare Entsprechung, den «Gatten» der Göttin stehen. Die Mondsichel erscheint in der vorchristlichen Symbolik bis hin zu den Kelten ausgesprochen häufig und gehört zu den ältesten gefundenen Symbolen überhaupt. Zahlreiche Funde belegen, dass der Mond lange vor den ersten überlieferten Mondgottheiten in der europäischen Kultur eine wichtige Bedeutung hatte. Die auch in vielen Mariendarstellungen wiedergegebene Mondsichel belegt, wie hartnäckig sich der Mythos zumindest auf der symbolischen Ebene halten konnte. Ausser den «geweihten» und gehörnten Tieren gilt auch der Wolf oder Hund als Tier der Mondgöttin, wobei der wilde Wolf besser zu einer Göttin passt als der domestizierte Hund. Dieses Tier erscheint in der Mythologie auch an der Seite von Artemis/Diana, was nicht bedeuten muss, dass diese eine Mondgottheit ist, wohl aber auf eine enge Verbindung zu ihr schliessen lässt. In den Sagen treten Wölfe als Begleiter von lokalen Quellgöttinnen auf, wie etwa bei der Grottenfee von Vallorbe oder im Mythos der in Gestalt einer Schlange erscheinenden Emmenjungfrau. Überhaupt wird in der Mythologie und in den Volkssagen der Mond oft mit Schlangen in Verbindung gebracht, die als Manifestation der unsichtbaren magischen Kräfte des Wassers galten.

Obwohl Mond- und Erdgöttin in verschiedenen Aspekten ineinander übergehen, haben sie in der mythologischen Welt unterschiedliche Aufgaben. Die Erdgöttin kann als das steuernde Bewusstsein aller Vorgänge der irdischen Natur verstanden werden. Als solches ist sie Ursprung und leibliche Mutter aller Kreaturen und Gestalterin der Landschaft. Die Mondgöttin ist grundsätzlich als die «sternfunkelnde Königin der Nacht» zu verstehen und damit verbunden mit dem Unbewussten, das mit der Wildnis gleichgesetzt werden kann, insbesondere der Wildnis in unserem Innern, die sich dem «kultivierten» Wachbewusstsein entzieht. Zum Reich der Göttin gehört die Welt der Träume, aber auch die Traumwelt der Mythologie, in der die Grenzen von Zeit und Raum verfliessen. Der nachgewiesene Einfluss des Mondes auf die Triebe, die Emotionen und das Gemüt wird traditionell ebenfalls der Göttin zugeschrieben, die damit in unserem «Innenleben» eine zentrale Rolle spielt. Aus dieser Sichtweise versteht sich, weshalb der Mond vor allem unter Frauen grosse Beachtung findet, obwohl es falsch wäre zu glauben, Männer seien deshalb weniger innig mit ihr verbunden. Denn wenn die Beziehung zum «inneren Mond» gestört ist, läuft alles schief, und zwar bei Frau und Mann.

Der Mond zieht zwar immer seine Bahn, aber wir sehen ihn nur, wenn er vom Sonnenlicht bestrahlt wird. Diese Signatur verweist auf den engen Zusammenhang zwischen ihm und der Sonne, die in vielen Mythologien als himmlisches Paar oder göttliche Geschwister dargestellt werden. Im Wachsen und Schwinden des Mondes spiegelt sich der Lauf der Sonne durch die vier Jahreszeiten. Neumond entspricht dem Winter, der zunehmende Mond hat die Qualität des Frühlings, der Vollmond entspricht der Fülle des Sommers und der abnehmende Mond dem Herbst. Angesichts der engen Beziehung zwischen den beiden Gestirnen beziehungsweise Gottheiten lässt sich nachvollziehen, weshalb bei Quellen auch der Sonnengott als Partner der Mondgöttin auftritt.

Liebesgöttin

Neben der Erdmutter und der Mondgöttin wurde bei Quellen fast ebenso häufig eine unter den Namen Freya, Aphrodite oder Venus überlieferte Göttin der Liebe und der Sinnlichkeit verehrt. Auf die Abstammung der Aphrodite von einer Quellgöttin und auf ihre Verbindung zum Wasser und zu den Quellen wurde bereits hingewiesen. Nach der antiken Mythologie hält sie alle Dinge der Schöpfung in ihren Bahnen, von den Planeten bis hin zu den Atomteilchen. Durch ihre geheimnisvolle Kraft der Anziehung findet zueinander, was zusammenpasst, was für alle Dinge der Schöpfung gilt, und nicht nur für die Menschen. Unter «Liebe» sind denn in diesem Zusammenhang weniger romantische Gefühle zu verstehen als eine natürliche Sympathie oder Resonanz. Die Liebesgöttin ist ausserdem mit den Sinneswahrnehmungen verbunden, also mit allem, was wir sehen, hören, riechen, schmecken und über den Tastsinn spüren. Wohl deshalb gilt sie als Herrin der Musen und Göttin der Künste, die über unsere Sinneswahrnehmung einen grossen Einfluss auf das Gemüt haben.

Eros oder Amor als mythische Söhne der Liebesgöttin sind als männliche Überlagerung zu verstehen, denn in der erotischen Liebe zwischen Männern war verständlicherweise auch in der Antike kein Platz für eine Göttin. Der erotische Aspekt der Liebe ist wie die Kunst und das Schöne an sich ebenfalls mit den Sinnen verbunden, geht aber über diese hinaus und verbindet das Zeitliche mit dem Ewigen, die menschliche Psyche mit dem Göttlichen. Dieser erotische Aspekt zeigt sich in der anregenden, belebenden Wirkung der Quelle, ihrem übersprudelnden Wesen wie auch in ihrer Signatur als wässrige Verbindung zwischen Erdinnerem und Himmel. Ausserdem weisen die Quellgöttinnen dieselben sinnlichen, erotischen und verführerischen Eigenschaften auf wie die Liebesgöttin, und auch das fröhliche Spiel der Nymphen mit Pan in den Quellgrotten gilt als Gleichnis für die erotischen Freuden des Lebens. Der Venusaspekt der Quelle offenbart sich ebenfalls in der Funktion der Quellgöttinnen und Nymphen als Beraterinnen in allen Liebesangelegenheiten. Ihnen vertraute man die geheimsten Herzenswünsche an, bei ihnen sprach sich aus, wer sich in den emotionellen Wirren einer Liebesbeziehung nicht mehr zurechtfand. Die schweizerische Quellheilige Verena, deren Name an Venus (italienisch *venere*) oder Freya erinnert, war wohl ursprünglich eine lokale Manifestation der Liebesgöttin. Sie wird bis heute bei den ihr geweihten Quellen vor allem von Frauen um Rat und Vermittlung bei Herzensdingen gebeten. Der Liebesgöttin wurden wie der Erdmutter und der Mondin auch die Kraft zugeschrieben, Fruchtbarkeit und Empfängnis zu fördern. Sie wirkt aber nicht über die unbewussten Triebe und die körperliche Empfänglichkeit wie die beiden anderen, sondern harmonisiert die Beziehung der Geschlechter auf der sinnlich-energetischen Ebene, was sich natürlich auch auf die Fruchtbarkeit auswirkt.

Als Aphrodite oder Venus pflegt die Liebesgöttin Beziehungen zu verschiedenen Göttern. Am häufigsten wird sie mit Ares beziehungsweise Mars in Verbindung gebracht, was plausibel erscheint. Der Gott des Mutes, der Ehre und der klärenden Auseinandersetzung (die allerdings nicht auf kriegerische Weise geführt werden muss), wirkt tatsächlich wie die komplementäre Ergänzung der Liebesgöttin. Nach den Worten Cäsars verehrten die Kelten «ihren» Mars unter verschiedenen Namen als «Schutzherr der Jugend» oder «der Leuchtende», was sein Wesen als Manifestation der stürmischen Lebenskraft unterstreicht.

Die Sternenfrau

Auf der Tarotkarte «Die Sterne» finden wir eine anschauliche Verbindung von Quell- und Liebesgöttin. Die Bilderfolge des Tarot ist als ein europäisches Buch der Weisheit Teil unseres kulturellen Erbes. Weil die Karten seit ihrer Wiederentdeckung vor etwa zweihundert Jahren vor allem im Bereich der Wahrsagerei Verwendung finden, wird ihre eigentliche Bedeutung leider weitgehend ignoriert. Die ältesten erhaltenen Karten wurden im 13. Jahrhundert in Europa gestaltet und zeigen Figuren und Symbole, die dem damaligen Weltbild entsprechen und wahrscheinlich in der vorchristlichen Mythologie wurzeln. Die 22 Symbolbilder stellen die im Leben der Menschen wirkenden Grundkräfte dar, vergleichbar mit den Gottheiten des Altertums.

Geben, immerzu geben, dies ist mein Leben.

Spruch auf einem Bergbrunnen

Im Fall der Sternenfrau mit den beiden Sprudelvasen oder Krügen ist die Übereinstimmung mit der antiken Quellgöttin klar erkennbar. Wie diese symbolisiert auch die Sternenfrau die uneingeschränkte Hingabe an das Leben. Sie lässt die kosmische Energie durch sich hindurch fliessen und gibt sie mit beiden Händen weiter. Die beiden Krüge symbolisieren die stofflichen und energetischen Eigenschaften der Quelle. Die spirituelle Schwingung geht von der Sternenfrau als Ganzem aus, denn in ihrem Geist verbinden sich die beiden Aspekte zu einer höheren Einheit. Schliesslich stellt das Bild auch die Grosszügigkeit der

Quelle dar, die mit beiden Händen immer nur gibt, ohne darauf zu achten, wohin ihr Wasser fliesst.

Im Tarot steht diese Karte für die Liebe, denn im Akt des vorbehaltlosen Gebens fliesst auf natürliche Weise jene magische Kraft, die in den Religionen als allumfassende Liebe und Urquell des Lebens bezeichnet wird. Wo sie hinfliesst, ist der Spenderin einerlei, denn die Liebe ist ohne Warum. Gerade heute, wo selbst die Liebe als Konsumgut aufgefasst wird, hat diese zentrale Botschaft der Quellgöttin oder Sternenfrau eine wichtige Bedeutung. Die beschenkende Kraft des Gebens kann mit dem Prinzip der Brunnstube verglichen werden. In der Quellfassung oder Brunnstube wird das Wasser gesammelt und zum Brunnen geleitet. Solange das Brunnenrohr offen ist, fliesst das Wasser ungehindert durch die Brunnstube hindurch und ist daher stets frisch und lebendig. Wenn aber der Hahn zugedreht ist, wird das stehende Wasser in der Fassung bald schal und verliert seine belebende Kraft. Das Tarotbild ist auch ein Gleichnis der heilenden Aufgabe der Quellgöttinnen, denn seit dem Beginn der überlieferten Heilkunst wirkten die Heilerinnen und Heiler, indem sie sich der kosmischen Lebenskraft öffneten und sie an die Kranken weitergaben.

Tarotkarte «Die Sterne» von Oswald Wirth.

Die Dreifache Göttin bei der Quelle

Das Bild einer Grossen Göttin, in der alle anderen Göttinnen aufgehen, ist in vielen Mythologien zu finden. Sie ist als das übergeordnete Bewusstsein, das alles umfassende spirituelle Schwingungsfeld der weiblichen Seite oder des Yin-Aspekts des Lebens zu verstehen. Durch ihr umfassendes Wesen entzieht sie sich aber der menschlichen Wahrnehmung, weshalb sie in Gestalt von drei verschiedenen Göttinnen auftritt, die als ihre Hauptaspekte zu verstehen sind. Diese weibliche Trinität kann als Muttergöttin, Mondgöttin und Liebesgöttin verstanden werden. Nun treten in den Mythen gerade diese drei Göttinnen bei Quellen auf, ebenso wie die drei Parzen, Matronen, Nornen. Im Alpenraum findet man sie als die drei Heiligen Barbara mit dem Radl, Katharina mit dem Turm und Margarete mit dem Wurm. Inge Resch-Rautter brachte die Dreifache Göttin mit den überlieferten Bethen Ambeth, Wilbeth und Borbeth in Verbindung, die als alte alpenländische Naturgöttinnen zu verstehen sind und ebenfalls bei Quellen auftraten. Der uralte Mythos der drei Göttinnen ist im Christentum unter anderem in den Dreischwesternbrunnen erhalten geblieben. Eine Quelle dieses Namens befindet sich auf dem Göttinnenberg Rigi (daher auch korrekt *die* Rigi), hoch über dem Vierwaldstättersee beim Kurhaus Kaltbad.

Nach den europäischen Mythologien zu schliessen, sind Quellen die eigentlichen Naturtempel der Grossen Göttin, die sich bei ihnen in

Brunnen der Dreifachen Göttin.

ihren drei Aspekten manifestiert. Damit bestätigt sich, dass die Quellen seit Anbeginn die wichtigsten Kultstätten und heiligsten Orte der europäischen Kultur sind. Die Quellgöttin ist als Hüterin des Heiligtums und Vermittlerin zum Göttlichen an sich zu betrachten, denn wo in den Mythen Göttinnen auftreten, sind ihre göttlichen Gatten nicht weit. Wir dürfen davon ausgehen, dass auch im Alpenraum bei Quellen seit Jahrtausenden neolithische, keltische, rätische oder germanische Gottheiten verehrt wurden. Haben diese Kulturen einem primitiven Aberglauben gehuldigt oder sich die Mythen bloss ausgedacht? Diese Frage wird sich kaum jemals objektiv beantworten lassen, aber offenbar haben wir mit den Quellmythen auch den Zugang zur magischen Quelle der Naturkräfte verloren. Doch sie ist nicht versiegt, und wer bereit ist, gegen den Strom zu ihrem Ursprung zu wandern, möge sie finden.

Kultort Quelle einst und jetzt

Die heilige Margaretha mit dem Drachen im Arm (Foto: Elmar Good).

Sollte der Mythos Quelle wirklich nur aus dem Bewusstsein verschwunden sein und unabhängig von Zeit und Raum weiterleben, stellt sich die Frage nach der Bedeutung, die Quellen in unserem heutigen Leben haben oder haben könnten. Ihr Wert in der Naturheilkunde ist unbestritten und wird angesichts der neuen Erkenntnisse der Wasserforschung mit Sicherheit noch zunehmen. Ebenso nimmt die Zahl der Menschen zu, die in Quellen mehr als ein ausschliesslich stoffliches oder energetisches Phänomen sehen. Der Kult um den Mythos Quelle ist zu den ältesten religiösen Traditionen zu zählen und noch heute weltweit verbreitet. Wir wollen nicht der zeitgeistigen Überheblichkeit verfallen und annehmen, dass all die Menschen, die bei Quellen ein geheimnisvolles Numen, eine Göttin oder zumindest ein aussergewöhnliches feinstoffliches Feld wahrnahmen, Opfer ihrer eigenen Einbildung geworden sind. Öffnen sich bei Quellen also auch für den modernen Mensch der industrialisierten Welt Übergänge in eine andere Wirklichkeit? Die Antwort auf diese Frage muss jeder selbst finden. Wer die Möglichkeit zumindest nicht ausschliessen will und über eine natürliche Neugier verfügt, begibt sich am besten selbst zur Quelle, denn der Mythos offenbart sich nur in der unmittelbaren Erfahrung. Erwarten Sie nicht, beim ersten Besuch gleich einer Göttin zu begegnen. Erwarten Sie am besten gar nichts, denn Erwartungen, Vorstellungen, Bilder und Namen stehen der unmittelbaren Erfahrung oft im Weg. Und vergessen Sie nicht, dass die Entwicklung einer Beziehung zu einer Quelle oft genauso Zeit erfordert wie jene zu einem Menschen.

Bis vor wenigen Generationen waren die Menschen in Europa in ein Brauchtum eingebettet, das sie durch den Jahreskreis führte und auf den Übergängen des Leben begleitete. Diese volkstümlichen und kirchlichen Bräuche beruhten auf Übergangsriten, deren Ursprung weit in der Menschheitsgeschichte zurückliegt. Einige von ihnen, wie etwa Taufe oder Hochzeit, werden nach wie vor praktiziert, aber andere Riten an den Übergängen der Lebensphasen oder der Jahreszeiten gingen mit dem Konsumzeitalter verloren. Allerdings nimmt die Zahl jener zu, die den Mangel an Riten als Verlust empfinden und sich auf die Suche nach dem verlorenen Geheimnis machen.

Für unsere Vorfahren waren die heiligen Quellen Zentren ihres religiösen Lebens. Aus den europäischen Mythen, Sagen und Bräuchen lässt sich erschliessen, was an diesen Orten geschah. Wir wollen hier weniger auf die verschiedenen Formen von Riten eingehen, als auf ihre innere Bedeutung hinweisen. Grundsätzlich ist ein Ritual eine

Geste und deshalb nicht an eine feste Form gebunden; ausserdem bestätigt die Erfahrung, dass die wirkungsvollsten Gesten oft spontan entstehen.

Gaben und Riten

Obwohl jedem bekannt ist, dass Geben bereichernder ist als Nehmen, werden Kraftorte vor allem besucht, um bei ihnen etwas zu holen. Und die Natur hat uns in der Tat viel zu geben; ihre magische Kraft jedoch wirkt über die Beziehung, die wir zu ihr pflegen. Eine Beziehung aber ist keine einseitige Dienstleistung, sondern beruht auf Gegenseitigkeit. In allen Kulturen, in denen die Tradition der heiligen Orte gepflegt wird, ist es deshalb üblich, zuerst etwas zu geben, bevor man sich allenfalls etwas wünscht. Mit einer Gabe wird die Wertschätzung und Dankbarkeit gegenüber der Quelle ausgedrückt, was die wirkungsvollste aller Gesten ist. Unter den stofflichen Dingen ist das Reinste, was man einer Quelle geben kann, ihr eigenes Wasser. Nach einer alten Tradition nimmt man mit den Händen oder mit einem Gefäss etwas Wasser und giesst es mit einem Gefühl oder mit einem Wort des Dankes zurück. In Asien, wo die Verehrung der Quellen noch heute Teil des religiösen Lebens ist, wird dieser Vorgang bis dreimal wiederholt. Beim ersten Mal wird die Quelle begrüsst, beim zweiten Mal wird ihr gedankt und beim dritten Mal um Kraft und Reinigung gebeten. Übrigens sind es meistens Frauen, die auf diese Weise ihre Verbundenheit zur Natur ausdrücken. Das war offenbar auch im alten Europa der Fall. Unter den ältesten Funden bei Quellen finden sich auffällig viele Kleidernadeln und Fibeln, Gaben, die ihnen wohl von Frauen überreicht wurden.

Quellverehrung zur Zeit der Kelten.

Die Tür, die uns entführt zum Lieben, ist so klein,
dass alles Eigene muss abgeschaffen sein.

Spruch in der Kirche Frutigen

Die Art der Gabe ist weniger wichtig als die innere Haltung, die man dabei einnimmt. Die Natur und ihre Geister lassen sich von protzigen Opfergaben nicht beeindrucken, denn die Bedeutung liegt nicht in ihrem Wert, sondern in der Tiefe der Hingabe. Hingabe bedeutet in diesem Zusammenhang weit mehr, als wir landläufig meinen. Hingeben heisst immer auch die Vorstellung von sich selbst als einer isoliert existierenden Persönlichkeit aufgeben. Durch dieses Loslassen öffnet sich der Zugang zu einer Ebene der Wahrnehmung, auf der das Leben heil oder heilig ist. Die Erfahrung zeigt, dass nichts besser loszulassen hilft als die Liebe, was gerade bei Quellen etwas leichter ist, gelten sie doch wie nichts anderes in der Natur als deren Manifestation.

Die Menschen der antiken Welt näherten sich ihren Gottheiten, indem sie deren Eigenschaften in sich selbst beschworen oder entwickelten. Im Falle von Quellgöttinnen würde dies bedeuten, sich derselben uneingeschränkten Liebe gegenüber dem Leben hinzugeben, wie sie es tun. Durch diese «Imitation» entsteht eine Resonanz, ein gemeinsames Schwingungsfeld, in dem sich die Grenzen zwischen dem Ich und dem spirituellen Wesen der Quelle allmählich auflösen und ihre «Informationen» auf uns übergehen. Eine Übertragung dieser Art ist immer ein eindrückliches Erlebnis und kann unter günstigen Umständen zu einer intensiven Erfahrung der Einheit führen. Eine Frau, die sich seit Jahren mit der «Quelle hinter den Quellen» beschäftigt, bestätigte mir, dass echt empfundene Liebe die Quellnymphen mehr freue als jede andere Gabe. Sollten also bei Quellen Ihre Gefühle in Fluss geraten, lassen Sie sie strömen.

Riten

Was tun Menschen, wenn sie mit einem anderen Wesen Verbindung aufnehmen wollen? Sie sprechen es an. Dasselbe gilt im Umgang mit der magischen Dimension der Natur. Anders als unter Menschen geschieht das Ansprechen von Naturgeistern und Gottheiten durch eine rituelle Handlung oder Geste. Diese kann durchaus auch Worte beinhalten, aber eher als Ausdruck von Gefühlen, denn grundsätzlich dient das Ritual nach der Naturmythologie dazu, den Verstand, das Denken (in lautlosen Worten) zurückzulassen und sich der unmittelbaren Erfahrung zu öffnen. Durch das Ansprechen einer Quelle anerkennen wir das mit ihr verbundene Numen.

Anthropologen erkannten im Ritual das wichtigste Element zum Verständnis der menschlichen Kultur. Einige verstehen die rituelle Handlung als den eigentlichen Ursprung des Mythos, der gewissermassen während des Ausführens des Rituals vom Menschen geschaffen wird. Andere vermuten hinter den Mythen eine andere Wirklichkeit ausserhalb unserer Vorstellung von Zeit und Raum, die uns aber nicht mehr zugänglich ist. Nach dieser Denkrichtung diente das Ritual dazu, die Verbindung zum Mythos aufzunehmen. Beide Betrachtungsweisen beruhen auf der Trennung von innen und aussen. Um das ungeteilte Ganze zu erfahren, muss aber genau diese Trennung überwunden werden. Bei praktizierenden Naturmystikern oder Schamanen dient deshalb die rituelle Handlung oder Geste noch heute dazu, die Anderswelt mit der unseren zu verbinden.

Die Menschen träumen die Götter, und die Götter träumen die Menschen.

Volksweisheit

Auch die Erfahrungen der experimentellen Bewusstseinsforschung bestätigen, dass Mythos und Ritual untrennbar verbunden sind. Tritt ein Mensch bei einer Quelle durch ein Ritual in eine Beziehung zu ihrer spirituellen Wirklichkeit, geschieht dies innerhalb seines Bewusstseins, weshalb die Erfahrung als von ihm «gemacht» verstanden werden kann. Im Fall bekannter Quellheiligtümer haben jedoch zahlreiche andere Menschen, viele von ihnen lange vor unserer Zeit, am selben Ort dasselbe Phänomen erlebt, wie etwa die seit Menschengedenken vorkommenden Marienerscheinung bei Quellen belegen. Der Mythos existiert also auch ausserhalb und unabhängig vom Individuum. Die alte Weisheit, dass die Menschen die Götter träumen und die Götter die Menschen, wirft die Frage auf, was wohl geschehen würde, wenn beide erwachen. «Wenn das geschieht», sagte mir einst ein Schamane, «werden sie feststellen, dass sie beide Teil des einen Wesens sind.» Doch in der normalen (Traum-)Wirklichkeit unterscheiden wir zwischen Göttern und Menschen, innen und aussen, Geist und Materie, denn der Verstand muss die Dinge trennen, damit wir darüber sprechen können. Doch wo liegt die magische Grenze? Bedeutet aussen ausserhalb unserer Haut? Als Materie gehört der Körper ebenfalls zur Aussenwelt. Man kann ihn sehen und auch mit den anderen Sinnesorganen wahrnehmen, die wiederum Funktionen des Körpers sind. Auch das Gehirn ist Materie, und selbst die elektrochemischen Vorgänge im Nervensystem sind messbare und objektive Phänomene des Stofflichen. Ausserdem ist der Körper mit unzähligen anderen Lebewesen verbunden, ohne die er nicht leben könnte. Auch auf der energetischen Ebene lässt sich die unmittelbare Verbindung des Körpers mit der Mitwelt als ein Ineinanderfliessen der Schwingungsfelder deutlich wahrnehmen.

Wenn «unser» Körper, das Gehirn und die Sinnesorgane zur Aussenwelt gehören, muss das Innere folglich ausserhalb des Stofflichen zu finden sein. In der Religionsgeschichte finden wir Namen wie Geist, Seele, Selbst oder höheres Bewusstsein, aber jeder Begriff grenzt etwas ein, das ohne Anfang und Ende, jenseits von Namen und Bildern ist.

Durch das Hersagen der Mythen wird man zum Zeitgenossen der geschilderten Ereignisse, tritt aus der profanen, chronologisch geordneten Zeit heraus und begibt sich in eine anders geartete Zeit, eine «heilige» Zeit.

Mircea Eliade

Auf der spirituellen Ebene des Lebens unterscheidet das Bewusstsein nicht mehr zwischen innen und aussen. Wenn die Aussenwelt ohne den Filter des Verstandes wahrgenommen wird, löst sich die Trennung zwischen Betrachter und Objekt auf, Mensch und Natur werden Teil desselben Vorgangs. Solche Einheitserfahrungen sind in der Tradition der spirituellen Lehren und der Religionen mit bestimmten Orten verbunden, oft mit heiligen Quellen.

Daher ist nicht die Welt der Mythen vom Menschen gemacht, sondern allein die Trennung zwischen Mythos und Mensch. Sie bildet die Schwelle zwischen der rationalen Wissenschaft und der unmittelbaren Wahrnehmung. In der Regel fällt es uns, die wir vom materiellen Weltbild geprägt sind, schwer, diese Schwelle zu übertreten, ausser wenn es im Rahmen einer konventionellen Religion geschieht. Dort haben wir keine Hemmung, uns an längst verstorbene Heilige, Engel oder direkt an Gott zu wenden, obwohl deren Existenz genauso wenig wissenschaftlich nachgewiesen werden kann wie jene der seit Jahrtausenden überlieferten Elementarwesen und Naturgottheiten. Wie in der Kirche besteht der Schritt über diese Schwelle darin, die Geister als wirklich anzuerkennen. Bereits eine einfache Geste vermag wie ein Zauberschlüssel das magische Tor in die Wirklichkeit jenseits des Verstands zu öffnen.

Die Tradition ist untrennbar an das Land der Ahnen und die Heiligkeit ihrer Orte gebunden. Sie lässt sich nicht beliebig verpflanzen, wie sich auch die Rituale und Vorstellungen anderer Kulturen nicht unbesehen auf unseren Lebensraum übertragen lassen.

Kurt Lussi

Weit verbreitet sind Gesten wie die bereits erwähnte Gabe oder Begrüssung. Etwas fremd geworden sind uns Rituale wie Trommeln, Singen oder Tanzen, sie können aber ausgesprochen wirkungsvoll sein. Manchmal besteht das wirkungsvollste Ritual allerdings darin, nichts zu tun und einfach den Geist der Quelle wirken zu lassen. Als wenig hilfreich erweisen sich Rituale, die sich an äusseren Formen orientieren, und nicht aus der inneren Haltung entstehen, ebenso Rituale aus anderen Kulturen zu imitieren, so wirksam sie dort auch sein mögen. Das kulturelle Gewebe und die spirituelle Tradition eines Landes ist eng mit der Kraft und den Mythen seiner Landschaften verbunden. So sagte auch Paracelsus sinngemäss, er wisse nicht, ob die Rezepte (Methoden) der Zauberer anderer Kulturen bei diesen wirken, aber er wisse, dass sie hier nicht wirken. Den Grund dafür sah er darin, dass nach seinen Worten der Mensch von der Erde gemacht wird, auf der er lebt. Durch Jahrzehnte intensiver Studien und Beobachtungen war er zur Überzeugung gelangt, dass die Kräfte der Landschaft des jeweiligen Lebensraumes das Wesen der Menschen entscheidend prägen, was im Licht der Erkenntnisse über das Wirken feinstofflicher Felder naheliegend ist. Daraus erklärt sich auch, weshalb die Liebe zum Land von jeher als der eigentliche Zauberschlüssel zum Schatz ihrer magischen Kräfte galt, wobei unter Land die Landschaft zu verstehen ist, die uns alles bietet, was wir zum Leben brauchen.

Um das Land zu lieben, muss man es sehen, erleben und spüren, weshalb der Weg zu einer Quelle die rituelle Bedeutung und Kraft einer Pilgerreise hat, unabhängig davon, wie lang er ist. Beim aufmerksamen und gelassenen Wandern beruhigen sich die Gedanken, und man entfernt sich mit jedem Schritt etwas weiter vom Alltag. Dabei öffnen sich die Sinne für die Schönheit der Landschaft, der Organismus beginnt sich auf sie «einzuschwingen». Nun kann es geschehen, dass man in Gedanken oder Gespräche versunken gewissermassen «vom Weg» abkommt und die Natur bloss noch wie vorbeiziehende Schablonen wahrnimmt. Dann kann das bewusste Betrachten eines der vielen Wunder am Wegrand den Blick für das Einzelne und damit wieder für das Ganze öffnen. Durch das natürliche Ritual des achtsamen Wanderns wird der Weg zum Ziel. Das Wandern wird zum Wandeln, und man beginnt sich im wörtlichen Sinne über die unerschöpfliche Kreativität der Schöpfung zu wundern.

Wahrnehmung

Wer bei der Quelle angekommen die magische Schwelle überschreitet und mit einer Geste ihr Numen anerkennt, wird nach einer Weile feststellen, dass er dabei nicht nur die Aussenwelt anders wahrnimmt, sondern auch sich selbst. Wahrnehmung ist ein komplexer Vorgang, der weit über die Sinneswahrnehmungen und unseren Verstand hinausgeht und an sich ein Mysterium darstellt. Doch grundsätzlich beinhaltet unsere Wahrnehmung das, was wir als wahr erkennen. Die persönliche Wahrnehmung ist deshalb stets subjektiv. Jeder erlebt täglich, wie unterschiedlich die Welt von einzelnen Menschen wahrgenommen wird. Wie ein Psychologieprofessor pointiert bemerkte, sind Menschen innerlich so unterschiedlich, wie es äusserlich Maus oder Elefant sind. So verschieden sie aber auch sind, teilen sie eine kulturell und gesellschaftlich geprägte kollektive Realität. Nach dem physikalischen Weltbild bestehen Quellen zum Beispiel aus H_2O beziehungsweise Wasser, während die Schamanen der Naturvölker sie als ein vibrierendes, fliessendes, ineinander verschlungenes und vielschichtiges Gewebe einer

Gestalt wahrnehmen. Was wirklich ist, ist eine Frage der Wahrnehmung. Was aus unserer Sicht einen Mythos darstellt, ist im Bewusstsein der Schamanen Wirklichkeit, während unsere alltägliche Realität aus ihrer Sicht unwirklich erscheint.

Die achtsame Annäherung an die Natur erweitert die normale Wahrnehmung und lässt die Dinge zunehmend klarer ins Bewusstsein treten, was schliesslich zur Erfahrung führt, nicht mehr Beobachter, sondern Teilnehmer der Natur zu sein. Gerade bei Quellen scheint uns dies etwas leichter zu fallen.

Der Mensch hat unzählige Möglichkeiten der Wahrnehmung, weit über seine fünf Sinne hinaus.

Blanche Merz

Die Verbindung zur Anderswelt führt nach der Naturmythologie deshalb nicht an der Sinneswahrnehmung vorbei oder gar von ihr weg, sondern gewissermassen durch sie hindurch. Die stoffliche Beschaffenheit einer Quelle und ihrer Umgebung erzeugen einen starken Eindruck. Ausser den Sinneseindrücken wirken auch die energetischen Schwingungen der Quellen auf den ganzen Organismus bis tief in die Zellen. Noch subtiler wirken die spirituellen Schwingungen. Sie lassen sich nicht direkt wahrnehmen, sondern äussern sich unter anderem über Gefühle, als spontane Einfälle, Einsichten oder das Erlebnis, mit der Schöpfung unmittelbar verbunden zu sein.

Nach dem antiken Weltbild sind die drei Wahrnehmungsebenen verschiedene Aspekte des *genius loci* oder Geist des Ortes. Heute wird in diesem Zusammenhang eher vom ganzheitlichen Schwingungsfeld des Ortes gesprochen. Der Wissenschaftshistoriker Marco Bischof weist in seinem Buch über «Feinstoffliche Felder zwischen Mythos und Wissenschaft» nach, dass solche Felder seit Beginn der Geschichte zwar unter verschiedenen Namen wie Äther oder morphische Felder bekannt waren, sich aber letztlich auf dasselbe Phänomen beziehen. Das ganzheitliche Schwingungsfeld einer Quelle ist aber nicht als die höchste, feinste Form von physikalischer Energie zu verstehen, sondern als niedrigste, gröbste Erscheinungsweise der kosmischen Lebenskraft. Diese Schwingungen verdichten sich wiederum zu einem energetischen Ereignis, das wir schliesslich mit unseren Sinnen als stoffliche Quelle wahrnehmen.

Quellen im spirituellen Alltag

Im Altertum waren Quellen natürliche Heiligtümer, bei denen die Menschen für ihre religiösen Feiern zusammenkamen. Dabei bestand die Aufgabe der weisen Frauen oder Männer darin, eine Atmosphäre zu schaffen, in welcher die Teilnehmer ihre Verbindung mit dem göttlichen Ursprung der Quelle unmittelbar erlebten. Diese Kommunion oder Einheitserfahrung ist der Kern des Quellenkults. Nach den Mythen, Sagen und Bräuchen zu schliessen, erfüllten Quellen im Leben der Menschen ausserdem zahlreiche andere Funktionen. Lange bevor Ärzte, Beichtväter, Psychiater, Eheberater, Partnervermittler oder Wahrsager ihre Dienste anboten, ging man mit seinen Wünschen und Problemen zu den Quellen, die allen jederzeit und ohne Entgelt zur Verfügung standen.

Angesichts der Bedeutung und Verbreitung des Quellenkults im antiken Europa muss davon ausgegangen werden, dass bei den heiligen Quellen auch jene Zeremonien und Rituale abgehalten wurden, die in allen Kulturen auf die eine oder andere Weise zu finden sind. Die Feiern wurden einerseits durch den Wandel in der «äusseren» Natur vorgegeben, der sich im Jahreslauf der Sonne oder in den Mondphasen offenbart. Andererseits wurde auch der Wandel der «inneren» Natur rituell begleitet und gefeiert, die ein Mensch während der Entwicklung vom Kleinkind zum Erwachsenen durchläuft und als tiefgreifende Verwandlung seiner Persönlichkeit erlebt. In allen naturverbundenen Gesellschaften bis zu den grossen Hochkulturen hatten solche Übergangsriten zwischen den verschiedenen Lebensphasen grosse Bedeutung. Im Alpenraum finden sich Reste solcher Riten im Brauchtum, aber auch in den Zeremonien der Kirche, die diese von der alten Religion übernommen hat. Zwar hat sich die Zeit geändert und wir uns mit ihr, doch der Geist der Quellen ist derselbe geblieben und steht jenen immer noch zu Diensten, die sich ihm mit Achtung und Offenheit nähern.

Bei den Quellen durch den Jahreslauf

In alter Zeit waren die wichtigen Feiertage mit dem Lauf der Sonne verbunden. Damals galten die Sonnenwenden, die Tag- und Nachtgleichen, nicht nur als Übergänge zwischen den Jahreszeiten. An diesen Tagen öffneten sich nach altem Glaube auch die Pforten zur Anderswelt. Ausser den Übergängen zwischen den Jahreszeiten wurden auch ihre Höhepunkte gefeiert, also der Tag in der Mitte zwischen ihrem Beginn und ihrem Ende. An diesen Tagen ist die typische Energie der betreffenden Jahreszeit am reinsten und intensivsten. In den Nächten vor den Feiertagen wurden bei Quellen Feuer entzündet, gab es doch damals keine Feier ohne Feuer. In alten Dialekten des Schweizerdeutschen heisst übrigens *füre* feuern wie feiern. Im Interesse der Natur sei darauf hingewiesen, dass nicht alle Orte zum Feuern geeignet sind und deshalb stattdessen besser ein Talglicht oder eine Kerze angezündet wird.

Fasst man die vielen tradierten Jahreszeitbräuche zusammen, die im Alpenraum bei Quellen und Brunnen abgehalten wurden, ergibt sich, dass bei ihnen an allen Feiertagen rituelle Handlungen vollzogen wurden. In dem teilweise bis in unsere Zeit lebendigen Brauchtum spielt wiederum die Gabe eine wichtige Rolle. Weit verbreitet war Salz (früher ein kostbares Gut), das man in das Wasser streute, oder Nahrungsmittel wie Brot, Honig oder Früchte sowie Blumen, Getreideähren oder Zweige bestimmter Pflanzen. Ganz nach der römischen Tradition wurden auch Münzen in den Brunnen geworfen. Ebenso verbreitet war der Brauch, an diesen Tagen die Quellen und Brunnen zu reinigen, was ebenfalls ein sehr wirksames Ritual ist.

Frühling

Wir wissen nicht, ob der traditionelle Quellenbrauch zum Beginn des Frühlings einst am 21. März stattfand. Die eigentliche Frühlingsfeier, das heutige nach der Frühlingsgöttin Ostera benannte Osterfest, fand ursprünglich am Tag des ersten Vollmonds nach dem 21. März statt. Der Einfachheit halber wurde Ostern dann auf den ersten Sonntag nach dem ersten Vollmond nach dem 21. März verlegt. In verschiedenen Gegenden Europas ist der offenbar alte Brauch überliefert, am Ostermorgen bei einer Quelle Wasser zu holen. Diesem so genannten Osterwasser wurde die Kraft zugeschrieben, die Menschen für das kommende Sonnenjahr zu stärken und zu schützen.

Nach Sergius Golowin, der sich auch auf mündliche Quellen stützt, beginnt das Ritual an Ostersamstag um Mitternacht. Von diesem Zeitpunkt an dürfen die Teilnehmer mit niemand sprechen oder auf andere Weise auf die Umwelt reagieren, bis sie das Wasser geholt haben, was vor Sonnenaufgang geschehen muss. Wenn man sich nicht an das Gebot hält, verliert das Wasser seine magische Kraft. Als der Brauch noch verbreitet war und sich ganze Gruppen und Dörfer daran beteiligten, lauerten die so genannten Dämonen den Wasserholern auf ihrem Weg zur Quelle auf und versuchten sie zu provozieren. Wie ideenreich die vor allem jungen Teilnehmer vorgingen, erlebte in den siebziger Jahren eine Gruppe von Freunden, als sie auf dem Weg zum Brunnen im fahlen Mondlicht unvermittelt vor sich einen Mann am Ast einer knorrigen Eiche baumeln sahen. Natürlich hing der junge Mann nicht an dem Strick um seinen Hals, sondern an einem unter der Kleidung versteckten Traggurt, aber die Wirkung war enorm; fast alle verloren beim Anblick des Gehängten die Fassung und «verschütteten ihr Wasser» wie einst die biblischen Jungfrauen ihr Öl. Andere Störenfriede tarnten sich als vermeintliche Wasserholer; niemand weiss, wer einen Dämon spielen wird. Da kann es geschehen, dass einem beim Brunnen höflich der Vortritt gewährt wird, und schon hat man verloren. Sollten Sie also an einem Ostermorgen einen Menschen nach dem Weg fragen und der geht wortlos vorbei, sind Sie wahrscheinlich einem Wasserholer begegnet. Ist das Wasser sicher zurück ins Haus gebracht, wird es auf alle Wasserholer verteilt, aber auch auf die Dämonen, die ihnen die Möglichkeit gaben, ihnen zu widerstehen. Der sinnige Brauch ist Gleichnis und Übung zugleich. Wer ein Ziel erreichen will, muss fähig sein, die in seinem Innern aufsteigenden Impulse und die von aussen kommenden Einflüsse zu kontrollieren. Dies gilt insbesondre für jene, die zur Quelle der Wahrheit unterwegs sind.

Die Walpurgisnacht vor dem 1. Mai galt im Volksglauben als ein besonders günstiger Tag zum Besuch von Quellen und Bädern. Sie war einst allen heilig und wurde als Höhepunkt des Frühlings und seiner aufbrechenden Kraft gefeiert. Weil aber in den christianisierten Gegenden an Walpurgis nur noch jene Menschen feierten, die sich mit der alten Religion verbunden fühlten, wurde der Tag zum Fest der Hexen. Walpurgis ist vor allem eine Feier der Lebensfreude, genau wie der darauf folgende Feiertag des 1. Mai, der mit Prozessionen und Tänzen gefeiert wurde. Anders als das religiöse Osterfest waren Walpurgis und die Maifeier von Ausgelassenheit und Sinnlichkeit geprägt. Verschiedene kundige Frauen haben darauf hingewiesen, dass dabei vor allem die Liebesgöttin verehrt wurde, die wie keine andere mit den Freuden des Frühlings verbunden wird. Wen wundert es, dass die römische Kirche daran keinen Gefallen fand.

Sommer

Der weit verbreitete Brauch des Johannisbads am 21. Juni war bereits im Sonnenlauf begründet, bevor der Tag dem heiligen Johannes geweiht wurde. Als Täufer von Christus, also der geistigen Sonne, trat er an die Stelle der alten Sonnengottheiten. Der Beginn des Sommers ist wie kein anderer Tag mit der kultischen Reinigung von Quellen und Brunnen verbunden, die als Dienst und Gabe an die Quellgöttin und Gattin des Sonnengottes zu verstehen ist. Zu Sommerbeginn wurde wann immer möglich auch ein Heilbad besucht. An diesem Tag beginnt in der Schweiz übrigens noch heute die offizielle Badesaison.

Der 1. August als Höhepunkt des Sommers wird in der Schweiz noch immer mit Feuern gefeiert, allerdings im Rahmen des Nationalfeiertags und nicht zu Ehren der Sonnengottheit. Dem Gesetz des Ausgleichs folgend versammelten sich die Menschen auch an diesem Tag bei Quellen, denn wenn das Feuer der Sonne am stärksten ist, soll das Wasser optimal von ihrer Kraft erfüllt sein. Bei schönem Wetter ist im Alpenraum dieser Tag ideal, um ein Bad in den warmen Gewässern zu geniessen.

Herbst

Der Herbstbeginn am 21. September war allgemein ein Tag des Danks für die Ernte der Felder und Äcker und damit für die Gaben der Natur. Keine anderen Orte werden mit der Grosszügigkeit der Natur so unmittelbar verbunden wie Quellen und Brunnen, was mit ein Grund ist, weshalb sie bei den traditionellen Erntedankfesten im Mittelpunkt standen. Gerade heute, wo die meisten Menschen ihre Nahrung im Supermarkt kaufen, ist der Herbstbeginn eine gute Gelegenheit, sich daran zu erinnern, dass die Natur die Grundlage unseres Lebens ist. Und wer dabei das Bedürfnis spürt, ihr dafür bei einer Quelle zu danken, erlebt, wie er dabei beschenkt wird. Es wäre aber heuchlerisch, sich einerseits bei der Natur zu bedanken und sie andererseits zu missachten. Wenn wir sie nutzen, sind wir auch verpflichtet, sie zu schützen. Wir können unseren Dank deshalb am besten ausdrücken, indem wir uns täglich im Rahmen unserer Möglichkeiten auf ihre Seite stellen. «Wohnen» ist wurzelverwandt mit «schonen», und es versteht sich von selbst, dass wir gerade jene Landschaften von Schäden und Zerstörung verschonen müssen, in denen wir wohnen.

Am Ende des Oktobers hat sich das vegetative Leben in die Erde zurückgezogen, die kalte, dunkle Hälfte des Jahres beginnt. Für die Kelten war es das Ende des alten und der Beginn des neuen Jahres. Ein guter Tag, um unserer verstorbenen Angehörigen und Freunde sowie der Vorfahren allgemein zu gedenken. Viele Menschen entzünden bei kirchlichen Quellheiligtümern für ihre Toten ein Licht. Die Quelle ist das Urbild der sich ständig erneuernden Natur und ein Gleichnis der ewigen Wiederkehr des Lebens, das in die Unterwelt der Göttin eingeht und aus ihrem Schoss wieder geboren wird.

Winter

Insbesondere während der längsten Nacht ist jede Quelle ein lebendiges Symbol der Erneuerung und Hoffnung. Quellwasser, das am 21. Dezember getrunken oder abgefüllt wird, soll denn auch besonders heilsam auf Körper und Geist wirken. An diesem Tag wurden traditionell Quellen und Brunnen besucht und wie zu Sommerbeginn gereinigt. Wasser gilt nach der alten Lehre der Elemente als feucht und kühl, während Feuer trocken und warm ist. Das typische Wesen des Wassers müsste sich demnach während der längsten Nacht des Jahres besonders stark entfalten, so wie in der Sommermitte die Kraft des Sonnenfeuers wirkt. Das bei Quellen und Brunnen abgefüllte Weihnachtswasser galt wohl deshalb als vom Heiligen Geist belebt. Weil diesem Wasser die Kraft zugeschrieben wurde, die Seele von Sünden zu reinigen, wurde es für allfälligen Bedarf das Jahr hindurch aufbewahrt. Möglicherweise wird durch den biokosmologischen Einfluss der Wintersonnenwende auf das Wasser sein reinigender Einfluss auf unser Inneres verstärkt. Wohl deshalb glaubte man auch, ein Bad im Quellwasser sei an diesem Tag am wirksamsten.

Am 1. Februar, also am Höhepunkt des Winters, wurde der Tag der Lichtgöttin Brigid gefeiert. Tatsächlich macht sich nun das Leben im Boden bereit, um bald hervorzubrechen. Auch wenn oben noch alles verschneit ist, arbeiten die Wurzelleutchen unter der Erde auf Hochtouren. Die Quellen, die im Sommer kühl sind, bilden nun Wärmeinseln. In verschneiten Landschaften wirkt ihre grüne Umgebung wie ein Gleichnis der wärmenden Lebenskraft, die sich selbst gegen den totenstarren Winter durchsetzt.

Persönliche Übergangsriten

Auch für Erwachsene steht der Lebensfluss nicht still, ist die Entwicklung mit der Ausformung des Körpers nicht beendet. Wie Schlangen ihre zu eng gewordene Haut ablegen, müssen auch wir unsere alten Hüllen loslassen, um zu wachsen. Es gilt also immer wieder Abschied zu nehmen und das Neue zu begrüssen. Solche Übergänge wurden rituell bewusst begangen und bestärkt. Von den traditionellen Übergangsriten zwischen Lebensalter und Lebensphasen sind in unserer Gesellschaft vor allem die Taufe, die Konfirmation oder Firmung und die Hochzeit erhalten. Die Quellen als Manifestation der sich ständig erneuernden Schlangengottheit bieten sich für solche Übergangsriten oder Einweihungen geradezu an.

Taufe

Das Eintauchen in heiliges Wasser als Bestärkung unserer Verbindung zur Schöpfung und der schöpfenden Kraft gehört zu den ältesten Riten der Menschheit. Dabei beschränken wir uns in diesem Zusammenhang nicht auf die christliche Vorstellung, dass der Mensch durch die Taufe von der Erbsünde befreit werden muss. Obwohl damit stets auch eine rituelle Reinigung verbunden ist, wurde der Täufling mit dem Eintauchen in das alles verbindende Wasser vor allem bewusst in die Gemeinschaft des irdischen Lebens aufgenommen. Kein anderer Ort scheint dafür besser geeignet als eine Quelle, wo das Wasser frisch aus dem Schoss der Erdmutter sprudelt. Beim Eintauchen wird der Mensch sinnlich, energetisch und spirituell von ihrer Kraft umfangen und durchdrungen. Dabei spielt die Resonanz feinstofflicher Schwingungen eine ähnliche Rolle wie beim Informieren oder «Taufen» von Leitungswasser mit Quellwasser. Bei Taufritualen wurde wahrscheinlich auch der Himmelsvater und Partner der Erdmutter angerufen und um seine Kraft gebeten. Die Vorstellung, wonach bei der Taufe Göttin und Gott anwesend sind und gewissermassen die Patenschaft übernehmen, ist im Schweizerdeutschen erhalten geblieben: Die Patin heisst immer noch «Gotte», der Pate «Götti», was zur Folgerung verleitet, dass bei der Christianisierung an die Stelle der verdrängten göttlichen Paten zwei menschliche gesetzt wurden.

Geschlechtsreife

Zeremonien und Rituale zum Übergang vom Kind zum geschlechtsreifen Erwachsenen finden sich in allen Kulturen. Die rituelle Aufnahme in die Gemeinschaft der jungen Frauen und Männer als Einweihung in die Welt der Erwachsenen hat bei allen noch existierenden Naturvölkern einen hohen Stellenwert. Im Christentum wurde dieses Übergangsritual als Firmung oder Konfirmation weitergeführt. Es liegt im Wesen der Quellen, dass bei ihnen vor allem die Mädchen von weisen Frauen oder von ihren Müttern in das Mysterium des weiblichen Wesens eingeführt wurden. Wir haben aber auch persönlich erlebt, wie der Besuch einer in Gletschereis und Steilwänden gelegenen Quelle für einen Jüngling zu einem eindrücklichen Einweihungserlebnis wurde, indem er sich dafür den unwägbaren Gefahren des Geländes aussetzte und den Weg «erspüren» musste. Zu den eher spontanen Einweihungsgesten am Übergang vom Jugendlichen- zum Erwachsenenalter gehören die bei Brunnen und Quellen ausgetauschten ersten Küsse, die so zahllos sind wie die Sterne am Himmel.

Hochzeit

Wenn zwei Menschen heiraten, treten sie in einen neuen Lebensabschnitt. Jene unzähligen Menschen, die in der Vergangenheit diesen Bund bei Quellen und in Anwesenheit von Erde und Himmel als göttliche Trauzeugen eingingen, glaubten, ihre Verbindung würde von deren Kraft und Harmonie erfüllt sein. Der Quellgöttin kam die Rolle der Hüterin der Ehe zu, die dem Paar auf dem Lebensweg zur Seite steht, wann immer es sich an sie wendet. Als Stätten der Fruchtbarkeit spendenden Erdmutter und der harmonisierenden Liebesgöttin sind Quellen zu den ältesten «Hochzeitsorten» zu zählen. Die bei Quellen gegründeten alten Kirchen sind übrigens für Trauungen auch heute noch überaus beliebt. Wahrscheinlich werden Hochzeiten bald wieder bei natürlichen Quellen abgehalten, denn seit Sommer 2003 dürfen in der Schweiz protestantische Ehen auch ausserhalb der Kirche geschlossen werden. Diese Öffnung ist ganz im Sinne des ursprünglichen Christentums, und es kann nur begrüsst werden,wenn die Quellen als Manifestation der Liebe auch für das Hochzeitsritual wieder ihren angestammten Platz im Leben der Menschen erhalten. Die Erfahrung zeigt, dass kaum eine Ehe nur glücklich ist, wird sie aber bei einer Quelle geschlossen, soll sie harmonischer verlaufen.

Lebensmitte

Einen einschneidenden Übergang erleben die Menschen auch um die Lebensmitte. Lange verdrängt, kam er vor etwa drei Jahrzehnten als Midlifecrisis wieder ins Bewusstsein zurück. Ein Mönch beschrieb im Mittelalter den Vorgang, «als würde Gott unser Leben auf den Kopf stellen, damit alles durcheinander gerät und wir uns darin wieder neu finden können». Es erstaunt deshalb nicht, dass in alten Kulturen Übergangsriten zur Lebensmitte als Einweihung in den Abschnitt der Reife zu finden sind. Auf die Lebensmitte hin verändert sich die innere Motivation, was zu tiefer Verunsicherung führen, aber auch als Chance für eine neue Häutung verstanden werden kann. Wie die alten Druiden sagten, ist das Leben ein ständiges Werden, vergleichbar mit einer unerschöpflich sprudelnden Quelle.

Einweihungen in andere Wahrnehmungsebenen

In der Antike waren natürliche Heiligtümer wie Quellen die traditionellen Orte für Einweihungen in die Mysterien des Lebens. Die Kandidaten erlebten unter der Obhut erfahrener Frauen oder Männer andere Seinszustände, blickten in bisher unbekannte Welten, reisten in die tiefsten Winkel ihres Innenlebens. Nach solchen stets aufwühlenden und alle Grenzen sprengenden Erfahrungen kehrten sie wie neu geboren in eine vertrauter gewordene Welt zurück. In den schamanischen Kulturen Eurasiens werden solche Riten noch heute oft bei Quellen abgehalten, was deren tradierte Bedeutung als Tor oder Nabel zwischen den Welten betätigt.

Helferinnen im täglichen Leben

Quellen und Brunnen waren wichtige Orte der Hilfe im täglichen Leben. Im Alpenraum finden sich zahlreiche Quellen, die wegen einer bestimmten Eigenschaft geschätzt wurden, was sich in Namen wie Kinderbrunnen oder Jungbrunnen erhalten hat. Grundsätzlich ist aber davon auszugehen, dass sich der Einfluss der Quellen nicht auf einzelne Lebensbereiche beschränkte und dieselbe Quelle verschiedene der nachfolgenden Funktionen erfüllte.

Wunschbrunnen

Bestimmten Quellen wird seit dem Altertum die Kraft zugeschrieben, Wünsche in Erfüllung gehen zu lassen. Während des Verfassens dieses Buches sass ich oft bei einem bekannten Quellbrunnen. Eines Abends hörte ich eine junge Frau zu ihren Begleiterinnen sagen, man könne sich beim Berühren des Wassers wünschen, dem richtigen Mann zu begegnen. Diese Vorstellung findet sich in verschiedenen alten Quellbräuchen. Bei Quellen wurden aber auch Wünsche für alle anderen Dinge des Lebens hinterlegt, was insbesondere bei den kirchlichen Quellheiligtümern noch heute täglich beobachtet werden kann.

Wunschbrunnen wurden stets auch besucht, wenn es darum ging, eine neue Aufgabe zu übernehmen oder hinderliche Gewohnheiten loszulassen. Durch solcherlei Bestärkungen erhält ein Entschluss eine zusätzliche Motivationskraft, was nachweisbar hilft, ein Vorhaben zu verwirklichen.

Kinderbrunnen

Durch die Verbindung zwischen Quelle und Mutter wurde, wie bereits dargelegt, dem Quellwasser die Eigenschaft zugeordnet, die Empfängnisbereitschaft zu fördern. Der Glaube an die fruchtbarkeitsfördernde Kraft von Quellen hat sich im Alpenraum in vielen Sagen und Bräuchen und in den so genannten Kinderbrunnen erhalten. Wir haben persönlich von verschiedenen Frauen gehört, die nach rituellen Bädern in Quellwasser oder Trinken von Quellwasser über längere Zeit endlich schwanger wurden. Selbstverständlich kann dies auf die allge-

Lebenskraft aus der Quelle.

meine Wirkung von Quellwasser zurückgeführt werden, aber wer weiss, ob nicht doch Frau Holle ihre Hand im Spiel hat.

Verschiedene ältere Gewährsleute haben mir versichert, dass die Kinderquellen nicht nur bei unerfüllten Kinderwünschen besucht wurden. Oft baten die Frauen dort auch um eine gut verlaufende Schwangerschaft oder Geburt und vor allem um ein gesundes Kind.

Jungbrunnen

Der Mythos von Quellen der ewigen Jugend reicht weit in die Geschichte zurück und wurde über viele Jahrtausende von Abenteurern und Dichtern am Leben erhalten. Ob je ein Mensch bei einer Quelle eine solche Verjüngung erlebt hat, ist nicht überliefert. Die verjüngende Wirkung von Quellwasser haben aber viele Menschen während ihren Trink- und Badekuren persönlich erfahren. Nun trägt jede gesundheitliche Verbesserung dazu bei, dass man sich jünger fühlt. Die überlieferte verjüngende Wirkung der Quellen ist sicher auch ihrem vitalisierenden Kraftfeld zuzuschreiben, dessen Schwingungen den inneren Lebensquell anregen.

Orakel und Ratgeberin

Alle Völker kannten weissagende Quellen. Wer einmal dem Murmeln einer Quelle gelauscht hat, kann nachvollziehen, weshalb man darin nach Antworten auf Fragen gesucht und diese gefunden hat. Wo das Wasser aus der Erde tritt, glaubte man die Göttin selbst zu den Menschen sprechen zu hören. Die Kastalische Quelle zu Delphi wurde nach der Überlieferung selbst bei den wichtigsten Staatsentscheidungen befragt.

Durch die Griechen und Römer wurde die Hydromantie oder Kunst des Weissagens mittels Wasser der Nachwelt überliefert. Der Anblick von Wasserstrudeln lässt tatsächlich wie ein dynamisches Bild eines Rorschach-Tests Dinge erscheinen, die richtig gedeutet durchaus Einblicke in das Unbewusste vermitteln und zu wichtigen Erkenntnissen bezüglich aktueller Fragen führen können. Wir erinnern an den Mimirsbrunnen des Weltenbaums, in dessen Wasser der grosse Seher Odin mit dem dritten Auge in die verborgensten Winkel der Welt blicken konnte. Aber auch im Murmeln und Rauschen der Quellen vernahmen Menschen Antworten auf ihre Fragen, hörten Weisheiten, die ihnen den Weg wiesen. Auch in diesem Fall aktivieren die Geräusche der Quellen unbewusste Assoziationen. Diese werden wiederum vom Schwingungsfeld der Quellen beeinflusst, weshalb man nicht von einer blossen Projektion ausgehen kann. Die Quelle spricht wirklich, auch wenn sie dafür selten Worte verwendet. Als Orakel wurde auch gedeutet, wenn sich Quellen plötzlich trübten und wie im Fall der Quelle bei der Kirche in Jaun Unwetter oder gar den Tod eines Gemeindemitglieds ankündeten. Auch im temporären Versiegen von Quellen wurde eine Bedeutung gesehen, sei es als Ermahnung, die göttliche Herkunft des Wassers nicht zu vergessen, als Strafe für frevelhaftes Verhalten oder als Omen für ein kommendes Unglück. Ein Bergbauer meinte dazu, für ihn seien diese Hungerbrunnen ein Symbol dafür, dass alles, was vergeht, einmal wiederkommt.

Als ein Mythenkenner während eines Vortrags erwähnte, dass früher Frauen ihre Probleme einer bestimmten Quelle in der näheren Umgebung anvertrauten, bemerkte eine Frau aus dem Publikum, dass dies noch immer so sei. Ich kann dies aus zahlreichen eigenen Erfahrungen und Gesprächen bestätigen. Es liegt im Wesen der Quelle, dass sie vor allem von Frauen und im Zusammenhang mit Frauenfragen besucht wurde. «Quellnymphen sind für Frauen die besten Lebensberaterinnen», sagte eine Bekannte, die sich seit Jahrzehnten an sie wendet. Die harmonisierende Atmosphäre von Quellen soll wie nichts anderes das klärende Gespräch zwischen Frauen und Männern fördern, die sich im Gewebe ihrer Beziehungen verstrickt haben. Mythologiekundige sehen darin das Wirken der Liebesgöttin, deren Schwingungen die Dinge wieder in ihre natürliche Ordnung bringen. Allein schon das sinnliche Erlebnis der Quelle und ihre feinstoffliche Wirkung helfen dem Bewusstsein, festgefahrene Verhaltensmuster loszulassen, die einen wie ausgetretene Pfade immer wieder an denselben Ort zurückführen. Quellen können zwar eine verkorkste Beziehung nicht in immerwährendes Liebesglück verwandeln, aber durch ihren unmittelbaren Einfluss auf die Gefühle können sie den blockierten Austausch zwischen Menschen wieder zum Fliessen bringen.

Gerichtsort

Quellen sind traditionelle Gerichtsorte. Dabei darf man sich nicht ein Gericht im heutigen Sinn vorstellen, wo reihenweise Juristen sitzen und für oder gegen den Angeklagten argumentieren. In den frühen siebziger Jahren durfte ich als Zuschauer an einer Gerichtssitzung einer kleinen Stammesgemeinschaft im Norden von Laos teilnehmen. Da ich ihre Sprache nicht verstand, konnte ich den endlos scheinenden Diskussionen nicht folgen. Als die Gemeinschaft offenbar zu einen Urteil gekommen war, fragte ich meinen Kontaktmann nach den gesetzlichen Grundlagen und dem Strafmass. «Weisst du», antwortete er mir, «hier oben sitzt man einfach zusammen und jeder sagt, was er zu sagen hat. Die angenehme Atmosphäre der Quelle lockert die Zunge und stimmt versöhnlich, weshalb eigentlich immer eine gütliche Lösung gefunden wird. Wenn alle gesprochen haben, ist die Situation geklärt, und meistens muss kein Urteil mehr gefällt werden, denn alle haben verstanden und wissen, was zu tun ist.» Heute wird im Alpenraum bei Quellen nicht mehr Gericht gehalten, aber ihre klärende und harmonisierende Atmosphäre eignet sich noch immer für Aussprachen, wenn es darum geht, das gestörte Gleichgewicht auf der Waage der Gerechtigkeit wieder herzustellen.

Quellwasser macht schön.

Volksweisheit

Schönheitsquellen

Unter den Elementarwesen sollen die Nymphen die schönsten sein. Entsprechend galt Quellwasser als wirksames Schönheitsmittel. An dieser Stelle muss allerdings festgehalten werden, dass mit Schönheit nicht äusserliche Merkmale oder Körperformen gemeint sind. Früher glaubte man vielmehr, Schönheit sei das Strahlen der Seele. Da die Natur an sich schön ist, macht alles, was den Menschen seinem natürlichen Wesen näher bringt, ihn auch schöner. Ein natürlicher Mensch fühlt sich gut, wie er ist, und wirkt deshalb auf die Mitmenschen unabhängig von seinem Äusseren als schön, denn jeder ist so schön, wie er sich fühlt. Allerdings scheint Quellwasser auch physisch auf die Schönheit zu wirken, indem es die Haut belebt und strafft. Wir haben verschiedentlich auch von Jugendlichen gehört, die nach altem Rezept ihre Akne erfolgreich mit Quellwasser behandelten.

Ort der Einkehr

Menschen machen bei Quellen die verschiedensten Erfahrungen, die man aber alle auf einen gemeinsamen Nenner bringen kann: Je intensiver man in die magische Wirklichkeit einer Quelle eintaucht, desto näher kommt man sich selbst. Es ist, als ob ihre magische Kraft die

Verkrustungen eingefleischter Denk- und Verhaltensweisen einfach wegwäscht und dabei das ursprüngliche, natürliche Wesen wieder zum Vorschein bringt. Natürlich benötigt ein solcher Vorgang der Selbstfindung seine Zeit und kann möglicherweise nicht allein durch Besuche von Quellen oder Quellwasserkuren vollzogen werden. Aber bisher habe ich keine Freundin, keinen Freund von Quellen getroffen, die nicht diese Selbstfindung als zentrale Erfahrung ihrer Beziehungen zu Quellen erleben. «Eine Quelle ist der ideale Ort, um seine Dankbarkeit gegenüber dem Leben auszudrücken», sagte eine Frau während eines Gesprächs bei einer Quelle und fuhr fort: «Ich kenne das Geheimnis der Quellen nicht, aber seit ich mir Zeit nehme, bei der einen oder anderen ein paar Stunden zu verbringen, gelingt es mir besser, zu allen, mich selbst mit eingeschlossen, etwas freundlicher zu sein.» Selbst wenn die Kraft der Quellen nur dies zu bewirken vermöchte, würde das Leben für alle Erdenwesen wesentlich angenehmer.

Heilende Quellen

Hollebrunnen in Arlesheim.

Saubere Quellen laden zu einem erfrischenden Trunk ein, der nicht nur den Durst stillt. Mit der Einnahme des Wassers verinnerlichen wir gewissermassen ihre Schwingungen, die über die Körperflüssigkeiten innerhalb kurzer Zeit bis in die Zellen dringen. Die heilende Wirkung von Mineralquellen ist heute unbestritten. Entsprechend werden Trink- und Badekuren von Medizinern zur Therapie verschiedenster Erkrankungen verordnet. Von jeher gelten aber auch zahlreiche Quellen als heilkräftig, deren Wasser keine hohen Anteile an Mineralstoffen aufweist. Sauberes Quellwasser, vor allem wenn es bei der Quelle genossen wird, ist immer ein Lebenselixier. Selbstverständlich können Quellen nicht alle und alles heilen, aber unzählige Berichte belegen, dass Menschen bei Quellen Linderung oder gar Heilung von körperlichen und seelischen Leiden aller Art erfuhren. Wie bereits erwähnt beruht ihre heilende Wirkung weniger auf den Prinzipien der Schulmedizin, die eine bestimmte Krankheit gezielt mit spezifischen Mitteln zu heilen versucht. Vielmehr unterstützen die natürlichen Schwingungen von Quellen in erster Linie die Selbstheilungskräfte. Die spezifische Heilwirkung bestimmter Quellwässer ist dabei ein wichtiger Faktor, aber nicht der wichtigste. Heilen kommt von heil, was ganz sein bedeutet. Heilen bedeutet dementsprechend das, was entzweit oder abgetrennt ist, zu verbinden und zu integrieren. Der Vorgang der Heilung beschränkt sich also nicht nur auf ein bestimmtes körperliches Leiden, sondern wirkt auf den ganzen Menschen.

Die Heilquellen sind die natürlichen Komposita (Allheilmittel) Gottes, sie sind vollkommener an Kraft und Tugend als alles andere.

Paracelsus

Die Heilkraft geht von der Quelle als Ganzem aus, ihre energetischen Schwingungen übertragen sich mittels Bioresonanz auf den Organismus. Nach dem Prinzip der schwingenden Felder haben auch die Organe, Gewebe und Gefässe unseres Körpers eine Eigenschwingung. Wenn sie im Körper im Einklang miteinander «klingen», sind wir gesund und fühlen uns wohl. Ist aber die Schwingungsfrequenz eines einzelnen Organs gestört, werden dadurch alle Funktionen des Körpers beeinträchtigt. Nach dem Umkehrprinzip bedeutet dies, dass ein optimales Heilmittel auf den ganzen Organismus wirken sollte. Paracelsus, der erste «moderne» Badearzt, war denn auch überzeugt, dass dieses Heilmittel das Wasser sei. Obwohl er bereits vor fünfhundert Jahren chemische Untersuchungen durchführte, war er überzeugt, dass es sinnlos sei, nach bestimmten Substanzen zu suchen, weil diese wieder vollständig zu Wasser werden, wenn sie über die Zeit ihrer Reife hinaus in der Erde liegen. Wo das (Mineral-)Salz nicht sei, lehrte er, wären alle Metalle und Gesteine Wasser; also würden nach der Auflösung des Salzes Metalle und Gesteine wieder zu Wasser. Die moderne Wasserforschung gibt ihm Recht. Auch wenn keine Mineralien mehr im Wasser nachgewiesen werden können, sind die Informationen der Stoffe noch immer darin gespeichert, wie weiter oben ausgeführt. Ausserdem nimmt unser Körper beim Bad keine Mineralstoffe aus dem Wasser auf und beim Trinken nur eine sehr geringe Menge. Als Heilquellen bezeichnet Paracelsus dementsprechend all jene Quellen, die auf Menschen heilend wirken, unabhängig von der Menge und Art der in ihnen enthaltenen Mineralstoffe. So wie man einen Baum an seinen Früchten erkennen kann, solle man die Heilkraft einer Quelle an ihrer Wirkung auf den Menschen erkennen. Er ging denn auch ganz in der Tradition der Druiden davon aus, dass der heilende Einfluss vom Geist der Quelle ausgehe.

Quellgöttinnen und Nymphen galten als Heilerinnen der Natur; sie erlösten die Menschen nicht nur von ihren Leiden, sondern weihten sie auch in die Geheimnisse der Naturheilkunde ein und tun es möglicherweise immer noch. Beim Kontakt mit dem Numen oder einer Göttin erfolgt eine spirituelle Übertragung, die als Resonanz auf einer höheren Ebene bezeichnet werden kann. Genauso wie durch energetische Resonanz die natürlichen Schwingungen des Organismus wieder stimuliert werden, wird durch spirituelle Resonanz die natürliche Wellenlänge der Seele oder des Gemüts stimuliert. Nicht zu Unrecht gelten Gemütsverstimmungen seit je als Ursache vieler psychischer und körperlicher Störungen, die sich schliesslich als Krankheiten manifestieren. Vor der Einführung von Begriffen wie Psychose oder Depression galt die Schwermut nicht nur als Ursprung zahlreicher Krankheiten, sondern auch als eine der häufigsten Todesursachen. Heute werden die Zusammenhänge zwischen seelischen Belastungen und der psychischen und körperlichen Gesundheit kaum mehr bestritten. Die traditionelle Naturheilkunde ging allerdings schon immer davon aus, dass der

Mensch zuerst im Gemüt erkrankt. Wie sehr die körperliche Gesundheit von einem gesunden Geist abhängt, lehrten bereits die alten Griechen. Die zahlreichen Berichte von Wunderheilungen bei Heilquellen belegen auf eindrücklich Weise, dass das Numen oder die Quellgöttinnen und Nymphen ihre Heilkraft noch immer fliessen lassen, auch wenn dies heute meistens wie etwa in Lourdes im Namen der Gottesmutter geschieht.

Schönheit heilt

Die Ärzte der alten Griechen wussten, dass Schönheit heilend wirkt, was jeder bestätigen wird, der ein Auge für die sinnliche Schönheit der Natur hat. Ein eindrückliches Zeugnis der Wirkung von Sinneseindrücken auf die Gesundheit erlebte ein amerikanischer Fotograf auf dramatische Weise. Im Auftrag von Umweltorganisationen dokumentierte er jahrelang ökologische Verbrechen gegen die Natur. Nachdem er an Krebs erkrankt war, machte ihn eine Heilerin auf einen möglichen Zusammenhang mit seiner beruflichen Tätigkeit aufmerksam. Sie vermutete die Ursache seines Leidens in der intensiven visuellen Beschäftigung mit drastischen Fällen von Umweltzerstörung. In der Folge begann der Mann ausschliesslich besonders schöne, natürlich erhaltene Orte zu fotografieren. Auf wunderbare Weise genesen, führte er die Heilung auf die Kraft der natürlichen Schönheit zurück und begann seine Naturaufnahmen als so genannte Heilbilder zu publizieren. Die Poster von herrlichen Wasserfällen oder Wäldern sollten in Wohnungen und an Arbeitsplätzen aufgehängt eine Gegenkraft zu den unnatürlichen und oft disharmonischen visuellen Eindrücken bilden, denen die städtische Bevölkerung täglich ausgesetzt ist. Man kann über die Wirkung solcher Bilder streiten, aber sie weisen in die richtige Richtung.

Besser als ein Bild ist zweifellos das unmittelbare Erlebnis der Natur. Allein die visuellen Eindrücke sind um ein Vielfaches vielfältiger und intensiver, und auch die anderen Sinneseindrücke wirken mit. Bekanntlich liegt die Schönheit im Auge des Betrachters, und manchmal muss man sich etwas Zeit lassen, bis sie sich zeigt. Hat man aber einmal das Auge dafür, wirkt die Schönheit mit zunehmender Erfahrung intensiver und strahlender und kann im wörtlichen Sinn zu entrückenden Erfahrungen führen. Nun muss man kein Romantiker sein, um sich in der Schönheit einer Quelle für eine Weile zu vergessen und an ihrem Werden teilzuhaben. Das Zusammenspiel von Wasser, Pflanzen, Erde und Steinen ist allein schon eine visuelle Symphonie. Die Solisten sind aber die Strudel, Wirbel, Güsse, Becken und Rinnsale. Im Spiel von Wasser und Licht scheint man tief in den kosmischen Strudel zu blicken, aus dem alles Leben entsteht. Bewegung und Form gehen fliessend ineinander über. Eine kleine Waldquelle wirkt selbstverständlich anders als eine stark schüttende Karstquelle, doch das quellende, sprudelnde Wasser wirkt immer wie ein dynamisches Meditationsbild, das den Geist wandelt, öffnet und anregt. In keinem anderen Naturphänomen lässt sich auf eine solch unmittelbare Weise erleben, dass das Leben nicht ein Zustand ist, sondern ein Vorgang, nicht Sein, sondern Werden.

Quellenklänge

Klang gilt traditionell als das Medium spiritueller Schwingungen, wie die Trommeln und Gesänge der Schamanen, die Mantras der Brahmanen und Yogis oder die Choräle in den Kathedralen eindrücklich belegen. Klänge dringen über unser inneres körpereigenes Wassersystem tief in unsere Gefühlswelt. Klang hat unbestritten einen harmonisierenden, heilenden Einfluss auf uns, sei es beim Hören von Musik oder im Rahmen einer Klangtherapie. Aber vor allem sind es die Klänge der Natur, die unsere inneren Saiten wieder in den natürlichen Frequenzen zum Schwingen bringen. Die natürlichen Geräusche einer Quelle sind ein akustisches Ereignis, das jeden offenen Menschen unmittelbar bewegt und in die entferntesten Regionen seines Organismus dringt. Im subtilen Raunen und Gurgeln oder im tosenden Rauschen und Donnern lässt sich ein Universum des Klangs hören. Wer gut hinhört, vernimmt von leisen, pulsierenden Bässen über das laute «weisse Rauschen» bis hin zu natürlichen Obertönen ein dynamisches Muster von Klängen und Rhythmen. Die monotone Melodie versetzt das Bewusstsein in eine leichte Trance, ähnlich wie bei so genannter Meditationsmusik. Wenn man sich der Symphonie einer Quelle hingibt und in sie eintaucht, beginnt sie zu sprechen. Allerdings nicht mit Worten. Die Klangschwingungen stimulieren die unbewussten Regionen und lassen innere Bilder der Einsicht und Weisheit aufsteigen. Und dabei fühlt man sich auf wunderbare Weise mit den unzähligen Menschen verbunden, die vor uns in sie hineingelauscht haben.

Aromatherapie

Wenn wir Menschen uns durch den Raum bewegen, sind wir vor allem Augen- und Ohrenwesen. Doch auch über die Sinne des Schmeckens, Riechens und Tastens können die Eigenarten einer Quelle erforscht werden. Frisches Quellwasser ist für unsere Nase praktisch geruchlos, und doch gibt es für Quellen typische Gerüche. Der leicht mit Moder durchsetzte Waldgeruch bei einer Giesse oder die mit negativen Ionen angereicherte Luft bei einer Sturzquelle senden Geruchsimpulse zum Gehirn. Sie werden gewöhnlich kaum wahrgenommen. Doch wenn man sich ihnen öffnet, beginnt eine Entdeckungsreise in die Welt der Gerüche, die uns einmal ebenso vertraut war, wie sie es den Tieren noch heute ist. Die Wirkung von Gerüchen kann ausgesprochen drastisch sein. Durch Gestank kann augenblicklich die beste Stimmung verfliegen, und der Duft einer Rose vermag selbst ein schweres Gemüt etwas zu heben. Die Räuchermittelhersteller Asiens, aber auch die modernen Duftstoffchemiker könnten Bände erzählen über die vielfältigen Einflüsse der Gerüche auf unser Leben. Für ein ganzheitliches Quellenerlebnis empfiehlt es sich deshalb, nach dem Vorbild unserer vierbeinigen Verwandten die Quelle auch etwas zu beschnüffeln und ihre Gerüche bewusst aufzunehmen.

Berühren und berührt werden

Was für die Beziehung zu anderen Menschen gilt, lässt sich auch in der Beziehung zu Quellen erleben; durch Berührung kommt man sich näher. Der körperliche Kontakt mit ihrem Wasser intensiviert die Übertragung energetischer Informationen und feinstofflicher Schwingungen, als würde man von ihrem geheimnisvollen Wesen berührt. Aber auch über den Tastsinn wirkt das Wasser tief auf unsere Gefühle, denn wenn wir es berühren, werden wir von ihm gewissermassen gestreichelt. Der harmonisierende, heilende Einfluss von solchen «Streicheleinheiten» auf den Organismus ist nachgewiesen und wird heute in verschiedenen Wassertherapien angewendet.

Durch die sanfte Reibung des Wassers am Körper werden unter anderem auch elektrodynamische Vorgänge ausgelöst. Zur Zeit von Sebastian Kneipp war dies noch nicht bekannt, aber der Wasserarzt wusste um die anregende und heilende Wirkung von bewegtem Wasser und baute eine bis heute erfolgreich angewendete Therapie mit Wassergüssen und Wickeln auf. Am bekanntesten wurde das bis heute als Kneippen bezeichnete Wassertreten. Am intensivsten wirkt die Methode natürlich in lebendigen Gewässern. Kneipp hatte deshalb keine Hemmungen, seine oft gut betuchten Patienten selbst mitten im Winter durch den Dorfbach waten zu lassen. Wassergüsse und insbesondere Wassertreten regen nirgends so intensiv wie bei der Quelle die Vorbeugung, Heilung und Regeneration an. Zusätzlich erhält man beim Wasserlaufen vom Sand und von den Kieseln des Bachbetts eine vorzügliche Fusssohlenmassage verabreicht. Wegen des dort herrschenden sensiblen Ökosystems sollte man aber den Bach nicht unmittelbar bei der Quelle betreten.

Wenn du das Wesen von Wasser verstehen willst,

dann trinke es.

Zen-Weisheit

Das Trinken von frischem Quellwasser zählt zum ältesten Erbe menschlicher Kultur. Die bewusste, achtsame Einnahme des Wassers ist ein Urritual, das seine Wirkung bis heute nicht verloren hat. Der einfache, archaische Vorgang hat eine zeitlose Qualität und verbindet uns mit den Wurzeln des Lebens. Mit dem Wasser nehmen wir das stoffliche, energetische und spirituelle Wesen der Quelle unmittelbar in uns auf. Trinkkuren gehören im Alpenraum von jeher zur gesundheitlichen Vorsorge und zur medizinischen Therapie. Heute wird während ärztlich verordneten Kuraufenthalten über zwei bis drei Wochen täglich mineralhaltiges Wasser getrunken. Die Menge und Temperatur des Wassers, die Tageszeit und Häufigkeit der Einnahme werden je nach Krankheitsbild und Verträglichkeit individuell verordnet.

Quellwasser wirkt aber wie gesagt vor allem dann heilend, wenn es an Ort und Stelle in ihrem Kraftfeld genossen wird. Bereits ein einmaliges Trinken kann feine energetische Veränderungen anregen, die teilweise tiefgreifende Prozesse auslösen, ähnlich der einmaligen Anwendung eines homöopathischen Medikaments. Entscheidend ist, dass der Quelle mit Respekt und Achtsamkeit begegnet wird. Dies gilt selbstverständlich auch, wenn das Wasser abgefüllt und nach Hause getragen wird. Kühl aufbewahrt kann es dann beispielsweise in kleinen Mengen dem Leitungswasser zugefügt werden, um dessen energetische Qualität zu verbessern. Auf wunderbare Weise werden schon durch wenige Tropfen die energetischen Schwingungen oder Informationen auf das Trinkwasser übertragen. Gewisse Quellwässer vermögen selbst ohne direkte Berührung belebend zu wirken. Diese so genannten Lichtwässer stammen durchwegs von katholischen Heiligtümern, wie etwa jenen von Lourdes oder Fatima. Ohne die Kraft dieser Quellen in Frage stellen zu wollen, ist nochmals darauf hinzuweisen, dass nicht nur solche Quellwässer heilend wirken.

Die Tradition, von heiligen Quellen Wasser nach Hause zu tragen, ist sehr alt. Allein schon seine Anwesenheit im Haus soll dieses mit seinen wunderbaren Schwingungen erfüllen. Besondere Kräfte wurden in ganz Europa Quellwasser zugeschrieben, das anlässlich von Wallfahrten bei heiligen Quellen abgefüllt wurde. Dies gilt aber für jedes Quellwasser, denn grundsätzlich sind alle Quellen heilig. Deshalb muss man auch nicht zu bekannten Wallfahrtsorten pilgern, um seine Kraft zu erfahren. Wer sich innerlich vorbereitet und sich bewusst auf den Weg zu einer Quelle begibt, macht immer eine Pilgerreise, und wenn sich eine persönliche Beziehung zu der Quelle entwickelt, wird sie für den betreffenden Menschen zu seiner heiligen Quelle. Die Quelle selbst verändert sich dadurch nicht, wohl aber unsere Haltung ihr gegenüber, die bekanntermassen einen grossen Einfluss auf die feinstoffliche Qualität des Wassers hat.

Die besten Zeugen für die Wirkung von Quellwässern sind die unzähligen Menschen, die über Jahrhunderte durch sie von ihren Beschwerden geheilt wurden. Selbstverständlich sind Quellen keine Alternative für eine notwendige ärztliche Behandlung, aber ihre Kraft kann erfahrungsgemäss Leiden heilen oder lindern, das Immunsystem stärken, die körpereigene Heilkraft anregen und die Regeneration fördern. Und bei Quellen geschehen gelegentlich auch Wunder.

Heilungsvorgänge können auch durch unangenehme Phasen führen. Dies gilt besonders für länger dauernde Trinkkuren. Ähnlich wie bei der homöopathischen Behandlung werden die eigentlichen Ursachen der Beschwerden oder Probleme während des Heilungsvorgangs intensiver wahrgenommen. Die feinstofflichen Ursachen der Krankheit werden durch das Quellwasser bildhaft gesprochen aufgelöst und ins Bewusstsein gespült. Oft ist damit eine Auseinandersetzung mit verdrängten Gefühlen verbunden, eine der Hauptursachen von physischen und psychischen Störungen. Gerade dieser psychische Druck ist manchmal notwendig, denn er zwingt uns, hinderliche Denk- und Verhaltensmuster loszulassen und uns der Gegenwart zuzuwenden. Die magische Kraft der Quelle hilft gleichzeitig, uns für Neues zu öffnen. Das Gefühl, gewissermassen von der einengenden Haut hinderlicher Gewohnheiten befreit zu werden, erlebt der Mensch wie das sprichwörtliche Licht am Ende des Tunnels. Es kann der entscheidende Impuls zur Selbstheilung sein.

Zwar empfiehlt sich während Heilungsvorgängen eine kundige Begleitung und Beratung, aber in den meisten Fällen erfüllen die Quellen als die bewährten Heilerinnen der Natur auch diese Aufgabe bestens. Man könnte einwenden, dass ein Mythos beim Verarbeiten traumatischer Erlebnisse oder verdrängter Gefühle kein Ersatz für die notwendige professionelle Hilfe sein kann. Und doch fühlten und fühlen sich zahllose Menschen auch in dieser Beziehung bei Quellen gut beraten und aufgehoben.

Die Badekultur im Alpenraum

Manu, der Verfasser der ältesten überlieferten Lebensgesetze der vedischen Kultur, hielt fest, Wasser könne alle Unreinheit im Menschen beseitigen. In vielen Teilen der Erde sind rituelle Waschungen noch heute Teil des täglichen Lebens. Anders als bei der blossen Körperpflege wird bei einer rituellen Waschung um Reinigung von Seele und Geist gebeten. Da insbesondere Quellwasser diese Funktion erfüllt, wurden und werden noch heute rituelle Waschungen vor allem dort vorgenommen, wo dieses frisch aus dem Boden sprudelt. Waschungen sind Teil der bei Quellen abgehaltenen Feiern und Rituale, gehören aber traditionell zu jedem Besuch einer Quelle. Es muss nicht immer ein Ganzkörperbad sein, aber nach altem Brauch werden stets Hände und Gesicht gereinigt, bevor man sich mit einer Begrüssung oder einer anderen Geste an die Quelle wendet. Das archaische Ritual der achtsamen, bewussten Reinigung bildet gewissermassen den spirituellen Kern der Badekultur, die in der europäischen Kulturgeschichte untrennbar mit Quellen verbunden ist.

Wenn man irgend eine allgemein hilfreiche Arznei hätte,
so würde es Wasser sein.

Samuel Hahnemann

Die Heilkraft eines Bades in Quellwasser wurde vermutlich bereits lange vor dem Menschen von kranken oder verletzten Tieren entdeckt, die ihrem Instinkt folgend genau die richtige Heilquelle fanden. Aufmerksame Tierhalter wissen, dass unsere vierbeinigen Verwandten einen erstaunlichen Zugang zur «Apotheke» der Natur haben. So fressen Hunde manchmal vermodertes Holz, oder Kühe stürzen sich auf Kräuter, die sie sonst verschmähen. Eine alte Frau berichtete mir, wie ein Ziegenhirt einst beobachtet habe, dass kranke oder verletzte Ziegen manchmal bis zum Bauch in einen schlammigen Weiher hineinwateten, dessen Nähe sie sonst mieden. Der betagte Hirt dachte sich, was den Ziegen helfe, sei sicher auch gut für seine schmerzenden Glieder. Bereits nach wenigen Tagen sei der zuvor humpelnde Mann wieder rüstig über die Hügel marschiert, schloss die Grossmutter, hob den Rock bis über die Knie und watete genüsslich in den Schlamm.

Sicher fanden die naturverbundenen Menschen in der Vergangenheit die richtigen Wässer ebenso intuitiv wie die Tiere. Noch heute hört man Geschichten von Kranken, die irgendwie spürten, dass das Wasser einer bestimmten Quelle ihre Leiden heilen kann, oder die einer spontanen Eingebung folgend eine Quelle «fanden». «Johan Gonset aus Krattigen lag Anfang des 20. Jahrhunderts als junger Mann mit einer schweren Lungenentzündung im Bett und wurde täglich schwächer», erzählte ein alter Krattiger, der Gonset noch gekannt hatte. «Auf einmal fühlte der Kranke eine unbändige Lust, vom Wasser einer nahe gelegenen Schwefelquelle zu trinken. Ein Freund wollte ihm diesen vermeintlich letzten Wunsch erfüllen und holte ihm einen Eimer voll davon. Gonset, der sich kaum mehr aufrichten konnte, soff wie eine durstige Kuh, und bald war der Eimer leer. Der überhitzte Körper kühlte sich innert Stunden sichtbar ab, und nach einigen Tagen und mehreren Eimern Quellwasser konnte der junge Mann, den man bereits dem Tod geweiht glaubte, bereits wieder aufstehen.»

Wie eine Bestätigung der alten Weisheit, dass es für jede Krankheit in der Umgebung des Wohnorts des Betroffenen ein Heilmittel gibt, ist die folgende Geschichte. Der Drogist eines Dorfes im Berner Oberland litt an seit Generationen in seiner Familie auftretenden Beschwerden im Kehlkopfbereich. Bereits als Jugendlicher war er wegen dieses «kratzenden Gefühls» in medizinischer Behandlung, und später wandte er sich an verschiedene Spezialärzte, die ihm allerdings nicht helfen konnten. Durch eine Beziehung zum Leibarzt des Dalai Lama versuchte er sein Glück mit der traditionellen tibetischen Medizin. Doch auch damit und obwohl sein Arzt als ausgewiesene Autorität gilt, stellte sich keine Besserung ein. Als er in einem Buch über die sagenhafte Heilquelle von Weissenburg las, «wusste» er spontan, dass sie die richtige Medizin für sein Leiden ist. Er machte sich zu später Stunde noch auf und musste den Brunnen in der Dunkelheit zwei Stunden suchen. Nach einigen Schlucken fühlte er bereits eine Erleichterung im Hals und füllte sich einige Flaschen Quellwasser ab. Nach drei Tagen war das chronische Leiden verschwunden und kehrte danach nicht mehr zurück. «Nachdem ich über Jahrzehnte auf der Suche nach Heilung weit herum gereist war», sagte er am Schluss unseres Gesprächs, «stellte sich heraus, dass die richtige Medizin nur wenige Kilometer von meinem Wohnhaus aus einem Brunnen sprudelt.»

Aus ähnlichen Erfahrungen entwickelte sich über die Jahrtausende ein mündlich überliefertes Wissen über die Wirkung bestimmter Quellen. Damit es nicht in Vergessenheit gerät, wurde es in spannende Geschichten eingewoben, die von einer Generation an die andere übergingen. Ein Beispiel dafür ist die Sage der Eisenquelle beim Ottenleuebad im bernischen Guggisberg. Sie erzählt vom jungen Förster Otto, der für seine Liebe in den Krieg zog und für seinen Mut unter dem Namen Otto der Löwe (in Mundart Ottenleuen) zum Ritter geschlagen wurde. Als geachteter Mann kehrte er zurück und wollte nun um die Hand jener Bürgertochter anhalten, die er mehr liebte als sich selbst. Als er zum Haus ihres Vaters kam, hörte er, dass die junge Frau vor einigen Tagen gestorben war. Mit gebrochenem Herzen irrte er umher und brach nach einigen Monaten in der Wildnis auf einem Hügel zusammen. Er hatte schon mit seinem Leben abgeschlossen, als er ein feines Plätschern vernahm. Sein Durst war stärker als der Todeswunsch, und er schleppte sich mit letzter Kraft zu einer kleinen Quelle. Kaum hatte er das Wasser mit der Hand berührt, fühlte er eine belebende Kraft durch seinen Arm ins Herz dringen. Nach einigen tiefen Schlucken sprang er auf, stiess seinen Speer in den Boden und sprach: «Hier, wo ich mich zum Sterben hinlegte, will ich nun wieder leben.» Bald verbreitete sich der Ruf des heilenden Wassers durch ganz Guggisberg, und in den folgenden Jahrhunderten wurden Menschen aus allen Teilen des Landes von der Wunderquelle geheilt und gestärkt. Die Heilwirkung der kleinen Quelle wird vor allem auf das Eisen zurückgeführt, das als Metall des Ares/Mars, des Gottes der Krieger, galt. Er steht für die Kraft, sich durch die Schwierigkeiten und Widerstände des Lebens nicht entmutigen zu lassen. Nach der Naturheilkunde stärkt eisenhaltiges Wasser die innere Durchsetzungskraft, weshalb es vor allem bei Ermattung oder nach Krankheiten verschrieben wurde. In der blumigen Sprache der Mythologie ausgedrückt, hat es die Kraft, durch den inneren Kampf gebrochene und müde «Krieger und Kriegerinnen» zu neuem Leben zu er-

Bade- und Trinkkur im Mittelalter.

wecken. Und wegen eben dieser Wirkung wird die Quelle bis in unsere Zeit geschätzt.

Die ältesten Zeugnisse der Badekultur sind unmittelbar mit religiösen Vorstellungen verbunden, wie die bei antiken Bädern gefundenen Götterdarstellungen und Votivgaben belegen. Bäder gehören zu den ältesten Riten der Menschheit. Obwohl das Bad sicher auch der Körperreinigung und dem reinen Vergnügen diente, erlebten die von Natur aus feinfühligen Vorfahren das Eintauchen in das Wasser als Verschmelzung mit der in ihm manifestierten Gottheit, wie dies Millionen bei ihren Bädern in heiligen Gewässern noch heute tun. Spirituelle Reinigung, Hygiene und Vergnügen verschmolzen dabei in eins. Die Vorstellung, dass Wasser Geist, Seele und Körper reinigt, gehört zu den Grundlagen der Kultur, und jeder sensible Mensch weiss aus eigener Erfahrung, dass man sich nach einem ausgiebigen Bad in Quellwasser bis ins Innere gereinigt und erfrischt fühlt. Angesichts der natürlichen Anziehungskraft des Wassers auf den Menschen ist anzunehmen, dass unsere urgeschichtlichen Vorfahren das sinnliche und energetische Erlebnis des Badens von jeher genossen haben. Damals luden im Sommer genauso wie heute die vielen Seen und Flüsse zum Eintauchen. In der Wärmephase während der Jungsteinzeit war das Klima im Alpenraum ausserdem spürbar milder, was das Baden umso attraktiver machte.

Von der Quelle zum Badehaus

Funde in Griechenland lassen darauf schliessen, dass der Übergang vom Bad in natürlichen Quellen und Gewässern zu gemauerten Wannenbädern etwa vor viertausend Jahren begann. Zu dieser Zeit war der Badekult allerdings bereits uralt und wurde auch nicht nur von den alten Griechen gepflegt. Von ihnen wissen wir aber, dass vor kultischen Handlungen ebenso gebadet wurde wie vor dem Betreten der Heiligtümer, und niemand durfte ein Orakel befragen, ohne sich vorher im Wasser zu reinigen. Die alten Griechen schätzten aber auch einfach die Wohltat warmer Bäder, die sie gerne in Gesellschaft genossen. Ihr bekanntester Heiler Hippokrates war der erste Wasserarzt der Geschichte, und seine Heilquellen auf Kos werden noch heute geschätzt. Er lehrte, dass die beste Arznei die dem Menschen innewohnende Lebenskraft sei, und dass alles, was diese wecke, die Gesundheit fördere. Sein Leitsatz, Heiterkeit entlastet das Herz, prägte die Heilkunst des Altertums und gilt heute mehr denn je. Das sinnliche Vergnügen war also gleichzeitig eine wirksame Therapie. Derselbe Hippokrates mahnte allerdings auch, dass bei bestimmten Leiden nur kalte Bäder Heilung bringen.

Im Alpenraum begann die Badekultur nicht mit den Römern, wie oft nacherzählt wird. Mit ihrem Talent zur Organisation und ihrer Vorliebe für gemauerte Gebäude sorgten sie in Rom und in den Provinzen für die Verbreitung ihrer typischen Badehäuser, die sie oft an der Stelle früherer keltischer oder germanischer Bäder erbauten. Als die Römer Helvetien besetzten, führten sie zwar ihre typischen Bäder ein, die Badekultur aber gab es bereits. Funde in der Schweiz, in Frankreich und Deutschland belegen, dass die Kelten lange vor den Römern warme und andere heilkräftige Quellen nutzten, so die Quellen im schweizerischen Baden, in Schinznach oder Vindonissa, dem einstigen Sitz des helvetischen (keltischen) Häuptlings Orgetorix. Die aus der Bronzezeit stammenden Votivgaben, die bei der Heilquelle der bekannten alten Badestadt St. Moritz gefunden wurden, lassen darauf schliessen, dass der Quell- und Badekult im Alpenraum wahrscheinlich ebenso alt ist wie jener in Griechenland.

Überhaupt bedarf das Bild der die Kultur bringenden Römer und der primitiven Kelten und Germanen der Korrektur. Vielmehr scheinen die Römer so manches von den «Barbaren» übernommen zu haben. Auch standen auf dem Gebiet der heutigen Schweiz bereits vor der römischen Besetzung Dutzende Städte und Hunderte Dörfer. Neuere Grabungen belegen die seit Jahrhunderten geäusserte Vermutung, dass bei den Städten Bern, Zürich, Basel, Genf, Lausanne, Lugano und Luzern einst keltische Siedlungen bestanden. Da die Kelten und Germanen aber ihre Wasserleitungen, Brunnstuben und Badewannen aus Holz erstellten, was übrigens nach den Erkenntnissen der neueren Wasserforschung das ideale Material für diesen Zweck ist, sind Funde wie in St. Moritz selten, denn in der Regel vermodert Holz nach einigen hundert Jahren.

Badestuben

Der römische Historiker Tacitus berichtete von den Germanen, sie seien tüchtige Schwimmer und schätzten im Sommer das Bad in den natürlichen Gewässern, in der kalten Jahreszeit aber würden sie in hölzernen Zubern baden. Dazu wurde das Wasser mit Steinen aufgewärmt, die zuvor im Feuer lagen, und wenn sie abgekühlt waren, wurden sie durch neue ersetzt. Die Germanen, so Tacitus, hielten sich «öfter im warmen Wasser auf, weil bei ihnen die meiste Zeit über Winter ist». Runde, aus ausgehöhlten Baumstämmen gefertigte Zuber wurden unter anderem bei der Val-Sinistra-Quelle in Graubünden gefunden. Die Kelten und Germanen kannten auch lange vor den Römern die Seife, womit auch in hygienischer Beziehung das Bild der sauberen Römer und der schmutzigen Barbaren widerlegt ist.

Unsere vorrömischen Vorfahren genossen auch Dampf- oder Schwitzbäder. In den einfachen Kammern oder Hütten, wo die Badezuber standen, übergossen sie heisse Steine mit Wasser. Von dem auf den heissen Steinen verstiebenden Wasser sollen die germanischen Schwitzhütten zum Namen *stiuba*, später Stube, gekommen sein was sich im Begriff Badestube erhalten hat. Diese diente nicht nur der Gesundheitspflege, sondern nicht zuletzt auch dem geselligen Zusammensein, wie man es noch heute in den Saunen Finnlands oder den türkischen Dampfbädern kennt. Und so planschten die alten Germanen, lange bevor das erste römische Bad gebaut wurde, mit Familienmitgliedern oder Freunden fröhlich in den warmen Stuben. Mit der Zeit verschwanden Zuber, Feuer und Steine aus der Stube, die aber ein Raum blieb, in dem man nach getaner Arbeit zusammensass.

Ebenso falsch wie das Bild der schmutzigen Barbaren ist die Vorstellung, dass die Menschen im Mittelalter kaum gebadet hätten. Mit der Ächtung der Naturmythologie durch die Kirche galt zwar auch das

Bad als heidnischer Brauch, aber selbst in Rom wurde es weiterhin genossen. Die Vorstellung, die Menschen seien früher schmutzig und von Ungeziefer befallen gewesen, trifft für das 18. und 19. Jahrhundert zu, aber nicht für die Zeit davor.

Die ältesten schriftlich dokumentierten Zeugnisse von Bädern auf dem Gebiet der Schweiz stammen aus dem ausgehenden Mittelalter, als die Mineralquellen von Pfäfers, Leukerbad und St. Moritz weitherum bekannt waren. Doch überall, wo Menschen lebten, boten die Betreiber von so genannten Badestuben ihre Dienste an. Die Bader oder Scherer schnitten ausserdem Haare und Bärte, versorgten Wunden, behandelten Pickel und Beulen, verabreichten Massagen und wirkten bei Bedarf auch als Ärzte, Chirurgen und Zahnärzte.

Im 17. Jahrhundert wurde der Besuch der Alpenbäder zu einem gesellschaftlichen Ereignis für eine internationale Kundschaft, was den Heilbädern zu einem wachsenden Zustrom verhalf. Das Badegewerbe begann aufzublühen, und aus den einfachen Gasthäusern mit Badestuben entstanden allmählich die ersten mondänen Kurhäuser. Im 18. Jahrhundert wurden die Bäder zu sprudelnden Geldquellen für Private und Gemeinden. Die Vergabe von Badelizenzen wurde schnell auch zu einem Politikum, denn an heilenden Quellen mangelte es offenbar nicht, und jedes «Bedli» wollte am Aufschwung teilhaben. Ähnlich wie zur Zeit der alten Griechen und Römer wurden die bekannten Badeorte wieder zu gesellschaftlichen und kulturellen Zentren der Mächtigen, Reichen und Gebildeten. Ob Dichter, Maler, Philosoph, Staatsmann, Bankier oder Musiker, alle erholten sich in den Bädern und knüpften dort ihre Kontakte, gesellschaftliche und, wo keiner hinschaute, auch intime. Wie sehr Badekuren Geist und Körper anzuregen vermögen, erlebte Goethe, der als 75-Jähriger in Marienbad derart von der Liebe erfasst wurde, dass er eine 19-jährige Frau heiraten wollte.

Auch die vielen Volksbäder, die damals in allen Regionen ihre Dienste anboten, wurden rege besucht. Sie waren Gasthäuser, Kulturzentren und Badeanstalten in einem, und zu ihren Gästen zählten vor allem Einheimische aus der näheren Umgebung. Ganz im Geist der Antike wurde in den durchwegs bei Quellen angelegten Bädern diskutiert, musiziert, getanzt, gefeiert und gebadet. Seit der Zeit der Griechen und Römer ist der Badebetrieb mit bis zur Promiskuität reichenden Lustbarkeiten verbunden. Die wilden Geschichten über die Volksbäder in der Schweiz sind durch zahlreiche Verbote und Verordnungen landesweit bezeugt. Diese untersagten unter anderem, Menschen und Gegenstände in das Wasser zu werfen oder in den mit fröhlichen Menschen gefüllten Badestuben das Licht zu löschen. Die meisten der Bäder, die damals bloss einige Badezuber anboten, dienten eben auch als Festhütten, in denen es bisweilen so angeregt zu und her ging, dass der alte Pan seine Freude daran gehabt hätte. Die legendäre Lebenskraft und Libido dieses Gottes wurde übrigens unter anderem seinen häufigen Bädern in Quellwasser zugeschrieben.

Wenn auch, wie schon Hippokrates sagte, Lebensfreude die beste Medizin ist, entscheidet in diesem Fall wohl ebenso die Dosis darüber, ob sie Heiltrank oder Gift ist. Wo es lediglich um Saufen, Prassen und Buhlen ging, wie ein Chronist schrieb, kamen echte Freude, Entspannung und Gesundheit sicher zu kurz. Diese frivole Seite des Badewesens sollte jedoch nicht überschätzt werden, denn viele Menschen suchten im Bad vor allem Heilung und Wohlbefinden.

Kräuterbäder

Die Anwendung von Kräuterbädern ist wahrscheinlich so alt wie die Naturheilkunde.

Die Badefrauen der berühmten Badestuben im Berner Mattequartier, die unter anderen auch Casanova sehr schätzte, waren grosse Kennerinnen der Pflanzenkräfte und veredelten die Bäder mit Kräuteraufgüssen. Der spezifische Effekt bestimmter Kräuter bildet zusammen mit der allgemeinen Wirkung des Quellwassers gewissermassen eine höhere Potenz. Geschätzt wurden auch die entspannenden oder anregenden Wirkstoffe verschiedener Pflanzen. Zahlreiche Rezepte sind in der Volksmedizin erhalten geblieben, viele weitere sind aber während des Wütens der Inquisition verloren gegangen. Nicht nur wurden unzählige von Menschen, vornehmlich Frauen, ermordet, mit ihnen ging auch ihr Wissen und ihre wertvolle Erfahrung im Feuer auf. Obwohl damit ein wesentlicher Teil unseres kulturellen Erbes durch fundamentalistische Fanatiker zerstört wurde, hat das Wissen über die Kräuterheilkunde die finsteren Jahrhunderte auf wunderbare Weise überlebt und ist heute wieder Teil der allgemeinen Heilkunde. Zahlreiche Heilerinnen verwenden für ihre Kräuteraufgüsse ausschliesslich frisches Quellwasser, und auch etablierte Badehäuser bieten wieder Kräuterbäder an.

Nach Sergius Golowin, der die schweizerische Badekultur wie kein anderer kennt, wurden allein im Kanton Bern über zweihundert «Bedli» betrieben, wie man die Volksbäder in der Mundart nennt. Ausserdem gab es praktisch in jedem Dorf öffentliche Badestuben, die damals ebenfalls mit frischem Quellwasser aus der unmittelbaren Umgebung gespeist wurden. Wir dürfen also davon ausgehen, dass auf dem Gebiet der Schweiz weit über tausend Badebetriebe zu finden waren.

Die Angst vor übertragbaren Krankheiten und der zunehmende Puritanismus führten ab dem Beginn des 19. Jahrhunderts zu einem raschen Niedergang der noblen wie der volkstümlichen Badehäuser. Als ob man sich des Ursprungs der Badekultur erinnerte, zogen einige wieder in die abgelegenen Wildbäder, meistens Mineral- und Thermalbäder inmitten der natürlichen Landschaft.

Heute sind von den Hunderten von Bädern nur noch knapp zwanzig in Betrieb. Viele Quellen, die einst die Bäder spiesen, fliessen nun in einen Bach oder in ein Kanalisationsrohr. Mit dem zunehmenden Bewusstsein für den Wert frischen Quellwassers werden sie möglicherweise in neuer Frische erstehen, gelten doch Quellen seit je als Orte der Erneuerung. Die Möglichkeit, in lokalen Quellbädern Gesundheit, Wohlbefinden und Lebensfreude zu stärken, erscheint heute geradezu ideal. Wie erwähnt fliessen viele der Quellen noch, und möglicherweise erwachen die traditionellen Bäder bald wieder aus ihrem Dornröschenschlaf, denn Wellness ist heute gefragt und in aller Touristiker Munde. Früher sprach man von Wohlbefinden, und das pflegte man vor allem in den Bädern. Diese müssen keineswegs mondäne Anlagen sein, im Gegenteil, in einer natürlichen, schlichten Atmosphäre kommt die Kraft der Natur am besten zum Wirken. Und schliesslich sollten die Bäder nicht nur für gut Betuchte erschwinglich sein, sondern der allgemeinen Gesundheitsvorsorge dienen. Neben Kräuterbädern könnten auch andere klassische oder alternative Therapiemethoden angeboten werden, wie sie heute von einer Vielzahl von Menschen praktiziert werden.

Als Alternative zum globalisierten Tourismusgeschäft wird Eigenart zum Trend einer Zukunft, in der lokale Bäder wieder eine ideale Kombination von Gesundheit, Vergnügen und Kultur bieten. Wer würde sich nicht gerne in einem idyllisch gelegenen «Bedli» entspannen, um anschliessend in der Gaststube eine Mahlzeit aus biologischen Nahrungsmitteln der Umgebung einzunehmen und dabei ein Stück lokale Kultur zu geniessen? Diese darf durchaus zeitgemäss sein, denn das war sie zur Zeit der alten Badekultur auch. Dabei würden die alten Quellbäder nicht nur von der einheimischen Bevölkerung geschätzt, sondern auch von Gästen, die sich für die Eigenart des Landes interessierten. Da zurzeit die Wirtschaftlichkeit oberstes Gebot ist, sei darauf hingewiesen, dass durch die Wiederbelebung der volkstümlichen Badekultur auch qualifizierte Arbeitsplätze für die lokale Bevölkerung geschaffen würden.

Brunnen

Anfänglich lagerten und siedelten Menschen bei Quellen, die später zu ihren Hof- und Dorfbrunnen wurden. Mit dem Übergang von der natürlichen Quelle zum gefassten Brunnen wurde auch der Mythos übertragen. Wie wir der griechischen und römischen Mythologie entnehmen können, wurden manche Quellbrunnen im Altertum ebenso verehrt wie die natürlichen Quellen. Auch im Alpenraum wurden die meisten der tradierten Quellbräuche ebenso bei Brunnen abgehalten.

In den Bergregionen und Hügelgebieten der Schweiz fliessen noch unzählige Quellbrunnen, sei es als Weide-, Hof-, Garten- oder Dorfbrunnen. Viele von ihnen werden von Quellen gespeist, die einst als heilig oder heilend galten. Wenn Sie nicht gerade in den Flusstälern des Mittellands leben, plätschert wahrscheinlich auch in Ihrer Nähe ein Quellbrunnen, womöglich sogar einer, dessen heilende Wirkung einst geschätzt wurde. Besondere Namen und die Verbindung mit Legenden oder Sagen sind zuverlässige Hinweise auf die Heilkraft eines Wassers.

Es würde den Rahmen jedes Buches sprengen, sämtliche Heil- und Heiligenquellen erwähnen zu wollen, aber glücklicherweise findet sich fast in jedem Ort noch jemand, der die lokalen Brünnlein kennt. Ein grosser Teil dieser Brunnen ist seit Menschengedenken gefasst.

Das Tor zur goldenen Zeit

Die folgende Sage belegt den Glauben, dass nicht nur frei fliessende Quellen, sondern auch Brunnen als Verbindungen zur Anderswelt galten.

Zur Zeit des Alten Bern wohnte im Bremgartenwald ein Mann, der sich in der Gesellschaft der Tiere und Pflanzen wohler fühlte als unter Menschen. An einem versteckten Ort oberhalb einer zur Aare abfallenden Felswand hatte er sich eine Hütte gebaut und lebte wie einst die

Walddruiden von dem, was ihm die Natur und einige freundliche Menschen gaben. Nach Einbruch der Dunkelheit ging er jeweils zum Glasbrunnen, wo er ungestört dem Plätschern und Rauschen des Wassers lauschte. Als er dabei einmal in Halbschlaf fiel, hörte er die Geräusche des Brunnens allmählich lauter werden und zu einem bedrohlichen Dröhnen anschwellen. Erschrocken schaute der Einsiedler auf und sah im fahlen Mondlicht eine kopflose Gestalt wie aus fauligem Fleisch und vermodertem Holz hinter dem Brunnen stehen. Mit langen Krallenfingern fischte das seltsame Wesen umständlich einen fratzenhaften Kopf aus dem Wasser, der die blutunterlaufenen Augen rollte. Aus dem hässlich grinsenden Maul triefte grün schimmernder Speichel und die aufgeschwollene Zunge hing bis über das Kinn herunter. Der Mann beobachtete, wie die Gestalt den Kopf an den Haaren in die Höhe hob und auf ihren Hals setzte. In diesem Moment war der ganze Spuk vorbei, und am Brunnen stand nun eine hell strahlende Frau, deren Schönheit alles überstieg, was er je gesehen hatte. «Schau dich gut um, und behalte alles im Gedächtnis», sagte sie mit melodiöser Stimme und zeigte mit einer kreisenden Bewegung ihrer Arme in die Runde. Der Wald war erfüllt von den Lichtern tanzender Elfen, und alles glänzte und funkelte, dass dem Mann war, als sähe er das Paradies. «Orte wie diesen gibt es überall auf der ganzen Erde, damit aufrichtige Menschen sehen können, dass die alten Geschichten von der goldenen Zeit keine Erfindung sind», fuhr die Frau fort. «Sie ist zwar vergangen, aber wie nach jedem Winter der Frühling zurückkehrt, wird auch sie wiederkommen, sobald die Menschen gelernt haben, die Schöpfung und ihre Wesen zu achten.» Schliesslich fragte sie den Mann, weshalb er beim Anblick der grausigen Gestalt nicht erschreckt davongerannt sei, worauf er antwortete: «Weshalb soll sich einer, der gesehen hat, wie Verblendung, Zorn und Gier unter den Menschen wütet, vor einem Waldungeheuer fürchten?»

Die Geschichte ist ein klassisches Beispiel dafür, wie sich bei gewissen Brunnen Tore zu einer anderen Ebene der Wahrnehmung öffnen können. Zuerst muss man sich allerdings einem der furchterregenden Wächter stellen, die traditionell solche Übergänge vor Unbefugten schützen. Es ist natürlich die innere Furcht, der man sich stellen muss, die Angst vor dem Unbekannten, vor einer Kraft, über die man keine Kontrolle hat. Das Motiv des abgetrennten Kopfes weist auf die Ursache dieser Urangst, denn sobald die grausige Gestalt den Kopf auf den Körper gesetzt hat, verwandelt sie sich in die strahlende Frau. Der Vorgang ist ein Gleichnis dafür, dass die Dämonen erst durch die Trennung

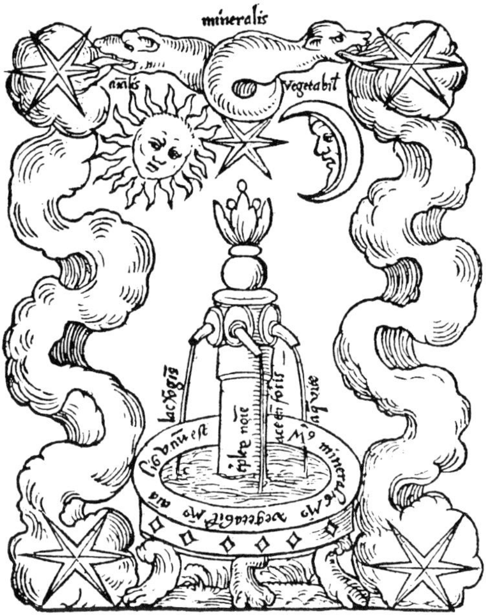

Alchemistischer Lebensbrunnen.

des Lebens in Gut und Böse, Gott und Teufel erschaffen werden. Solange das Bewusstsein in dieser Dualität gefangen ist, nimmt es die unsichtbaren Kräfte der Natur als bedrohend wahr. Dieser Zustand kann durchaus mit einem Albtraum verglichen werden, denn jenseits der Dualität von Kopf und Körper oder von schöpfender Kraft und Schöpfung ist das Leben und damit auch alles in der Natur ein wunderbarer Vorgang, was übrigens alle spirituellen Erfahrungen und Lehren der Menschheit bestätigen. Die kleine Geschichte illustriert einmal mehr, dass Quellen ideale heilige Orte sind, um das Leben als Ganzheit zu erfahren, Tore in die Anderswelt, wo «sich Licht und Schatten zu reiner Klarheit gatten», wie Novalis treffend sagte. Die geheimnisvolle weisse Frau, die über Jahrhunderte beim Glasbrunnen gesehen wurde, kann durchaus als lokale Quellgöttin verstanden werden. Ihr wird auch die aussergewöhnliche Reinheit des aus dem Jungfraugebiet stammenden Wassers zugeschrieben.

Zurück
zu den Quellen
in die Zukunft

Sprudelnde Lebenskraft vom Brunnen.

Der gelebten Beziehung zur Natur und damit zu Quellen kommt gerade in unserer Zeit eine wichtige Bedeutung zu; damit soll aber nicht die Wissenschaft ignoriert oder für das Weltbild des Altertums missioniert werden. Im Gewebe des Lebens wirken materielle, energetische und spirituelle Schwingungsfelder zusammen, die nicht in Begriffe gefasst und damit getrennt werden können. Gerade das Thema Wasser ist ein ideales Beispiel dafür, wie sich scheinbar entgegengesetzte Auffassungen der Wirklichkeit ergänzen und zumindest in manchen Teilen bestätigen. Wir haben in den letzten Jahrzehnten erlebt, wie Wissenschaftler zu Mystikern wurden und Mystiker sich auf wissenschaftliche Forschungsergebnisse stützten, ohne dabei ihre Vorgeschichte zu leugnen. Der Wandel eines Weltbilds, wie wir ihn zurzeit erleben, beruht auf dem Zusammenwachsen, auf einer Synthese aus den Erkenntnissen der Wissenschaft und der unmittelbaren Erfahrung der Naturkräfte zu einem neuen Verständnis des Lebens, das mit unserem Wissen und Erleben übereinstimmt.

In klapprigen Autos oder sogar nur in Ledersandalen begann [in den Sechzigern] eine Pilgerreise zu den Orten, die man als Kraftplätze ansah, und in deren Umkreis man den Ursprung aller zeitlosen Überlieferungen erwartete.

Sergius Golowin

Es scheint, als führe der Weg in die Zukunft grundsätzlich mitten durch den Widerspruch zwischen Denken und Wahrnehmung. Am Ende des von der christlichen Mystik geprägten Mittelalters entwickelten die kreativen Menschen der Renaissance (wörtlich «Wiedergeburt») ein neues Weltbild. Dabei stützten sie sich auf die Erkenntnisse der jungen, im Sturm die Dogmen widerlegenden Wissenschaft und wandten sich gleichzeitig den Mythen und der Naturphilosophie der antiken Welt zu. Die Menschen der Renaissance blickten zwar zurück, aber nicht in Nostalgie, sondern von einer Aufbruchstimmung getragen. Es scheint, als ob sich die Gesellschaft seit Mitte des letzten Jahrhunderts in einer ähnlichen Phase der Erneuerung befindet. Wie in den vorangegangenen Zeitenwenden führt der Weg in die Zukunft wahrscheinlich auch heute nicht an einer Rückbesinnung auf die kulturelle Herkunft vorbei. Die urgeschichtlichen Kulturen des Alpenraums bilden gewissermassen die Fundamente unseres geistigen Erbes. Die Quellen als Manifestationen des Ursprungs des Lebens und Nabel der Welt verfügen über die tradierte Kraft, uns auf die Spuren hinzuweisen, die zu den Wurzeln des Lebensbaums zurück in die Zukunft führen. Übrigens heissen noch heute verschieden Quellen auf dem Gebiet der Schweiz, wie etwa die Bachquelle bei Heiden, die Rheinquelle beim Oberalppass, eine gefasste Quelle am Buochserberg oder ein Quellbrunnen in Faulensee, Ursprung.

Wenige mögen bei einer Quelle tatsächlich den Ursprung des Lebens wahrnehmen, aber viele fühlen sich an diesen Orten mit einer Kraft oder einem Numen verbunden, das jenseits von Namen und Bildern liegt. Bei Quellen lässt sich eine Offenheit des Herzens erleben, die über alle Vorstellungen und Spekulationen des Gehirns hinausgeht. Sie gehören auch heute zu jenen Orten, wo Menschen der verschiedensten Glaubensrichtungen ihre Beziehung zur Gottheit pflegen, nicht selten am selben Ort und zur selben Zeit. Wir haben verschiedentlich erlebt, wie Katholiken, Protestanten, Naturmystiker und Schamanen alter Völker den heiligen Quellen unserer Vorfahren ihre Verehrung erwiesen. An welche Gottheit sie auch immer gerichtet ist, gilt sie stets dem einen namenlosen, ungeteilten Quell, aus dem die Myriaden von Universen und ihre unzähligen sichtbaren und unsichtbaren Wesen hervorgehen.

Ich achte die Bücher ebenso wie das, was sie nicht sagen.

Taliesin, keltischer Barde

In seinem Buch «Einsichten und Ausblicke» fasst Albert Hofmann die Kernbotschaft der Naturmythologie auf treffende Weise zusammen. «Da die Schöpfung die materielle Form, die Manifestation, die Verwirklichung der göttlichen Idee darstellt, sendet die Schöpfung ununterbrochen die göttliche Idee aus. Die Schöpfung enthält die Botschaft, *ist* die Botschaft ihres Schöpfers an seine Geschöpfe, die sie empfangen können, an die Menschen. Der grosse Arzt, Naturwissenschaftler und Philosoph der Renaissance, Paracelsus, gebrauchte eine andere Metapher, um dieser Tatsache Ausdruck zu verleihen. Er nannte die Schöpfung ein Buch, das der Finger Gottes geschrieben hat, welches zu lesen wir lernen müssen. Anstatt aber dieses Buch, welches die Offenbarung aus *erster Hand* enthält, zu studieren, halten wir uns meistens an von

Menschenhand verfasste Texte. Anstatt unsere Sinne, unseren Verstand zu öffnen für die Botschaft der Unendlichkeit des Sternenhimmels und der Schönheit unserer Erde mit all ihren wunderbaren Kreaturen im Pflanzen- und Tierreich, verharren wir bei unseren persönlichen Problemen, eingekapselt in eine enge, egoistische Weltschau. Wir vergessen darüber das Allerwichtigste, dass wir aufgrund unserer körperlichen und geistigen Existenz Teil der göttlichen Schöpfung und des alles durchdringenden Geistes sind und dass jeder einzelne von uns ‹alleiniger Erbe der ganzen Welt› ist. Diese Wahrheit schliesst ein, dass es keine Schranke gibt zwischen Subjekt und Objekt, zwischen dem Ich und dem Du, dass Dualismus eine Konstruktion unseres Intellekts ist.»

Wanderungen

Zu den Wanderungen

Viele der verbliebenen frei fliessenden Quellen sind schützenswerte empfindliche Biotope. Ins Buch wurden nur solche aufgenommen, die, ohne Schaden zu hinterlassen, besucht werden können. Ausserdem wurden aus Rücksicht auf die Natur und zur leichteren Auffindbarkeit nur Wanderungen entlang markierter Wanderwege oder Bergpfade aufgenommen. Bei Wanderungen ohne weitere Höhenangabe handelt es sich um praktisch eben verlaufende Spazierwege. Die Natur dankt es uns, wenn wenig begangene Landschaften geschont werden. Und wer nicht im Umgang mit Karte und Kompass geübt ist, weiss es sicher zu schätzen, von Wegweisern geführt zu werden. Schliesslich war es uns ein Anliegen, dass ein grosser Teil der Quellen von allen Interessierten, auch von Familien und älteren Menschen, besucht werden können.

> *Jeder und jede von uns hegt den Wunsch, einen Ort (oder mehrere) zu finden, wo man sich wohl fühlt, Kraft schöpfen kann, um ohne Zwang und unbelastet den Augenblick der Gegenwart bewusster geniessen zu können. Voraussetzung ist die Bereitschaft, sich zu öffnen.*
>
> Blanche Merz

Eine flächendeckende Bestandesaufnahme aller frei fliessenden Quellen hätte den Rahmen dieses Buches bei weitem gesprengt. Die auf den folgenden Seiten vorgestellten Quellen sind deshalb als Beispiele zu verstehen. Einige befinden sich in der Nähe von Siedlungen oder Strassen, haben aber ihre magische Kraft erstaunlicherweise kaum verloren.

Das Buch soll auch anregen, sich selbst auf Quellensuche zu begeben. Dies gilt insbesondere für Quellen in der Nähe Ihres Wohnortes, deren Wasser Sie regelmässig frisch trinken möchten. Um eine Quelle zu finden, muss man eigentlich nur einem Bach aufwärts folgen, wobei man sich aber möglicherweise teilweise auf privatem Boden oder in unerschlossenem und deshalb aus der Sicht des Naturschutzes wertvollem Gebiet bewegt. Zahlreiche Bäche beginnen bei Schotter- oder Sickerquellen, bei denen der Übergang zwischen feuchtem Boden und dem ersten Rinnsal fliessend ist. Nicht selten endet die Suche auch bei einem

Entwässerungsrohr aus Beton oder Kunststoff. Erkundigen Sie sich vor Ort und achten Sie vor allem darauf, den Uferbereich von Bach und Quelle zu schonen. In ländlichen Gegenden wissen oft Brunnenmeister, Bauern oder Jäger, wo noch naturnahe Quellen zu finden sind. Bei den Gemeindeverwaltungen können meistens auch geologische Karten eingesehen werden, auf denen die natürlichen Quellen eingezeichnet sind. Wahrscheinlich befinden sich in Ihrer Umgebung Quellen, die unnötig gefasst und eingedolt wurden. Am meisten können Sie für die fast verschwundenen Quellen tun, wenn Sie sich für die Renaturierung solcher Quellen einsetzen.

Verschiedentlich wurde darauf hingewiesen, dass wir in der Beziehung zur Natur nicht mehr erwarten dürfen, als wir zu geben bereit sind. Quellen beschenken jene, die sich ihnen mit Respekt nähern. Nach den Überlieferungen gilt ihre Beschädigung oder Beschmutzung als Frevel, als Vergehen gegen die Schöpfung, das für die Täter unangenehme Konsequenzen nach sich zieht. Schonen Sie daher die sensiblen Quellgebiete!

Die Signatur der Quelle

Auch wenn sie in unserer Zeit sehr verkümmert ist, besitzt der Mensch noch immer die Fähigkeit, die Landschaft zu lesen wie ein Buch. Das Vokabular der Sprache, in der dieses Buch geschrieben ist, nennt man in der europäischen Tradition Signatur. Diese universale Sprache der Natur äussert sich in Vorgängen und Formen, denen bestimmte Muster oder Zeichen zugrunde liegen.

Die Signatur einer Landschaft besteht aus zahlreichen verschiedenen Formen und Zeichen, die zusammen ihre innere Gestalt offenbaren. Die Signaturlehre gilt auch für jene Eigenschaften und Qualitäten von Landschaften, die sich nicht mit den Sinnen erfassen lassen. Zwar können die äusseren Signaturen als Hinweis dienen, doch um die feinstoffliche Kraft einer Quelle wahrzunehmen, müssen wir die Achtsamkeit auf unseren Organismus richten und beobachten, was in ihm vorgeht. Gefühle, Erinnerungen, körperliche Empfindungen, Gedanken oder innere Bilder sind persönliche Signaturen ihres Wesens. Beispiele und Anregungen, wie die Signatur einer Quelle gelesen werden kann, finden Sie bei den Wanderungen.

Das Schwingungsfeld der Quellen ist untrennbar mit der ganzen Landschaft verbunden, deren Energie sich bei ihnen konzentriert. Schon deshalb empfiehlt es sich, das Gebiet auf dem Weg dorthin zu durchwandern. Wer sich mit offenem Sinn und Geist auf die Landschaften einlässt, wird auch die Quellen besser «verstehen». Wichtig ist auch die Art, wie wir ankommen. Lassen Sie sich genügend Zeit, um sich im Quellgebiet umzuschauen und die kleinen Wunder zu entdecken. Das sinnliche Erleben der Natur führt zu einer anderen Wahrnehmung seiner selbst und schliesslich zu einer erhöhten Sensibilität für die feinstofflichen Schwingungen des Ortes.

Zum Schluss möchten wir Ihnen noch ein Zitat aus dem Buch «Quellgöttinnen, Flussheilige, Meerfrauen» auf den Wanderweg mitgeben.

Sie sind an einem heissen Sommertag auf einer Wanderung ohne Wasser unterwegs und kommen endlich an einem Brunnen vorbei. Sie halten Ihre Hand unter den Wasserstrahl und trinken. Dankbar richten Sie sich auf. Wem gilt dieses Gefühl?

Barbara Hutzl-Ronge

Rhonequelle bei Gletsch

Anreise: Furka-Oberalp-Bahn oder Postauto über Grimselpass bis Gletsch; Postauto von Gletsch nach Rhonegletscher/Hotel Belvedere

Belvedere (2170 m ü. M.)–Gletschertor (2150 m ü. M.)–Belvedere: 1 Std.
Auenweg bei Gletsch (1750 m ü. M.): 1 Std.

Der Rhonegletscher gilt allgemein als Quelle der Rhone. Tatsächlich rauscht der grösste Teil des jungen Flusses unter dem Eis hervor. Früher galt allerdings eine kleine Quelle hinter dem heutigen Hotel Glacier du Rhône in Gletsch als die eigentliche Rhonequelle. Wir empfehlen deshalb den Besuch beider Orte, beginnend mit dem Gletschertor.

Am Gletschertor.

Rhonegletscher

Der Rhonegletscher liegt in eine Talmulde eingebettet, im Westen von der Bergkette der Gerstenhörner, der Hinteren Gelmerhörner und dem Tieralplistock überragt. Auf dem Ostgrat türmen sich die eindrücklichen Gipfel von Dammastock, Rhonestock und Galenstock. Im Süden öffnet sich die Mulde in Richtung Gletsch und Oberwald ins Goms, wie das Rhonetal oberhalb Brig genannt wird. Der vom gezackten, schroffen, über 3600 Meter ansteigenden Felsenkranz umgebene Gletscher hat eine hochalpine Ausstrahlung, obwohl er nur auf einer Höhe von etwas über 2000 Meter ü. M. liegt.

Während der letzten Eiszeit war der Rhonegletscher mit seiner über dreihundert Kilometer Länge der grösste Eisstrom der Alpen. Von ihm mitgeführte Findlinge lassen sich noch heute bis im Raum Solothurn finden. In der anschliessenden Wärmephase schrumpfte der Gletscher gewaltig. Während der Kleinen Eiszeit zwischen dem Ende des Mittelalters und etwa 1850 nahm er wieder zu und reichte bis zum heutigen Gletsch. Seither ist er erneut auf dem Rückzug, der sich allerdings zunehmend beschleunigt. Noch in den dreissiger Jahren reichte seine Zunge bis zum Talboden hinunter. Heute liegt die Gletscherstirn oberhalb der vierhundert Meter hohen Granitwand, die den Talkessel ab-

Schäumende Gletschermilch.

schliesst. Die östliche Hälfte des glatt polierten Felsabsturzes ist an warmen Tagen vom herunterschäumenden Schmelzwasser wie von einem Schleier bedeckt, der aus der Nähe betrachtet aus mächtigen Wassergüssen besteht.

Gletscherweg

Der Weg zum Wasseraustritt führt vom Restaurant Belvedere beim Souvenirladen vorbei in Richtung Eisgrotte. Dort, wo der Pfad zur Grotte nach rechts abbiegt, suchen wir eine geeignete Stelle, um den Gletscher zu betreten und wandern über das Eis zur gegenüberliegenden Talseite. Vom extrem gefährlichen Weg zwischen Gletscherstirn und Abgrund muss dringend abgeraten werden, denn dort können sich jederzeit Eisbrocken lösen und die Wanderer mitreissen. Gletscherübergänge bergen immer ein gewisses Risiko, das einzugehen jedem Leser selbst überlassen bleibt. Wer kein erfahrener Berggänger ist, sollte sich auf keinen Fall allein auf den Weg machen. Mit Achtsamkeit und gesundem Menschenverstand ist die etwa zweihundert Meter lange Strecke aber nicht gefährlicher als viele unserer oft begangenen Bergwege.

Den Rissen und ausgewaschenen Rinnen oberhalb der Gletscherstirn bergwärts ausweichend, gehen wir in Richtung eines vorgesetzten Felsens auf der anderen Talseite. Ein Gletscher ist immer in Bewegung und schmilzt im Sommer an der Oberfläche ständig ab; deshalb fehlen auch Markierungen und Fussspuren auf dem Eis. Aber mit etwas Gespür erreichen Sie kurz vor der Seitenmoräne eine Stelle, an der man über den Felsen und Geröll links hinunter zum Wasseraustritt absteigen kann. Sind Sie zu weit bergwärts gewandert, blicken Sie auf einen offenen Wasserlauf unmittelbar am Gletscherrand und etwa hundert Meter oberhalb auf ein kleines Eistor. Diese unverfälschte Gletscherlandschaft ist zwar auch einen Besuch wert, gilt aber nicht als die Rhonequelle. Diese erkennen Sie daran, dass das Wasser einige Meter nach dem Austritt über die steile Felswand hinunterfällt. Wie überall an exponierten Stellen in den Bergen gilt es, sich vorsichtig zu bewegen und genügend Abstand zum Abgrund zu halten. Zurück gehen wir in Richtung des gut sichtbaren Gebäudes des Souvenirladens und verlassen den Gletscher dort, wo wir ihn betreten haben.

Das Gletschertor

Gletscher werden von Niederschlägen gespeist, die anstatt oberflächlich abzufliessen oder im Untergrund zu versickern, zu Eis werden.

Das Schmelzwasser der Gletscher zählt also nicht zum Grundwasser, weshalb das Gletschertor nicht ein Grundwasseraustritt ist und demnach nicht als Quelle im eigentlichen Sinn gilt. Die Eishöhle, wo das Schmelzwasser unter dem Eis des Rhonegletschers hervortritt, als Quelle der Rhone zu bezeichnen, ist zwar geologisch nicht ganz korrekt, aber auch nicht falsch. Bei manchen anderen Flüssen wie etwa der Aare gilt das Gletschertor ebenfalls als Quelle. Auch der weltbekannte Ganges tritt aus dem so genannten Kuhmund unter dem Gletschereis hervor, was Millionen Menschen nicht daran hindert, den Ort als ihre heiligste Quelle zu verehren. Ausserdem werden in vielen Fällen «echte» Quellen durch das Schmelzwasser eines nahen Gletschers gespeist, das oft nur einen kurzen Weg durch den Untergrund zurücklegt.

Allerdings unterscheidet sich normales Grundwasser deutlich von Gletscherwasser. Durch Druck und Reibung der Eismassen wird das Gestein zu feinem, pulverförmigem Sand gemahlen, der vom Wasser mitgeführt wird. Das Rhonewasser ist deshalb bereits beim Gletschertor stark mit Mineralien angereichert, was ihm seine milchig-weisse Farbe verleiht. Wegen dieser typischen Trübung wird glaziales Schmelzwasser in den Alpen Gletschermilch genannt. Auch der Geschmack der jungen Rhone unterscheidet sich von anderen Quellwässern. Wegen der hohen Konzentration an Stoffen ist eine eigentliche Trinkkur wohl nicht zu empfehlen, aber ein tüchtiger Schluck wird niemandem schaden. Fein gemahlenes Gesteinsmehl soll sogar ausgesprochen gesund sein, wie mir Naturheilkundige immer wieder versichert haben.

Noch ist wenig erforscht, wie die Schwingungen des Gesteins das Gedächtnis des gefrorenen Wassers prägen, doch ist davon auszugehen, dass Gletscherwasser auch energetisch mehr als nur aufgetautes Niederschlagswasser ist. Ein Teil davon hat seit Jahren oder Jahrzehnten nicht mehr am Wasserkreislauf teilgenommen. Während der langen Lagerdauer haben die Bodenkräfte ebenso wie kosmische Energien auf das Wasser eingewirkt, und es ist anzunehmen, dass es dabei ebenso Informationen aufnahm wie Quellwasser.

Unabhängig davon kann jeder Besucher mit eigenen Augen sehen, wie aus dem Gletschertor ein Fluss entspringt. Und wie bei anderen stark schüttenden Quellen ist die Atmosphäre mit Energie geladen. Der Bereich zwischen dem starren Gletscher und dem Abgrund wirkt wie ein natürlicher Kraftgenerator. Die vom schäumenden Wasserfall vitalisierte Luft und die Schwingung des aus dem Eis strömenden Wassers wirken sehr anregend.

Faszinierend und inspirierend wirkt auch das sinnlich fassbare Zusammenspiel von Eis, Wasser und Granit, dessen Farben und Strukturen sich vom glatt geschliffenen Grundfelsen abheben. Bei aller Schönheit hat der Ort eine wilde und rauhe Ausstrahlung. Das Gletschertor ist kein Platz für fröhliche Feste, aber ein ausserordentlicher Kraftort, der niemand unbeeindruckt lässt. Im Bild des Leben spendenden Wassers, das unter dem starren Eis hervorfliesst, zeigt sich die Signatur der Gletscherquelle. Im Wandel von Regenwasser über Eis zu Schmelzwasser zeigt sich ein Gleichnis des Kreislaufs von Tod und Leben. In dem Vorgang wird auch die Verbindung zwischen Quelle und Sonne deutlich, ohne deren Kraft das Wasser nicht ins Leben zurückkehren würde. Solche Gletscherquellen gelten überall im Himalajagebiet als besonders heilig, weshalb man dort bei ihnen stets auf Frauen und Männer trifft, die ihr Leben Gott weihen. An einem solchen Ort erzählte mir einmal ein nur von seinem hüftlangen verfilzten Haar bedeckter Sadhu mit leuchtenden Augen, dass er dort im Zustand der Entrückung hören könne, wie der Gott Shiva und seine Gattin Parvati über die höchsten Erkenntnisse und tiefsten Geheimnisse des Lebens sprechen.

Es liegt in der Natur aller fühlenden Wesen, am Leben zu hängen und den Tod zu fürchten. Beim Gletschertor der Rhone wird man an die zeitlose Wirklichkeit jenseits von Leben und Tod erinnert. Wir befinden uns an einer Schnittstelle zwischen Eis und Wasser, Diesseits und Jenseits, Licht und Schatten, einem Ort, wo sich die Gegensätze zu einem Ganzen verbinden. Wer sich den Schwingungen bei dem mitten in einer kraftvollen Berglandschaft liegenden Gletschertor öffnen kann, wird hier vom Hauch der Ewigkeit gestreift.

Die Wiesenquellen

Ganz anders ist die Stimmung bei den kleinen Wiesenquellen von Gletsch. Unmittelbar hinter dem Hotel Glacier du Rhône liegt ein kleiner Moränenhügel. Zwischen ihm und dem westlichen Ende der Talfläche liegt ein kleines Weidegebiet mit zwei Quellen. Eine liegt etwa in der Mitte der Weide; ihr Bächlein fliesst in östlicher Richtung hinter der Kapelle hindurch zur Rhone ab. Die andere drückt unmittelbar am Fuss des östlichen Abhangs aus dem Boden und rinnt hinter dem Hotel entlang in südlicher Richtung zur Strassenkreuzung hinab. Ausserdem liegt etwas nördlich ein Feuchtgebiet mit einem kleinen Tümpel, der von drei Quellaustritten gespeist wird und etwas oberhalb der Kapelle als Bach in die Rhone abfliesst. Zu diesen drei Quellen gelangt man über den

Tümpel der Rhonequelle vor dem Gletscher.

zum Gletscher führenden Bergpfad. Etwa 250 Meter nach der Strasse sehen Sie zwanzig bis dreissig Meter rechts unterhalb das Wasser aus dem Boden treten.

Dr. Meyer-Arens spricht in seinem 1860 erschienenen Buch über Heilquellen und Kurorte der Schweiz von den drei Rhonequellen bei Gletsch, die eine Wassertemperatur von 18 Grad aufweisen und leicht mineralhaltig sein sollen. Wegen der hohen Wassertemperatur blieb die Umgebung im Winter teilweise schneefrei und grün. Welch ein Bild: Drei Quellen als Oasen der Vegetation inmitten von Eis und Schnee! Natürlich lässt ihre Zahl an die bei heiligen Quellen verehrte Dreifache Göttin denken. Und diese Signatur passt deshalb vorzüglich zur Quelle eines bedeutenden Flusses wie der Rhone. Doch von offizieller Seite und auch vor Ort hört man lediglich, dass diese aus dem Gletscher entspringe. Nur der Wirt des Restaurants Belvedere wusste noch, dass früher der von den drei Quellen gespeiste Tümpel im Feuchtgebiet hinter Gletsch als Ursprung der Rhone galt.

Es lässt sich nachvollziehen, warum man damals nicht den Gletscher, sondern die kleinen Quellen als Ursprung der mächtigen Rhone empfand. Wir haben gesehen, dass Quellen vor allem deshalb als heilige Orte verehrt wurden, weil ihr Wasser aus dem Inneren der Mutter Erde hervorquillt. Vor der erwähnten Kleinen Eiszeit war die Wiese nicht vergletschert. Die drei Quellen bildeten also tatsächlich den Anfang des obersten in die junge Rhone abfliessenden Bächleins und damit nach der heute gebräuchlichen Definition die Quelle der Rhone.

Die Kelten und möglicherweise bereits ihre Vorfahren erlebten ihre Flüsse als Manifestationen von Göttinnen und gaben ihnen deren Namen. Wahrscheinlich geht der Name der Rhone weit in die Frühgeschichte zurück; man kann über eine Wurzelverwandtschaft zwischen dem Verb «rinnen» und Rhone mutmassen oder von *rone* auf die Quellgöttin Si*rona* schliessen. Ohne Zweifel aber galt im Altertum die Göttin eines der bedeutendsten europäischen Flüsse wie der Rhone als ebenso lebenswichtig und mächtig wie dieser Fluss und wurde demnach besonders an ihrem Ursprung bei den drei Quellen hinter Gletsch verehrt. Blickt man von den Gebäuden und Strassen weg, zeigt sich das Bild eines klassischen Naturheiligtums. Inmitten der eindrücklichen Bergarena gelegen, strahlt der Ort noch immer eine Stimmung aus, die einen antiken Kultort erahnen lässt. Wer die Quellen besuchen will, sei gebeten, das Feuchtgebiet nicht zu betreten, denn seine Flora und Fauna reagiert auch hier äusserst empfindlich auf Störungen.

Ein neuer Kulthügel

Der aus der feuchten Umgebung herausragende längliche Moränenhügel wurde zwar erst zwischen 1640 und 1740 vom Gletscher aufgeschüttet, aber er wirkt wie ein natürliches Zentrum des Kraftortes Gletsch. Hier sitzt man auf dem Trockenen und kann die Stimmung des Quellgebiets auf ideale Weise geniessen. Dadurch schonen wir ausserdem das fragile Quellbiotop, das nach dem antiken Weltbild als intimster Wohnbereich der Göttin gilt. Der längliche, nach Nordosten ausgerichtete Moränenhügel besteht aus einem bunten Gemisch von groben Blöcken, Steinen, Kies, Sand und feinstem Lehm. Vor über dreihundert Jahren wurde er von den ersten Pflanzen besiedelt, die sich über die Jahre hinweg auf den für sie idealen Standorten niederliessen. In den feuchten Mulden an seinem Fuss wachsen Sumpfveilchen und Dotterblume, an den trockeneren Hängen Alpenrosen und Trichterlilien und auf der trockenen Kuppe Besenheide und Alpenazalee. Und wo keine dieser Pflanzen mehr wachsen kann, gedeiht auf kleinsten Mengen Humus immer noch die Wasser speichernde Berghauswurz.

Während man beim Gletschertor kaum anderen Besuchern begegnet, treffen sich an schönen Feiertagen Hunderte beim Hotel Glacier du Rhône. Hier münden nicht nur zwei Passstrassen ineinander, in Gletsch ist auch eine Station der beliebten Furka-Dampfbahn. Das Hügelchen und die Quellenwiese werden aber kaum besucht. An Werktagen ist es auch in Gletsch wesentlich ruhiger, insbesondere wenn das Wetter nicht zu einer Passfahrt lädt.

Auenlandschaft

Zwischen Gletsch und dem Ende des Talkessels hat der Gletscher auf seinem Rückzug Raum für eine weitgehend naturbelassene Auenlandschaft geschaffen. Nachdem die Eismassen abgeschmolzen waren, entstand zuerst eine kahle Landschaft, die jedoch rasch von den ersten Pflanzen besiedelt wurde. Ein Blick gegen das Talende zeigt die typische Vegetationsfolge eines Gletschervorfelds: Im Vordergrund ist die Pflanzendecke geschlossen und sogar mit Büschen und kleinen Bäumen durchsetzt, während zum Gletscher hin der Bewuchs abnimmt, bis nur noch Steinschutt zu sehen ist. Vom Parkplatz beim Hotel führt ein Naturpfad der Rhone entlang durch das Auenschutzgebiet, auf dem sich die typischen Pflanzen wie das Weidenröschen, die Silberwurz oder der Schildblättrige Ampfer aus der Nähe betrachten lassen. Der Rotten, wie die Rhone im Oberwallis genannt wird, fliesst allein durch die natürliche Dynamik des Wassers geleitet in verzweigten Armen durch die Schotterfelder. Inmitten dieser ausgesprochen jungen Landschaft fühlt man sich vom intensiv wirkenden Kraftfeld des schäumenden Bergbachs förmlich umhüllt. Diese einmalige natürliche Flusslandschaft inmitten der eindrücklichen Bergwelt ist allein schon einen Besuch wert.

Bergpfad zum Wasserfall

Von Gletsch führt ein Bergpfad der östlichen Bergflanke entlang in Richtung Rhonegletscher. Er endet aber unterhalb der Gletscherstirn und nur geübte Kletterer können von dieser Stelle aus das Gletschertor erreichen. Nach etwa einer dreiviertel Stunde erreichen wir die vom Eis glatt geschliffene Felswand, wo man eine fantastische Aussicht auf das Spiel des schäumenden Wassers und des hellen Granits geniessen und die stark mit anregenden Ionen angereicherte Luft förmlich riechen kann. Wem der Weg über den Gletscher zu beschwerlich ist, findet hier einen eindrücklichen Kraftort. Allerdings ist das Gelände steil, bleiben Sie daher auf dem Pfad.

Die Rhone

Der französischer Name des Wallis, Valais, bedeutet so viel wie «das Tal». Damit ist natürlich das Tal der Rhone gemeint, das den Kanton der Länge nach vom Rhonegletscher bis zum Genfersee durchzieht und geografisch prägt. Bei Brig nimmt der Strom das Wasser aus dem Aletschgletscher auf, dem grössten Gletscher auf dem Gebiet der Schweiz. Vorher und nachher fliessen ihr die Bäche aus den zahlreichen Seitentälern zu, weshalb sie bis zur Mündung in den Genfersee ihren Charakter als Bergfluss behält. Der Fluss bildet das geografische Zentrum eines uralten Siedlungsgebiets und sorgt dank seiner ausgleichenden Wirkung für ein ausgesprochen mildes Klima und fruchtbaren Boden. Von Genf fliesst die Rhone über Lyon durch Frankreich, bis sie nach achthundert Kilometern bei Marseille ins Mittelmeer mündet.

Wodan reitet auf der Rhone

Nach einer im Wallis verbreiteten Sage war Wode, der König der Berge, über die Verfolgung seiner Anhänger durch das Christentum erzürnt. Er rief die Naturgeister aus allen Tälern und Wildbächen des Wallis zusammen, um sich mit ihnen dem neuen Glauben entgegenzustellen. Auf den Wellen der brausenden Rhone reitend, stürmte Wode mit seinem Gefolge talwärts. Auf ihrem Weg vernichteten sie Kapellen und

Gebetsstöcke und verschütteten das Land der getauften Christen mit Geröll. Sie waren nicht mehr weit vom Genfersee, als sich ihnen bei Saint-Maurice der heilige Mauritius in den Weg stellte. Dem König der Berge und seiner wackeren Schar von Zwergen, Nymphen, Elfen und Feen blieb nichts anderes übrig, als sich hoch in die Täler zurückzuziehen, wo sie bis heute auf bessere Zeiten warten. Aber gelegentlich sieht man Wode und einige seiner Getreuen auf der sturmgepeitschten Rhone talwärts sausen, als wollten sie die Übung nicht verlieren.

Im noch heute ausgesprochen katholischen Wallis findet sich keine Sage, der nicht ein christlicher Sinn verliehen wurde. Entsprechend werden die Gestalten der alten Naturmythologie ausschliesslich negativ dargestellt. Die Sage von Wode birgt aber noch die Erinnerung an eine Zeit, als die Naturgeister die Alpen bevölkerten und mit den Menschen gute Beziehungen pflegten. Sie werden in der Sage zwar als Antichristen bezeichnet, doch Mauritius hat sie nicht endgültig vernichtet, sondern lediglich in die oberen Täler zurückgedrängt. Damit bestätigt sich, was in vielen anderen Sagen und Mythen dargestellt wird: Die Naturgottheiten und Elementarwesen sind nicht verschwunden, sondern haben sich bloss in die Berge zurückgezogen. Zwar macht die Sage keine genauere Angabe, wohin die guten alten Geister des Wallis entschwunden sind, aber was wäre ein besser geeignetes Rückzugsgebiet als bei den Quellen der Rhone?

Mit dem König Wode ist wohl kein Geringerer gemeint als der alte germanische Gott Wodan. Im Waadtland und Wallis erzählen zahlreiche Sagen auch von der guten Königin Berta, die einst das Land wie eine Fee beschützte und ihm seine Fruchtbarkeit verlieh. Sie trat vermutlich an die Stelle der tradierten Muttergöttin und Gattin des Wodan, Berchta, die im Frühling über das Land zieht und ihr Füllhorn ausschüttet.

Die Venus vom Genfersee

In der Gegend des von der Rhone gespeisten Genfersees oder Lac Léman wird noch heute vom mystischen Glücksschiff erzählt, das in gewissen Nächten wie eine glänzende Scheibe über das Wasser gleitet. Nüchterne Geister erklären sich das Phänomen als Spiegelung des Mondlichts auf dem Wasser. Doch bei genauerem Hinsehen soll es sich um ein hell leuchtendes, silbriges Schiff handeln, das von acht schneeweissen Schwänen gezogen wird. Jene, die das Glück hatten, es in Ufernähe zu sehen, erkannten darin eine weiss gekleidete wunderschöne

Frau, von der ein Silberglanz ausging. Früher sah man in der Gestalt eine Fee, die lange vor den ersten Menschen die Landschaft am Genfersee hütete und für das Wohl der Pflanzen, Tiere und Naturgeister sorgte. Einige sahen in ihr sogar die Göttin Venus, der während der römischen Besatzung in der Nähe von Lausanne ein Tempel erbaut wurde. Zu ihm seien noch lange nach den Römern Liebende aus allen Landesteilen gepilgert. Ein Gewährsmann versicherte mir, dass an stillen Ufern auch heute noch Mädchen ihre Blumengaben in den Léman streuen, um die Göttin um Glück in der Liebe zu bitten.

Nach der Naturmythologie handelt es sich bei der Fee vom Genfersee um eine typische Wassergöttin, die wohl entsprechend der Bedeutung ihres Sees auch die Aufgabe einer Landschaftsgöttin erfüllt. Der Genfersee bildet einen Teil der Rhone, die in seinem Becken von einem natürlichen Riegel bei Genf gestaut wird. Wie bereits dargelegt, kann die Flussgöttin genauso wenig von der Quellgöttin getrennt werden wie der Fluss von der Quelle. Wenn nun die Quellgöttin in der üppigen, mit sinnlicher Schönheit gesegneten Landschaft des Genfersees milde venusische Züge annimmt, entspricht dies ganz ihrem Wesen, das sich wie das Wasser der Umgebung anpasst, ohne dabei ihre Verbindung zur Quelle zu verlieren.

Ursprung bei Wiesen

Anreise: Bahn nach Chur und via Filisur bis Wiesen Station

Wiesen (1421 m ü. M.)–Ursprung (1656 m ü. M.)–Wiesen: 2 Std.

Bei der Postautohaltestelle Wiesen folgen wir dem Wegweiser durch das Dorf hinauf und biegen auf das Natursträsschen ein, das nach links zum Bach hinunter führt und ihn überquert. Bei der Säge folgen wir dem links von der Strasse ansteigenden Pfad. Nun folgt eine herrliche Wanderung durch lockeren Tannen-Föhren-Wald, dessen Boden von Gras und Kräutern bedeckt ist. Diese lichten Wälder sind typisch für das Bündnerland und dienen als Weide für Kühe und Ziegen.
Bei der Wegverzweigung sehen wir etwa hundert Meter geradeaus den idyllisch gelegenen Robinsonspielplatz. Zur Quelle gehen wir rechts hinauf über eine Kuppe mit einem energetisch bemerkenswerten kleinen Hügelchen. Bald wandern wir oberhalb der steilen Schüsse des Bergbachs, der weiter oben von der Quelle gespeist wird. Nach einem kleinen Holzsteg sind wir «Beim Ursprung» angelangt. Der Bach tritt je nach Witterungsverhältnissen einige bis mehrere Meter oberhalb des Stegs unter den Steinen hervor.

Oben: Zwei Quelläste vereinigen sich zum Bach. Unten: Skulptur aus Holz, Stein und Wasser (Fotos: Elmar Good).

Wiesen

Das kleine Bergdorf Wiesen wurde um 1300 von den Walsern in dem von Romanen dünn besiedelten Gebiet gegründet. Romanische Flurnamen wie auch der romanische Name von Wiesen, Tein, erinnern an die ehemals romanische Bevölkerung. Das teilweise aus den typischen Walserhäusern bestehende Dorf liegt auf einer Sonnenterrasse und ist bekannt für sein mildes, trockenes Klima. Wiesen gilt denn auch als Geheimtipp für Kuraufenthalte.

Ursprung

Wenn man über den Holzsteg geht, ahnt man kaum, dass der schäumende Bergbach nur wenige Meter oberhalb aus der Erde tritt. Das Bachbett zieht sich weiter in das Tobel hinauf, ist aber ausser bei Schneeschmelze oder bei starken Regenfällen trocken.

Die Quelle tritt in einem Gebiet von einigen Quadratmetern an verschiedenen Stellen aus dem Geröll oder unter Felsen hervor und bildet gleich einen stattlichen Bach. Die grosse Schüttung lässt Kenner des Ortes vermuten, dass sie von einem umfangreichen Reservoir, einem verzweigten System von unterirdischen Gewässern gespeist wird. Auf jeden Fall lässt sie kaum einen Besucher unbeeindruckt, denn sie bietet eine faszinierende Begegnung mit dem Phänomen Quelle. Der Name Ursprung war früher offenbar ein Synonym für Quelle, denn in der Schweiz tragen verschiedene andere Quellen ebenfalls diesen Namen. So entspringt etwa die Quelle des Vorderrheins in einem Gebiet desselben Namens. Obwohl der Ursprung bei Wiesen keinen der grossen europäischen Flüsse, sondern «bloss» einen Seitenbach der Landwasser speist, hatte er für die Menschen, die ihn so nannten, offenbar eine grosse Bedeutung.

Im steil nach oben verlaufenden und ebenso steil in das Landwassertal abfallenden romantischen Bergtal ist beim Ursprung eine kleine Geländeterrasse eingelagert, ein idealer idyllischer Ort, um bei der Quelle zu rasten. Wer sich Zeit nimmt, wird feststellen, dass die Quelle bald einmal ihre typische Wirkung entfaltet. Das Rumpeln, Gurgeln und Rauschen zusammen mit dem unentwegten Spiel von Licht, Wasser und Steinen lassen den Geist in eine leichte Trance gleiten. Wer in diese Stimmung eintauchen kann, fühlt sich bald von der intensiven Kraft der Quelle durchflossen. Das gilt vor allem dann, wenn man auf dem Holzsteg sitzend zum Wasseraustritt blickt und der Bach unter einem hindurchrauscht. Es soll hier vorkommen, dass man in den Strudeln klei-

Im Tal der Quellgöttin (Foto: Elmar Good).

ne tanzende Nymphen sieht. Nach der Naturmythologie ist der eindrückliche Kraftort Beim Ursprung der Wohnort einer ebenso eindrücklichen Quellfrau. Am linken Bachufer liegt einige Schritte unterhalb des Stegs eine kleine Wiese mit einer zauberhaften Ausstrahlung, und unwillkürlich fragt man sich, ob sie wohl in gewissen Nächten dort mit Feen und Elfen zusammensitzt.

Ausser dem intensiven Kraftfeld des Ursprungs durchdringt auch die natürliche Schönheit des malerischen, kleinen Tals tief das Gemüt. Quelle, Bach, Felsen, Gras und Bäume vereinen sich zu einem Bilderlebnis, in dem man tatsächlich den Ursprung des Lebens ahnen kann. In südlicher Richtung sieht man auf die Alpsiedlung Jenisberg, die etwa zwei Kilometer Luftlinie entfernt auf einer Weideterrasse liegt. Die dortige kleine Kapelle und die Quelle bilden eine exakte Nord-Süd-Achse. Obwohl das steile und enge Landwassertal die beiden magischen Orte trennt, spüren manche eine starke feinstoffliche Verbindung zwischen ihnen. Einige Meter oberhalb der Kapelle hat der Churer Holzbildhauer Duri Caviezel aus einer Lärche eine Totemskulptur geschnitten, die gewissermassen zur Quelle blickt und die Verbindung bestärkt.

Opfergabe

In der Einleitung zu den Wanderungen haben wir darauf hingewiesen, dass bei Quellen öfter auf geheimnisvolle Weise Dinge verschwinden. Als ich mit zwei Freunden den Ursprung besuchte, wurden wir Zeugen dieses Phänomens. Einer von ihnen hatte seinen Proviant in einem weissen Beutel mit sich getragen und einige Meter oberhalb der Brücke am Ufer abgelegt. Als wir nach einem anregenden und inspirierenden Aufenthalt bei der Quelle aufbrechen wollten, war der auffällige Beutel trotz intensiver Suche im ganzen Gebiet nicht mehr zu finden, und wir kamen zum Schluss, dass die Quellfrau (oder waren es Bergkobolde?) die Früchte und Nüsse mitsamt dem Beutel als Opfer angenommen hatte.

Sonnenaufgang bei der Quelle

Die Zeit des Sonnenaufgangs gilt von jeher als die kraftvollste Phase des Tages. Blanche Merz berichtet in ihrem Buch »Orte der Kraft«, dass während des Sonnenaufgangs vor allem in den Bergen gewaltige Mengen an Bioenergie freigesetzt werden. In Asien oder Südamerika sucht man um diese Zeit noch heute einen heiligen Ort auf, um mit einem Ritual die Sonne zu begrüssen und ihre Kraft aufzunehmen.

Vor allem bei Quellen können Sonnenaufgänge eindrückliche Erlebnisse sein, wie der folgende Bericht belegt: »Die ersten Sonnenstrahlen liessen das Quellwasser aufblitzen, als wäre es flüssiges, glitzerndes Silber. Von der Morgenfrische und der Kraft des Ortes in eine andere Welt entrückt, sah ich in das sprudelnde Wasser, bis sich mein Blick in einem Strudel auflöste. Ich fühlte, wie sich meine Augen verdrehten, dann wurde mir auf eine angenehme Weise schwindlig, und ich legte mich auf die Brücke. Nach einigen Minuten fühlte ich, wie das Wasser durch Geist, Seele und Körper strömte und alle meine Gedanken auflöste, als wären sie Salz. Dann war nur noch die Wahrnehmung von strömendem Wasser. Kein Anfang, kein Ende, kein Innen kein Aussen. Ich weiss nicht, wie lange ich auf der Brücke gelegen war, als ich die Wärme der Sonne fühlte und die Augen öffnete. Die Quelle war nun ganz in Licht getaucht und strahlte eine alles durchdringende Freundlichkeit aus. Ich setzte mich auf und fühlte eine tiefe Ruhe und Dankbarkeit. Nachdem ich Gesicht und Hände gewaschen und einige Schlucke Wasser getrunken hatte, war mir, als sei ich neu geboren, und die Landschaft strahlte wie am ersten Tag der Schöpfung.«

Beim Ursprung (Foto: Elmar Good).

Blanches-Fontaines und Quellgrotte in Undervelier

Anreise: Bahn über Delémont nach Bassecourt, Bus nach Undervelier (Verbindungen zwischen Delémont und Bassecourt beachten)

Undervelier (536 m ü. M.)–Mont Dedos (964 m ü. M.)–Gorges de Richoux (643 m ü. M.)–Undervelier: 3½ Std.
Undervelier (536 m ü. M.)–Blanches-Fontaines (560 m ü. M.)–Undervelier: 1 Std.

Wir gehen von Undervelier zuerst der Strasse entlang Richtung Gorges du Richoux. Nach etwa fünfhundert Meter zweigen wir nach links auf den Wanderweg zum Mont Dedos ab und steigen dem Hang entlang durch den schönen Jurawald stetig aufwärts. Von den Weiden auf der Hügelkuppe geniesst man einen Rundblick auf die Hügel und Täler der typischen Juralandschaft. Westlich auf der gegenüberliegenden Talseite der Schlucht liegt das Einzugsgebiet der Quelle. Wir durchqueren die Weide Richtung Sur-la-Côte/Richoux mit Blick gegen Süden und erreichen nach einem kurzen Abstieg die Strasse, der wir nach rechts Richtung Undervelier folgen. Nach etwa einem Kilometer führt der Wanderweg rechts weg durch die herrliche Schluchtlandschaft. Wenn wir auf den kleinen Stausee stossen, haben wir den Ort der Quellen erreicht; wir erreichen sie über den Steg ans andere Bachufer (siehe unten). Der Weg zurück führt noch etwa einen Kilometer dem Bach entlang über das Natursträsschen und mündet schliesslich wieder in die Strasse, auf der wir nach rechts folgend weitere eindrückliche Einblicke in die Kalksteinwelt der Schlucht geniessen und schliesslich zurück nach Undervelier gelangen. Der direkte Weg von Undervelier zu den Blanches-Fontaines führt der Strasse entlang Richtung Gorges du Richoux, der wir etwas über einen Kilometer durch die Schlucht folgen. Etwas oberhalb der alten Fabrik liegt links der Strasse ein Parkplatz, den wir flussaufwärts überqueren und dem Wanderweg folgend bald den kleinen Stausee erreichen. Am anderen Ende führt ein kleiner Steg über den Bach ins Quellgebiet.

Märchenhaftes Quellentor.

Blanches-Fontaines (Weisse Quellen)

Die bisweilen mächtig schüttende Quelle tritt auf einer Strecke von über hundert Metern an sieben Stellen aus dem Fels. Sie ist eine der schönsten erhaltenen Karstquellen dieser Art, weshalb wir den Besuch trotz der Nähe zur Strasse empfehlen. Die Austritte befinden sich am anderen Ufer des Baches beziehungsweise des kleinen Stausees. Etwa dreissig Meter oberhalb des Seeleins führt ein Steg über den Bach. Wir überqueren ihn und folgen dem Trampelpfad etwa hundert Meter hinauf zur malerischen Grotte, aus der die südöstlichste der sieben Quellen entspringt. Je nach Witterung sprudelt das Wasser aus der Höhle oder tritt etwas weiter unten im Bachbett an die Oberfläche. Dasselbe gilt für die sechs anderen Quellen, die etwa auf derselben Höhe oberhalb des Seeleins austreten. Allerdings führt kein Pfad zu ihnen, weshalb sie in dem von Sturzblöcken durchsetzten Gelände weniger leicht zugänglich sind.

Obwohl die Quellen etwas unterhalb der Landstrasse austreten, verbreiten sie eine zauberhafte Stimmung, in der sich die gelegentlichen Motorengeräusche im Rauschen des Wassers verlieren.

Wie bei den Sieben Brünnen der Simmenquelle oder den Sieben Brunnen bei Engelberg weist diese Zahlensignatur auch bei den Blanches-Fontaines nach der Naturmythologie auf eine bedeutende Quelle hin (siehe Seite 181). Die starke Schüttung, die Lage in der eindrücklichen Schlucht und die Nähe zum Grottenheiligtum etwas nördlich von Undervelier lassen darauf schliessen, dass die Blanches-Fontaines seit Jahrtausenden als Naturheiligtum besucht wurde. Sicher hat ihr Kraftfeld durch die Strasse etwas gelitten, aber wenn sie stark fliessen, ist diese Störung nur gering.

Am besten lässt sich die Atmosphäre des Quellgebiets auf der kleinen Bachhalbinsel rechts unterhalb des Stegs erleben. Der See ist zwar künstlich gestaut und hat die ursprüngliche Landschaft verändert, verleiht dem Ort aber eine harmonische Schwingung. Die typische Jura-Karstquelle schüttet unregelmässig. Am eindrücklichsten ist das Erlebnis während der Schneeschmelze, nach einer regnerischen Wetterphase oder nach starken Regenfällen.

Schlucht Richoux

Zwar wird die enge Schlucht zwischen den markanten Kalkfelswänden durch die Strasse mehr oder weniger ausgefüllt, aber trotzdem erhalten wir einen guten Eindruck von der für den Jura typischen

Schluchtlandschaft. Den schönsten und besten Blick bietet der von der Strasse abzweigende Wanderweg zwischen dem Quellgebiet und dem oberen Ende der Schlucht. Die Kalksteingebilde der steilen Felswände gehören zu den markantesten in der Region. Nur einige Minuten oberhalb des Stauseeleins ist eines dieser Felsbänder zu bewundern. Am eindrücklichsten an der Schlucht ist aber das starke Schwingungsfeld, in welchem sich der erdende, stabile Fels und das vitalisierende, dynamische Wasser verbinden.

Mont Dedos

Der Berg mit seinen typischen Kalkwänden und -türmen erhebt sich über dem Gebiet der Blanches-Fontaines und wirkt wie die polare Ergänzung zu den Quellen. Auf dem Hügelrücken geniesst man die Landschaft der Juraweiden und den Blick auf die Höhenzüge, die sich in der Ferne verlieren. Nach Westen blicken wir auf der gegenüberliegenden Seite der Schlucht in das Einzugsgebiet der Blanches-Fontaines.

Grotte de Sainte Colombe

Die etwa dreissig Meter breite und zwanzig Meter tiefe Grotte liegt rund einen Kilometer nördlich von Undervelier auf der Strasse nach Bassecourt. Nach der Überlieferung soll die Grottenquelle bis in unsere Zeit Kinder von Rachitis geheilt haben. Etwas älteren Datums sind Berichte, wonach selbst psychisch gestörte Kinder nach Bädern im Quellwasser geheilt worden seien. Wir verstehen diese Berichte als grundsätzliche Hinweise auf die Kraft der Quelle, die wohl nicht allein auf die Heilung dieser Leiden beschränkt ist. Wie die zahlreichen Votivtafeln bezeugen, wird ihre Kraft der heiligen Columba zugeschrieben. Die geräumige Grotte mit der Quelle diente allerdings bereits den ersten Menschen, die nach der Eiszeit hier vorbeizogen, als Unterschlupf und wird wahrscheinlich seit dieser Zeit als heiliger Ort besucht, wie dies bei allen Quellgrotten dieser Grösse der Fall war.

Die heilige Columba wird im 13. Jahrhundert zum ersten Mal im Zusammenhang mit der Grotte erwähnt. Allerdings sind über zwanzig verschiedene Columbas als frühchristliche Heilige überliefert, und es liegen keine gesicherten Hinweise vor, welche von ihnen hier verehrt wurde. Mit Sicherheit aber ersetzte die Figur der Columba eine der verschiedenen Feen, von denen eine lokale Sage erzählt. Die Grotte hat alle Attribute eines typischen Naturheiligtums. Bei den Kelten galten solche Grotten als Wohnorte von besonderen Quellgöttinnen und

Schäumende Quellbäche und stiller Teich.

waren entsprechend wichtige Heiligtümer. Ihnen werden in den Sagen grosse Heilkräfte zugeschrieben, die über die Heilung physischer Leiden hinausgehen. Das Beispiel der Grotte von Lourdes belegt, dass sie offenbar noch immer auf wunderbare Weise wirken. Dies gilt auch für die Grotte de Sainte Colombe, wo vor allem an kirchlichen Feiertagen den ganzen Tag über Gläubige beten, Blumen niederlegen und andächtig Wasser trinken oder abfüllen. Allerdings besuchen zunehmend auch Menschen ohne oder anderer Konfessionen die Grotte und glauben einen Einfluss auf Gesundheit und Wohlbefinden zu spüren. Aus einem mir zugesandten Erfahrungsbericht eines Drogisten, dessen Mutter seit ihrer Geburt in der Nähe lebt, entnehme ich, dass «das leichte, erfrischende und salzlose Wasser die Augen und anderen Sinnesorgane klärt sowie innere Kanäle öffnet». Nach seinen Erfahrungen befrieden und harmonisieren die Schwingungen der Grotte vor allem das Herz. Sowohl er selbst wie auch seine Frau hatten nach einem Besuch in den folgenden Nächten jeweils intensive Träume mit teilweise klaren spirituellen Inhalten.

Das Wasser der Quelle rinnt aus einem versinterten Teil der Grottenwand, sie schüttet allerdings kaum mehr als ein Wasserhahn. Doch

Die Quelle in der Grotte der Sainte Colombe.

wie in ähnlichen Grotten ist auch hier die Kraft der Quelle nicht von der Wassermenge abhängig.

Die Feen von Undervelier

Nach einer lokalen Sage lebten in den Grotten von Undervelier und den Kalkfelsen des Mont Dedos Feen. Sie pflegten mit den Menschen der Gegend eine gute Beziehung und standen ihnen mit Rat und Tat zur Seite. Die Fee beziehungsweise Nymphe der heutigen Columbagrotte war wohl für die Gesundheit und den Seelenfrieden der Einwohner zuständig, während die Bergfeen des Mont Dedos den Sennen bei der Arbeit halfen, sofern sie sich nicht als undankbar erwiesen. Eine Geschichte erzählt von einem Hirten, dem aufgefallen war, dass Kälber oder Lämmer, die sich in den unwegsamen Felsen verlaufen hatten, jeweils am nächsten Morgen vor der Stalltüre standen, als hätte sie jemand hergebracht. Auch sah er jeden Morgen eine fremde Kuh in seiner Herde, von der niemand wusste, woher sie kam. Doch jedesmal, wenn er sie fangen wollte, verschwand das Tier, als hätte es sich in Luft aufgelöst. Da beschloss er, ihm heimlich zu folgen, und gelangte bald vor eine Höhle. Als die Kuh eintrat, hielt er sich an ihrem Schwanz fest und fand sich in einer weiten Halle wieder. In einer Ecke sass eine hagere alte Fee und rührte in einem Kessel, der über dem offenen Feuer hing. Nachdem der Hirte seine Überraschung überwunden hatte, forderte er von der Alten, ihn für das Gras zu bezahlen, das ihre Kuh auf seinen Weiden gefressen hatte. Mit den Worten, sie werde ihn gleich bezahlen, nahm sie dem Hirten seine Tasche ab, füllte sie mit einer Schaufel voll Glut aus dem Feuer und gab sie ihm zurück. Der erschrockene Hirt leerte die rotglühenden Kohlen auf den Boden und verschwand so schnell wie möglich aus der Höhle. Als er draussen noch einmal in die Tasche blickte, um nachzusehen, ob sie angesengt war, glänzte auf dem Boden ein grosses Stück Gold. Als er seinen Verlust realisierte, schaute er sich sofort nach der Höhle um, doch an der Felswand war nicht die Spur eines Eingangs zu sehen. Von diesem Tag an sah er die fremde Kuh nie mehr, und die verlorenen Lämmer und Kälber musste er wieder selbst suchen.

Steinheiligtum und Kapelle in Bassecourt

Im etwa vier Kilometer nördlich von Undervelier gelegenen Bassecourt steht die Wallfahrtskapelle St-Hubertus-et-Ste-Ursule (heiliger Hubertus und heilige Ursula). In ihrem Innern ist rechts vom Seitenaltar ein etwa neunzig Zentimeter hoher Stein eingelassen. Während

Die sieben Gottheiten

Im Altertum erschien die Signatur der Siebenzahl den Bewohnern gewiss als Zeichen eines besonders heiligen Orts, gilt sie doch als Symbol der sieben Himmelsgottheiten. Nach dem alten Weltbild sind zum Beispiel bei sieben Quellen diese Grundkräfte oder Planetengötter gemeinsam vertreten. Dasselbe gilt für alle Orte, welche die Zahlensignatur der Sieben aufweisen, wie etwa für die Sieben Kurfirsten im Einzugsgebiet der Rheinquelle.

Die Bedeutung der Sieben lässt sich am Beispiel des Regenbogens nachempfinden, in dem das Sonnenlicht in sieben Farben aufgebrochen wird. Der Vorgang spiegelt, wie sich die ungeteilte Lebenskraft (Sonne) in der Schöpfung (Wasserdampf) in sieben Grundkräften (Farben) manifestiert. Aus dem Zusammenwirken dieser Kräfte oder Schwingungsfelder entstehen alle Dinge der Schöpfung, weshalb die Zahl Sieben als Symbol der umfassenden Ganzheit der Natur galt. Die Tradition der sieben Gottheiten hat sich im Christentum in den sieben Erzengeln erhalten.

Die Planetengötter im Berginnern (im Unbewussten).

Im Kulturkreis der Griechen, Römer, Kelten und Germanen galten diese Grundkräfte gewissermassen als Hauptgottheiten. Sie sind identisch mit den sieben «alten» Planeten der Astrologie oder der europäischen Alchemie, finden sich aber in fast allen Kulturen. Die sieben Götter leben in unseren Wochentagen weiter. Der Montag ist, wie der Name sagt, der Tag der mit dem Mond verbundenen Muttergöttin. Der Dienstag hat seinen Namen vom germanischen Kriegsgott Ziu oder Tyr (Berndeutsch Zyschtig oder Ziutag), der Ares/Mars entspricht und die aktive Durchsetzungskraft der Natur verkörpert. Der Mittwoch (französisch mercredi) wurde nach Merkur/Hermes benannt, der einerseits ein Hirtengott ist, aber auch für die Kommunikation und Verbindung unter allen Teilnehmern des Lebens zuständig war und unter dem Namen Hermes Trismegistos als Schamanengott auftritt. Der Donnerstag hat seinen Namen vom keltischen Tanaris oder germanischen Donar/Thor und wurde von den Römern als heidnische Entsprechung des Götterkönigs Jupiter, griechisch Zeus, gesehen. Sein Name ist mit dem Donner verbunden und mit den Blitzen, die als Herr der Naturkräfte seinem Zepter entspringen sollen. Der Name Freitag ist von der germanischen Liebesgöttin Freya abgeleitet, der wir in der Einführung auch unter den Namen Aphrodite oder Venus begegnet sind. Der Samstag weist auf den römischen Schicksalsgott Saturn hin, griechisch Chronos, der Herr der Zeit und der kosmischen Ordnung. Der Sonntag schliesslich ist der Tag des Sonnengottes und Himmelsvaters Apollo oder Grannus, der mit seinem Licht die Erdmutter befruchtet.

Fachleute bis vor einigen Jahren von einer merowingischen Grabstele ausgingen, vermutet man heute, dass es sich um einen Ahnenstein des Altertums handelt. Der Volksmund weiss, dass der Stein der heiligen Columba von der Grotte bei Undervelier als Sitz diente, wenn sie die Kapelle besuchte. Verbirgt sich dahinter vielleicht die Erinnerung, dass der Stein einst als Sitz einer göttlichen Ahnin galt? Kirchen und Kapellen wurden oft auf alten Steinheiligtümern erbaut. Das Steinbeil, das bei der Kapelle gefunden wurde, passt in dieses Bild, wurden doch bei Heiligtümern seit Jahrtausenden Waffen als Opfergaben gefunden. Unter dem Altar liegt ein weiterer, heute nicht mehr sichtbarer Steinblock, der oben und seitlich bearbeitet wurde. Die Nähe zur Grotte, der Quelle und der Schlucht von Undervelier ist ein weiterer Hinweis auf ein uraltes Heiligtum.

Unter der Kapelle wurden burgundische Gräber entdeckt, was allerdings nicht gegen einen alten Kultort spricht. Auch auf der Petersinsel begruben die Burgunder im Frühmittelalter ihre Ritter im Bereich eines antiken Heiligtums.

Die beiden Heiligen, denen die Kapelle geweiht ist, haben übrigens eine Verbindung zum vorchristlichen Tierkult. Hubertus sah zwischen dem Geweih eines Hirschs das strahlende Kreuz und im Namen der Ursula ist Ursus oder der Bär deutlich zu erkennen.

Tüfels Chilen bei Kollbrunn

Anreise: Bahn bis Kollbrunn

Kollbrunn–Tüfels Chilen–Kollbrunn: 1¾ Std.

Wir folgen dem Wegweiser beim Bahnhof Richtung Tüfels Chilen (Teufels Kirche) und steigen auf dem gut beschilderten Wanderweg in den Wald hinauf. Wenn wir links den Tuffhügel der Tüfels Chilen sehen, haben wir unser Ziel erreicht. Es empfiehlt sich aber noch einige Minuten weiter zu gehen und das Erlebnis des Ortes bei der Quelle oben beim Rastplatz zu beginnen.

Sinterskulptur.

Erdquellen

Unmittelbar unterhalb des Rastplatzes fliesst das Wasser an zwei Stellen aus dem Waldboden. Die kleinere Quelle bietet ein schönes Beispiel für den subtilen Zauber der zahlreichen unscheinbaren Hügelquellen. Die stärker schüttende Quelle tritt zwei Meter weiter unten in einer geräumigen Erdhöhle hervor. Quellen entspringen oft aus Erdlöchern, die aber in der Regel wesentlich kleiner sind als dieses. Die Höhle beeindruckt denn auch durch ihre Grösse, denn sie erlaubt die Sicht auf die etwa einen Meter in der Erde gelegene Stelle, wo das Wasser zwischen den Steinen hervorsickert und ein Bächlein bildet. In der dämmrigen Grotte scheint das Wasser wie flüssiges Silber aus der Erde zu perlen. Der Einblick in die geheimnisvolle Quellhöhle wirkt wie ein lebendiges Meditationsbild und löst allmählich alle Gedanken auf. Das archaische Bild dringt ins Gemüt und lässt die Trennung zwischen dem Ich und der Quelle zu einem fliessenden Übergang werden. Aus der Betrachtung wird eine Beziehung, eine feinstoffliche Verbindung zur Kraft des Ortes. Eine solche «Quellenmeditation» erfordert keine besonderen Fähigkeiten oder Ausbildung, es genügt eine gewisse Offenheit und innere Ruhe. Wenn man sich Zeit lässt, ruhig atmet und die Gedanken loslässt, stellt sich beides auf natürliche Weise ein. Wie wir gesehen haben, wurden Quellen vor allem deshalb geschätzt, weil ihre feinstofflichen Schwingungen die Verbindung zu den Naturkräften erleichtern; dies kann bei der Erdquelle der Tüfels Chilen nachempfunden werden.

Quelltuffhügel

Neben der eindrücklichen Quellhöhle bezaubert bei der Tüfels Chilen auch das mit Kalksinter ausgelegte Bett des über den Hügel abfliessenden Bächleins. Dieser entsteht durch Absonderung von Kalk, den das Quellwasser im Untergrund aufgenommen hat. Fliesst es durch Moospolster, wird das Kalk-Kohlendioxid-Gleichgewicht im Wasser leicht verschoben. Die Moleküle werden dadurch veranlasst, einen Teil des Kalks loszulassen, der dann als so genannter Quelltuff abgelagert wird. Dieser Vorgang belegt, wie auch schwächste Einflüsse die Struktur des Wassers verändern, denn das Wasser hat nur ganz kurz Kontakt mit dem Moos.

Das Bächlein frisst sich also nicht tiefer in den Boden, wie es gewöhnlich der Fall ist, sondern lagert ständig weiteren Kalk ab. Es bleibt trotzdem in seinem Bett, denn die durch die Fliessdynamik des Wassers am Rand abgelagerten Kieselsteine und organischen Teilchen werden mit dem Kalk zementiert zu natürlichen Uferbefestigungen, die mit dem Niveau des Bachbetts mitwachsen. Anstatt ein Tal zu graben, hat das Quellwasser also einen länglichen Hügel aufgebaut. Die Terrassen wurden allerdings nicht allein von der Natur geschaffen. Der leicht zu bearbeitende Tuffstein war früher ein gesuchtes Baumaterial und wurde hier auch abgebaut. Seit der Einstellung des Abbaus vor etwa hundertdreissig Jahren entwickelt der Kegel wieder seine natürliche Form, und bei gleich bleibenden Bedingungen wird die Natur in den kommenden Jahrtausenden munter weiter bauen. Nimmt das Moos aber durch Fussspuren von Besuchern Schaden und verdirbt, kann kein Kalk mehr abgelagert werden und das wunderbare Gebilde wäre der Verwitterung ausgesetzt. Selbstverständlich bleiben wir den Tufftreppen fern und respektieren auch den übrigen geschützten Bereich des Naturreservats.

Des Teufels Kirche?

Heute wird die Herkunft des Namens Tüfels Chilen auf den Tuffkegel zurückgeführt, der wie ein fremdartiges Bauwerk aus der Umgebung herausragt. Vermutlich wurde in der Zeit der Christianisierung verbreitet, der Teufel persönlich habe es gebaut. Solche Teufelslegenden sind bei vielen Kultstätten des Altertums überliefert. Die zahlreichen Felsblöcke zum Beispiel, die angeblich der Gehörnte abgesetzt oder hingeworfen haben soll, sind die verteufelten Ahnensteine der alten Religion. Die Verteufelung der alten Kultstätten hatte eine äusserst bedauerliche zerstörerische Wirkung auf die Menschen und ihre Kultur. Doch zumindest wurde durch Namen wie Tüfels Chilen die Erinnerung an die Heiligtümer der Vorfahren erhalten.

Der Frage, weshalb der Ort ein Naturheiligtum der vorchristlichen Kultur war (die übrigens keinen Teufel kannte), beantwortet sich von selbst, wenn man sich auf ihn einlässt. Auch für einen modernen Menschen wirkt der bemooste Kegel, über dessen Terrassen sich zahlreiche Rinnsale ergiessen, wie aus einer anderen Welt. Wie sehr mussten sich die sensiblen Naturmenschen seinerzeit darüber gewundert haben. Die chemischen Zusammenhänge, die zur Entstehung des geheimnisvollen Gebildes geführt hatten, kannten sie wahrscheinlich nicht. Doch ihr Gespür und ihr Wissen über die Natur waren so stark entwickelt, dass sie vermutlich trotzdem wussten, dass der Tuffhügel unmittelbar mit der Quelle verbunden ist. Nur sahen sie dahinter nicht einen chemischen Prozess wirken, sondern ein Numen, ein geheimnisvolles Wesen, das sie hier wahrnahmen. Nach ihrem Weltbild hatte die Quellgöttin sich den

Durch Kontakt mit Moos lagert das Quellbächlein Kalksinter ab.

Quelltuffterrassen.

Wassergarten als Tempel gebaut. Wir haben in der Einleitung darauf hingewiesen, dass bei Quellen auch der gehörnte Partner der Quellgöttin auftrat, weshalb die Tüfels Chilen durchaus auch als Tempel des alten Gottes mit dem Hirschgeweih verstanden werden kann. Ob und wann der lokale Grannus mit der Quellgöttin zusammen auftritt, entzieht sich allerdings unserem Wissen.

Das aussergewöhnliche Naturwunder verzaubert allein schon durch seine urtümliche Schönheit, aber es ist die einmalige Schwingung, die es zu einem weit herum geschätzten Kraftort macht. Die vielen Menschen, die hier eine besondere Kraft spüren, täuschen sich nicht. Die Signatur des Tuffhügels weist in dieselbe Richtung: Oben und unten sind in der Naturmythologie nicht nur räumliche Begriffe; Tal und Hügel bedeutet auch Erde und Himmel. Wenn nun ein Bach anstelle eines Tals einen länglichen Hügel bildet, verändert sich das Verhalten der Natur, und das sonst stets dem tiefsten Punkt zufliessende Wasser steigt in Umkehrung des natürlichen Vorgangs gewissermassen in die Höhe. In Gräben abfliessende Quellen wirken stets spürbar erdend; das Kraftfeld der in einem steilen, bewaldeten Tälchen gelegenen Tüfels Chilen wirkt dagegen hell und leicht und öffnet den Geist für die Einflüsse von oben. Ein Hügel in einem Tal ist eine Signatur für den Himmel auf Erden, das Yang im Yin. Es ist denn auch diese Verbindung der Gegensätze, die dem Schwingungsfeld des Ortes seine einmalige Qualität verleiht. Er ist deshalb ideal, um innere Widersprüche loszulassen, wie das Quellwasser den Kalk, und mit der Kraft der Erde in den Himmel zu wachsen.

An solchen Orten einstiger Kultstätten wirken neben den Naturkräften auch subtile, kaum fassbare Schwingungen. Aus den heutigen Erkenntnissen über das Verhalten von Schwingungsfeldern lässt sich folgern, dass diese auch von Menschen beeinflusst oder informiert werden. Durch die während Jahrtausenden abgehaltenen religiösen Feiern und die intensive Kraft der spirituellen Erlebnisse der Kultgemeinschaften wurde das Schwingungsfeld ihrer heiligen Stätten beeinflusst und damit ein Gedächtnis geschaffen. Jeder, der den Zugang zum Geist des Ortes findet, hinterlässt gewissermassen einen Pfad. Wenn ganze Gemeinschaften über Jahrtausende an einem bestimmten Ort eine Kommunion oder Einheitserfahrung erleben, ist der Einfluss auf das Schwingungsfeld entsprechend grösser und nachhaltiger. Dieses Modell bietet eine Erklärung dafür, weshalb alte Heiligtümer auch als Begegnungsstätten mit den Geistern (oder spirituellen Informationen) der Ahnen galten, als Ort der Verbindung zu ihrer Weisheit, die uns gerade heute dienlich sein kann.

Jenseits des Denkens fliessen Innen und Aussen, Vergangenheit und Zukunft, das Ich und die Anderen im lebendigen Gewebe des Lebens ineinander. Der «Teufel» steckt in der Trennung und Spaltung, und nicht in Orten wie der Tüfels Chilen; hier ist vielmehr ein idealer Ort der Begegnung: mit sich selbst, mit dem oder den anderen und unter günstigen Umständen auch mit der Weisheit der Ahnen. Diese kann aus dem eigenen Inneren aufsteigen, durch eine unbekannte Besucherin sprechen oder im rinnenden Wasser plaudern.

Sibe Brünne, die Quelle der Simme

Anreise: Bahn bis Lenk, Bus bis zum Fuss der Simmenfälle

Lenk (1088 m ü. M.)–Fuss der Simmenfälle
(1100 m ü. M)–Lenk: 2 Std.
Simmenfälle–Simmenquelle (1410 m ü. M.):
1¾ Std.
Simmenquelle– Flüeseeli
(2045 m ü. M)–Simmenquelle: 1½ Std.

Wir wandern vom Bahnhof Lenk den Wegweisern folgend der jungen Simme entlang über die Wiesen bis zum Fuss der Simmenfälle. Nun folgen wir entweder dem Bergpfad den Simmenfällen entlang aufwärts oder dem Wanderweg Richtung Simmenquelle.

Als würde flüssiges Licht aus dem Berg quellen.

Lenk

Bei Gutenbrunnen etwas oberhalb des Dorfs Lenk fand man 1904 eine Rundaxt aus der Bronzezeit, die als Weihgabe an die Quellgottheit gedeutet wurde; daraus lässt sich auf ein hohes Alter der lokalen Quell- und Badekultur schliessen. Die jüngere Geschichte des Dorfes zuoberst im Simmental am Fuss des wuchtigen Wildstrubels ist unmittelbar mit seinen Heilquellen verknüpft. Im Jahr 1689 erteilte Bern eine Konzession zum Betrieb des ersten kleinen Schwefelbads mit Gasthaus. Die Anlage wurde in verschiedenen Etappen ausgebaut, aber erst 1862 wurden die zwei zusammenhängenden Gebäude des Kurbads eingeweiht. Neben achtzig Gästezimmern bot es Salons, Billardzimmer und sogar eine gedeckte Kegelbahn. 1993 wurde der «Lenkerhof» nach einem umfassenden Umbau neu eröffnet.

Eine der drei Heilquellen, die Balmquelle, ist die bedeutendste und stärkste Schwefelquelle Europas. Sie entspringt auf einer Höhe von 1359 Metern. Die Wassertemperatur liegt im Sommer und Winter konstant bei rund 8,7 Grad Celsius, was auf die Tiefe der Quelle hinweist. Die Hohliebquelle, ebenfalls eine Schwefelquelle, ist weniger stark und enthält grössere Mengen Natrium und Magnesium. Unmittelbar hinter dem Kurhaus entspringt eine Eisenquelle, die wie die beiden Schwefelquellen von jeher zu Therapiezwecken genutzt wurde. Das Thermalschwimmbad ist öffentlich und steht allen Besuchern zur Verfügung. Dank dem verhältnismässig milden Klima, der sauberen Luft und der herrlichen Bergwelt ist die Lenk ein beliebter Kur- und Badeort geblieben.

Simmenfälle und Rezliberg

Die Strecke bis hinauf zur Barbarabrücke führt einem der eindrücklichsten Sturzbäche des Berner Oberlands entlang. Die zahlreichen Fälle und Schüsse, das gurgelnde, schäumende Wasser, das Rauschen und Tosen fügen sich zu einem einmaligen Erlebnis zusammen. Bei der Barbarabrücke erreichen wir den Wanderweg, dem wir meistens in Bachnähe aufwärts folgen und dabei Einblicke in die malerische Schlucht mit den Wasserfällen geniessen. Nach der Einmündung des von links her kommenden Ammertenbachs erreichen wir beim Alprestaurant die kleine Alp Rezliberg.

Der Rezliberg ist eigentlich eine flache, ausser beim Abfluss der Simme rundum von Bergen beziehungsweise dem Birghügel umgebene Alpwiese. Wenn sich nach dem Betreten dieser natürlichen Arena der

Die junge Simme rauscht durch die Waldschlucht.

Blick auf die Sibe Brünne öffnet, hat man den Eindruck, vor einer verzauberten Landschaft zu stehen. Dieser verstärkt sich noch bei näherer Betrachtung. Am südlichen Ende rauschen Bäche über die Felsen herunter, und dazwischen sprudelt die Simmenquelle. Östlich liegt eine zauberhafte Auenlandschaft, bevor das Gelände zur Langermatt ansteigt, und nördlich, gegenüber der Simmenquelle, steht wie eine Burg der Hügel mit dem Namen Birg.

Sibe Brünne

Die Karstquelle der Simme erhielt ihren Namen Sibe Brünne (sieben Brunnen) vor langer Zeit. Die Quelle sprudelt je nach Wassermenge in sieben Hauptschüssen als dreissig Meter breiter Fächer aus Gesteinsspalten unter der Felswand des Flueschafbergs hervor. Sie bildet unter den schweizerischen Quellen eines der schönsten Wasserspiele. Aus Sibe Brünne entstand der Name Sibne und später Simme für den Fluss und das gleichnamige Tal im östlichen Berner Oberland.

Das Wasser der Quelle stammt aus dem Gebiet des Gletschers der Plaine Morte (tote Ebene), der zwischen Wildstrubel und Gletscherhorn in die ins Simmental herunter fliessende Zunge des Rezligletschers übergeht. Die genaue Herkunft des Wassers ist allerdings ebenso unklar wie der Verlauf des Weges, den es bis zur Quelle zurücklegt. Die Sibe Brünne werden nie abgestellt, sagt man im Simmental. Tatsächlich schüttet die Quelle auch im trockensten Sommer und im kältesten Winter, was auf komplexe geologische Verhältnisse schliessen lässt. Die Tatsache, dass ihr Einzugsgebiet bei der Plaine Morte liegt, der «tote» Gletscher also die Quelle mit dem alles belebenden Wasser speist, ist wie ein Gleichnis für den Übergang von Tod und Leben.

Die Signatur der Sieben galt im Altertum als Hinweis auf aussergewöhnliche Orte und Landschaften (siehe Seite 180). Von der Simmenquelle geht tatsächlich eine intensive Energie aus. Sie lässt sich zum einen durch das stark vitalisierte Wasser erklären, das auf dem Weg zur Quelle über tausend Höhenmeter durch Karstgänge fliesst. Durch die Bewegungsenergie entstehen dabei negativ geladene Ionen, die auf Pflanzen, Tiere und Menschen ausgesprochen belebend wirken. Aber auch der Anblick der schäumenden Güsse, der Rhythmus und Klang des sprudelnden und stürzenden Wassers ebenso wie sein erfrischender Geruch wirken anregend auf Körper und Geist und erheitern das Gemüt. Ich weiss von zahlreichen Menschen, die es sich nicht nehmen lassen, in dem wunderbaren Wasser zu baden, auch wenn es manchmal etwas kühl ist. Sie sind auch überzeugt, ein kräftiger Trank aus dem schäumenden Bach putze Körper und Geist so richtig durch oder, wie eine alte Bekannte der Quelle sagte: «Drei tüchtige Schlucke aus den Sibe Brünne treibt alles Faule aus dem Menschen.»

Die Magie der Sibe Brünne geht aber nicht nur vom Quellaustritt aus. Der sich hoch darüber türmende Wildstrubel, Sitz einer Landschaftsgöttin, daneben das riesige Eisfeld des Gletschers, die markanten Felswände und Gipfel der umliegenden Berge und Grate und die nähere Umgebung tragen alle zur intensiven Atmosphäre bei. Unmittelbar oberhalb der Quelle weist das spitze Flueseehorn wie ein Zeichen in den Himmel. Das nach oben gerichtete (männliche) Dreieck des Felsgipfels wirkt wie der Gegenpol zu dem nach unten gerichteten (weiblichen) Dreieck des aus der Erde sprudelnden und über das Gestein rinnenden Quellwassers. Auch diese Signatur des Zusammenspiels der Symbole für Himmel und Erde ist als Hinweis auf die aussergewöhnliche Kraft der Landschaft zu lesen.

Obwohl dafür keine Hinweise belegt sind, darf davon ausgegangen werden, dass die zauberhafte Weide mit dem aus dem Fels tretenden Bach bis zur Christianisierung ein Quellheiligtum war, das möglicherweise überregionale Bedeutung hatte. Die Lenk liegt am uralten Verbindungsweg vom Thunersee über den Rawilpass ins Wallis. Die aussergewöhnliche Quelle in der einzigartigen Landschaft des Rezlibergs muss schon den Menschen der Jungsteinzeit aufgefallen sein, möglicherweise wurde sie bereits von den Jägergruppen der Mittleren Steinzeit besucht.

Der Quellbach schäumt die ersten paar Meter über Felsblöcke und Geröll, um dann in einem breiten Bett über den flachen Talboden zu fliessen. Auf dem Weg zu den Simmenfällen vereinigt er sich mit dem Trüebbach, dem Laubbach und dem Ammertenbach, bevor die nun bereits stattliche junge Simme über die steilen Schüsse ins Tal hinunter rauscht. Auf ihrem Weg durch das «grünste Tal des Oberlandes» erhält die Simme Zufluss von zahlreichen weiteren Bächen, bevor sie sich unterhalb Wimmis mit der Kander vereinigt, um kurz danach in den Thunersee zu münden.

An schönen Feiertagen lagern um die Sibe Brünne Dutzende von Besuchern, die sich der besonderen, festlichen Stimmung hingeben, und es kommt zwischen Kindern wie Erwachsenen häufig zu freundschaftlichen Begegnungen. Wer die Ruhe sucht, findet überall kraftvolle Plätze zum Verweilen. Auch am Morgen, wenn in den Blattkelchen des Frauenmantels die Wassertropfen wie Diamanten glänzen, oder abends, wenn die Weide vom weichen Licht der untergehenden Sonne übergossen wird, strahlt der Rezliberg eine grosse Ruhe aus, ist die Landschaft von einer feierlichen, magischen Stimmung erfüllt. Dann sollen, zumindest an bestimmten Tagen, die Elfen und Feen tanzen, die mit der Quellgöttin der Sibe Brünne und ihren Nymphen hier wohnen. Sie zeigen sich allerdings nur selten, aber manche Besucher glauben ihre Anwesenheit trotzdem zu fühlen. Auch ohne an Naturgeister zu glauben, bewegt der Zauber und die Kraft der selten schönen Quelle das Gemüt und beflügelt den Geist.

Birgflue

Gegenüber der Simmenquelle endet die Alpweide am markanten Hügel der Birg. Der Flurname Birg findet sich vor allem bei hohen, senkrechten Felswänden und bedeutete einst wohl Burg. Als Birg oder Burg bezeichnete Felsformationen findet man auch beim Hinterburgsee auf der Axalp oder beim Engstligenfall bei Adelboden. Sie galten vermutlich als Wohnungen von Naturgeistern oder Berggottheiten. Zweifellos geht von dem bewaldeten Hügel eine starke Schwingung aus. Wer mag wohl auf der Birg wohnen? Wacht dort wirklich ein mächtiger Zwergenhäuptling mit seiner Schar über den Rezliberg und die wunderbare Quelle, wie eine einheimische Frau überzeugt ist?

Sturzbäche und Auenwald

Einen knappen Kilometer westlich der Simmenquelle schiessen zwei Bäche über die Steilwand hinunter. Der Anblick der Sturzbäche, die ebenfalls grosse Mengen negativer Ionen erzeugen, vermittelt uns einen Eindruck davon, wie das Wasser der Simmenquelle im Bergesinnern «aufgewirbelt» wird.

Im Talboden schlängeln sich die Bächlein glänzend durch die moorige Ebene und strahlen trotz der ständigen Bewegung eine tiefe Ruhe aus. Der kleine Auenwald wirkt wie verzaubert und ist auch an schönen Tagen, wenn andere Besucher am Quellbach die Geselligkeit pflegen, eine Oase der Stille. Es lohnt sich deshalb, den Steg beim Alprestaurant zu überqueren und dem Trüebbach entlang Richtung Langerten zum Wäldchen zu wandern.

Flueseeli

Beim Restaurant Rezliberg führt ein Bergpfad knapp zwei Kilometer durch den Steilhang hinauf zum Flueseeli auf 2045 Meter über Meer. Der Abfluss des kleinen Bergsees schiesst über den Steilhang hinunter auf die Ebene des Rezlibergs, wo er etwas unterhalb der Simmenquelle von Osten kommend in die Simme einmündet.

Anders als auf der grünen Rezlialp, wo man sich im Schoss der Natur aufgehoben fühlt, lässt einen die Schwingung um den kleinen See gewissermassen abheben. Hier oben scheint die Welt durchsichtig und dem Geist sind keine Grenzen gesetzt.

Sibe Brünne, die Quelle der Simme.

Sagenweidquelle

Anreise: Bahn bis Oensingen, Postauto bis Ramiswil Post

Ramiswil (637 m ü. M.)–Sagenweidquelle (690 m ü. M.)–Ramiswil: 1½ Std.

Von der Haltestelle gehen wir einige Schritte die Passwangstrasse hinauf und biegen bei der Tankstelle auf das Strässchen links ab. Nach knapp zwei Kilometern zweigen wir wiederum vom Strässchen rechts ab und wandern bei den Häusern der Siedlung Älpli vorbei durch das kleine malerische Tal. Bald öffnet sich die Sicht auf die Kalksteinwände des Sunnenbergs, und wir steigen ins Guldental ab. Beim Bauernhof stossen wir auf das zum Scheltenpass führende Strässchen. Wir folgen ihm einige Minuten nach links hinauf, und nach dem Überqueren der kleinen Brücke sehen wir wieder links den versinterten Bachkegel der Sagenweidquelle.
Zurück wandern wir entweder wieder über das Älpli oder auf der Strasse etwa 1½ Kilometer hinunter zur Postautohaltestelle «Abzweigung Scheltenpass» an der Passwangstrasse, etwa einen Kilometer oberhalb Ramiswil.

Guldental

Das idyllische kleine Guldental mit der steil zum Felsenkamm des Sonnenbergs ansteigenden Südseite und der von beweideten Geländeterrassen geprägten Nordseite führt von der Passwangstrasse zum Scheltenpass, dem Übergang zur jurassischen Hauptstadt Delémont. Im kleinen Seitental findet man alles, was zur typischen Landschaft des Solothurner Juras gehört: die monumentalen Skulpturen der Felswände, steile Bergwälder, saftige Wiesen und verstreute Hofsiedlungen. Hier herrscht aber auch eine eigene, zauberhafte Stimmung. War es einst ein goldenes Tal, in dem die Jurafeen friedlich mit den Menschen zusammenlebten?

Die Ost-West-Verbindung über den tausend Meter hohen Scheltenpass wird seit Menschengedenken benutzt. Unzählige Generationen von vorbeiziehenden Reisenden haben beim Sinterkegel unterhalb der Sagenweidquelle Rast gemacht und das Naturwunder bestaunt.

Sagenweidquelle

Kalksinterquellen, wie die Sagenweidquelle oder die Quelle bei Tüfels Chilen, sind in der Schweiz fast vollständig verschwunden. Ihr kalkhaltiges Quellwasser wird durch das Moos chemisch verändert und lagert einen Teil des Kalks als so genannten Quelltuff ab. Das abfliessende Bächlein bildet einen Tuffkegel, über dessen Stufen das Wasser wie durch ein natürliches Wasserspiel hinunter fliesst. In Kalksinterquellen leben wenig bis keine Tiere, denn sie würden schnell in- und auswendig verkalken.

Das Tuffhügelchen der Sagenweidquelle wirkt wie aus einer anderen Welt und gehört zu den schönsten seiner Art. Im Gras sitzend und dem von Stufe zu Stufe rinnenden Wasser folgend, vergisst man leicht Zeit und Raum.

Beim Tuffhügel verengt sich das Tal für einige hundert Meter. Nach der Naturmythologie befinden wir uns hier an einem Tor, das nicht nur physisch als solches wirkt, sondern auch einen magischen Übergang bildet, was wesentlich zur Kraft und Bedeutung des Ortes beiträgt. Solche magische Pforten sind als feinstoffliche Felder zu verstehen, die vor allem Vorgänge im Unbewussten beeinflussen. Sie sind aber auch ein Gleichnis dafür, dass das Leben ein Übergang ist, der durch zahlreiche Übergänge führt. Wie das Wasser in kleinen Wasserfällen über die Tufftreppen in ebenso kleine Wannen übergeht und von Wanne zu Wanne fliesst, durchläuft der Mensch seine Lebensphasen und vielleicht sogar eine endlose Kette von Leben, wie die Druiden lehrten. Der Übergang von Wanne zu Wasserfall erinnert an den Rhythmus des Lebens: einatmen und ausatmen, festhalten und loslassen, werden und vergehen. Der Tuffkegel ist ein idealer Ort, um sich diesem oft in der Hektik des Alltags verdrängten Aspekt des Lebens zu öffnen. Die Stimmung des Ortes ist aber ausgesprochen heiter, und nicht etwa melancholisch oder nostalgisch. Man hat das Gefühl, alles fliesse, wo und wie es soll, im ewigen Kreislauf des Wassers.

Dieser Kreislauf beginnt gewissermassen bei der Quelle etwa hundert Meter oberhalb. Wir steigen links des Bächleins dem Waldrand entlang hinauf und dann rechts einige Meter zur Hangmulde des Quellgebiets hinab. Bei starker Schüttung fliesst das Wasser auf einer Breite von etwa zehn Metern aus dem Hang, rinnt in einem Trichter zusammen und fliesst als Bach ab. Die Form verleiht dem Quellgebiet die Signatur des weiblichen Schosses, nach der Naturmythologie ein Hinweis auf eine stark weibliche Ausprägung des Ortes beziehungsweise seines Schwingungsfelds. Hier lässt sich unmittelbar erleben, weshalb Quelle und Schoss der Göttin in der Antike Synonyme waren. Die an der nördlichen, also weiblichen Talflanke gelegene, von Bäumen bekränzte und mit Moos ausgelegte feuchte Hangmulde wirkt ausgesprochen intim. Bei starker Schüttung rinnt das Wasser flächig unter dem Geröll hervor, am linken oberen Rand der Mulde aber fliesst es aus einem kleinen Erdloch, und dies auch zu Trockenzeiten. Dies ist nicht nur visuell das Zentrum oder Herz der Quelle. Aus dem Erdloch scheint mehr zu strömen als Wasser. Es wirkt wie ein Nabel, der in die geheimnisvolle Tiefe führt und einen mit dem Ursprung des Lebens verbindet.

Bereits nach kurzer Zeit fühlt man sich wie im Schoss der Erde und dem namenlosen Numen der Quelle sehr nahe. Legt man sich in der Nähe auf einer trockenen Stelle nieder und stellt sich mit geschlossenen Augen vor, in das Erdloch zu schlüpfen, kann es zu einem Tor zu den inneren Welten werden. Treten Sie ein und überlassen Sie sich, getragen vom Plätschern der Quelle, dem Fluss der inneren Bilder. Sind Zeit und Umstände günstig, werden Sie dabei immer tiefer in die Erde dringen, möglicherweise auch durch das Wasser tauchen, um schliesslich eine Landschaft der Anderswelt zu betreten. Schauen Sie sich um und lassen Sie die Erfahrung wirken. Sie können darüber nachdenken und die Bilder deuten, nachdem Sie sich entschlossen haben, durch den Nabel in die normale Wirklichkeit zurück zu reisen. Diese Methode der «inneren Reise» wird bei allen Naturvölkern auf die eine oder andere

Eingang in die wässrige Unterwelt.

Quelltuffkegel in der Sagenweid.

Art angewendet, um Einblick in die Traumwelt des Unbewussten zu erlangen; bei Orten wie der Sagenweidquelle fällt sie auch Ungeübten manchmal verblüffend leicht.

Quellen fliessen für alle, für Menschen und Gottheiten, für Frauen und Männer; nach ihrer Signatur und Schwingung zu schliessen, ist die Sagenweidquelle aber ein idealer Kraftort für Frauen. Dies bestätigte mir eine ihrer Freundinnen, die seit Jahren hierher kommt und sich in der feuchten Hangmulde mit ihrem urweiblichen Wesen innig verbunden fühlt.

Rinquelle bei Betlis

Anreise: Bahn bis Weesen, zu Fuss auf dem Seesträsschen oder per Schiff bis Betlis

Schiffstation Betlis (268 m ü. M.)–Rinquelle (420 m ü. M.): ½ Std.
Rinquelle–Quinten: 1¼ Std.

Von der Schiffstation Betlis führt der beschilderte Wanderweg den Hang hinauf nach Vorderbetlis. Auf der Weideterrasse angekommen, folgen wir dem Wegweiser nach rechts zur Ruine der Strahlegg, einem Standort, der sicher bereits vor den Römern genutzt wurde, die hier ein Kastell erbauten.
Wir gehen auf das Strässchen zurück und folgen ihm hangaufwärts. Es öffnen sich Ausblicke auf den Walensee und die Glarner Berge; rechts steht die kleine Kapelle von Betlis. Bei den Häusern am Wendeplatz folgen wir dem Feldweg nach rechts über die Wiese und erreichen beim Bauernhof den Wegweiser zur Rinquelle. Wir gehen auf dem Weg links über die Wiese hinauf und durch den Wald dem stetig zunehmenden Geräusch des fallenden Wassers entgegen. Bald sehen wir auf der anderen Seite des steilen Seerenbachtobels den Überlauf der Rinquelle aus der Felswand treten, und nach wenigen Schritten gelangt der Seerenbachfall ins Blickfeld. Von der Besucherplattform aus kann man das einmalige Schauspiel der beiden ins Tobel fallenden Gewässer gefahrlos geniessen.
Für den Rückweg gehen wir etwas auf dem Weg zurück und biegen auf den Waldpfad ein, der links hinunter führt. Nach einigen Minuten führt er an zwei auffallenden kleinen Hügelchen vorbei. Ein kleiner Trampelpfad führt zwischen ihnen hindurch zu einer Wiese mit Sicht auf die rauschende Quelle. Wir gehen auf den Waldpfad zurück und erreichen bald den Wanderweg. Wer nach Betlis zurück will, folgt ihm rechts hinauf und

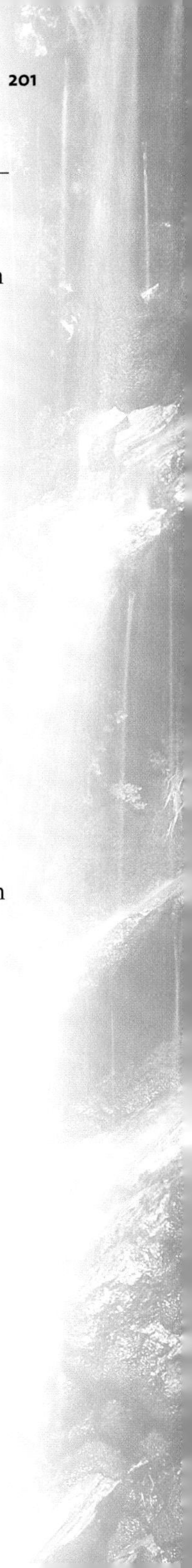

erreicht bald die kleine Anhöhe am Waldrand, wo wir zur Quelle abzweigten. Das Hügelchen mit dem Nussbaum zieht einen unweigerlich an. In der Wiesensenke sehen wir wieder die Kapelle; das Restaurant Strahlegg und die Schiffstation sind nicht mehr weit.
Der Weg nach Quinten führt erst über die Brücke nach links, dann an einem romantischen Quellbächlein vorbei zu einer Wiese hinauf und dann in den Seerenwald, einen ungewöhnlich schönen Mischwald. Der gut unterhaltene Wanderweg führt hoch über dem Walensee am Hang der Churfirsten entlang. Bewaldete Stücke wechseln sich mit Wiesen ab, immer wieder öffnen sich herrliche Aus- und Einblicke in die einmalige Landschaft zwischen Sankt Galler Oberland und Glarus. Über Platten und Steinlaui führt der Weg abwärts Richtung Tschorüti, das Quartier Laui, Quinten Dorf und Quinten Au. Die ganze Strecke liegt an der Südseite der Churfirsten, weshalb hier, vor allem auf dem letzten Teilstück nach Quinten, das wie eine mediterrane Klimaenklave wirkt, tropische Temperaturen herrschen können.

Flüssiges Licht im Serenbachtobel (Foto: Elmar Good).

Strahlegg

Die heutige Ruine entstand im 1. Jahrhundert vor Christus als militärischer Wachturm der Römer. Archäologische Untersuchungen ergaben, dass der Wachturm den Bauten auf Voremwald (Kerenzerberg) und Biberlikopf (Weesen) entsprach und mit diesen in Sichtverbindung stand. Die Ruine steht auf einer vorgeschobenen Uferzunge, etwa dreissig Meter über dem Walensee. Es ist davon auszugehen, dass die Römer damals nicht in ein menschenleeres Land kamen und der Standort der Strahlegg bereits lange vor ihnen genutzt worden war. Die Lage und Ausstrahlung lässt auf einen uralten Ort schliessen, der möglicherweise als Kultplatz der urgeschichtlichen Bevölkerung diente.

Rinquelle

Die Rinquelle schüttet eigentlich aus acht verschiedenen Felsaustritten oberhalb des Seerenbachtobels. Die grosse, unmittelbar aus der Felsenhöhle tretende Quelle ist deren Überlauf, ihre Schüttung daher von der Witterung abhängig. Im Idealfall ergiessen sich über eine Million Liter pro Minute in den Abgrund, womit sie als eine der eindrücklichsten Karstquellen der Schweiz gilt. Gespeist wird sie von einem weit verzweigten System von Wasserspeichern im Churfirstengebiet in einem Einzugsgebiet von etwa fünfzig Quadratkilometern. Alle unterirdischen Hauptfliesswege der gesamten Churfirstennordseite bündeln sich hier im Seerentobel. Die acht weiteren, wesentlich schwächer schüttenden Quellen treten in der unmittelbaren Umgebung aus dem Fels. Sie sind auf der Informationstafel bei der Plattform eingezeichnet.

Die aus dem Berg schiessenden zwanzig Meter über die Felswand in das Tobel stürzenden Güsse vermitteln ein einmaliges Quellenerlebnis. Wenn das schäumende Wasser von der Sonne bestrahlt wird, scheint es, als würde flüssiges Licht aus dem Felsentor treten und auf dem Grund des Tobels zerstieben. Auch akustisch wirkt die Quelle faszinierend. Bei genauem Hinhören (Ohrmuscheln mit den Händen erweitern) ist von einem rhythmischen, dumpfen Rumpeln über Rauschen in verschiedenen Höhen bis hin zu Obertönen eine Klangkomposition zu vernehmen, deren Schwingungen unmittelbar auf uns übergehen.

Seerenbachfall

Etwa fünfzig Meter neben der Rinquelle stiebt der zu den höchsten Wasserfällen Europas zählende Seerenbachfall in zwei Stufen über eine siebenhundert Meter hohe Felswand hinunter. Der Seerenbach wird von verschiedenen Oberflächengewässern der Churfisten gespeist. Seine Wassermassen donnern in den Seerenbachgraben, wo sie mit der Rinquelle zusammenfliessen und als wilder Bergbach zum See hinunter rauschen.

Bei der Aussichtsplattform wird das Klangbild des Wasserfalls von der stürzenden Rinquelle übertönt. Auf dem Trampelpfad (nicht gesichert und bei feuchtem Wetter rutschig) gelangt man etwas weiter in das Tobel hinein bis zu der Stelle, wo von links ein Quellbächlein herunterfliesst. Dort steht man dem unteren Teil des Wasserfalls unmittelbar gegenüber, und man kann sich ganz seinem Anblick, seinem Klang und seiner intensiven Energie hingeben. Wie Pfeile stürzen die Güsse herab und lösen sich in Gischt und Dampf auf, bevor sie den Boden erreichen – eine sinnlich faszinierende Darstellung des Wasserkreislaufs, die an Goethes Gleichnis der vom Himmel herunter und wieder zu ihm aufsteigenden Seele des Menschen erinnert.

Seerenbachtobel

Das Zusammentreffen der stark schüttenden, von unterirdischen Karstreservoirs gespeisten Quelle mit dem aus Oberflächengewässern abfliessenden Wasserfall auf kleinstem Raum ist überaus bemerkenswert. Die Übergänge zwischen den festen Formen des Gesteins der Felswände oder Sturzblöcke einerseits und dem sich schnell bewegenden Wasser andererseits können in dem engen Tobel auf ideale Weise wahrgenommen werden. In der Umgebung der beiden Sturzgewässer und des schäumenden Bachs ist die Luft stark mit negativen Ionen gesättigt, die durch den Aufprall des Wassers auf den Fels entstehen; sie tragen wesentlich zur anregenden und inspirierenden Atmosphäre bei. Das obere Seerenbachtobel scheint allgemein sehr belebt. In der vitalisierten Luft scheinen sich auch die Naturgeister wohl zu fühlen, man ahnt ihre Gegenwart. Der Kraft und Wucht des tosenden Wassers entsprechend sind die hier wohnenden Nymphen wohl ein wildes Völklein von Wassergeistern. In ihrer energetischen Ausstrahlung bilden die verschiedenen Elemente des Ortes ein Ganzes, dessen Erfahrung einen bleibenden Eindruck hinterlässt. Ob die Quellfrau zusammen mit den Nymphen, Feen, Elfen und Zwergen wohl tatsächlich in gewissen Nächten auf der Geländeterrasse oberhalb des Hauptaustritts tanzt, wie eine regelmässige Besucherin vermutet?

Rinquelle und Serenbachfall (Foto: Elmar Good).

Der vom Wasserfall und der Rinquelle gespeiste wilde Seerenbach fliesst auf direktem Weg durch das steile Tobel in den nahen Walensee hinab. Wer im zwar kalten, aber äusserst belebenden Wasser baden will, findet etwas weiter unten beim Holzsteg einige Stellen, wo dies gefahrlos möglich ist.

Die sieben Kurfirsten

Das weit verzweigte Karstsystem der sieben Kurfirsten mit seinen Reservoirs bildet das Einzugsgebiet, die Wurzelzone, der Quelle. Der lang gezogene, gezackte Bergrücken mit den sieben Gipfeln bildet den männlichen Gegenpol zu den weiblichen Kräften des Wassers und ist Teil des Kraftfeldes im Seerenbachtobel.

Im europäischen Altertum, lange vor der Zeit der Kurfürsten, müssen die Menschen der Gegend in der Zahl der Gipfel eine Verbindung zu den sieben hohen Gottheiten gesehen haben (siehe Seite 180), die damals in ganz Europa als die Ersten unter den Naturgöttern verehrt wurden (*first* ist mit Fürst oder Dachfirst wurzelverwandt und bedeutet das/der Erste oder Höchste). Kenner sprechen von einem aussergewöhnlichen Kraftberg, dessen intensive Energie auf die ganze Region ausstrahlt. Die aussergewöhnliche Signatur der markanten Bergkette ist auf jeden Fall ein weiterer Hinweis auf die mythologische Bedeutung und die energetische Qualität der Kraft der Rinquelle.

Bei den zwei Hügelchen

Die beiden Waldhügelchen ziehen das Auge sofort an und berühren den aufmerksamen Wanderer auch auf einer aussersinnlichen Ebene. Sie wurden durch Sturzfelsen geschaffen und wirken wie eine Signatur der Weiblichkeit. Der Pfad führt zwischen ihnen hindurch zu einer kleinen Feuerstelle. Von hier öffnet sich der Blick über eine Wiese hinauf zur Rinquelle. Das einmalige Bild wird bis Mitte Juni von zahlreichen Blumen wie etwa der Feuerlilie geschmückt. Natürlich betreten wir die Wiese nicht und lassen die Blumen für nachkommende Bewunderer stehen.

Es lohnt sich aber, sich Zeit zu lassen, um den Anblick zu geniessen und die Schwingung des Ortes aufzunehmen. Die überwältigende, unmittelbare Kraft der beiden stürzenden Gewässer ist hier bereits etwas milder und wirkt ausgesprochen harmonisierend. Der magische Ort ist wie geschaffen, um zu rasten, zu schauen und zu fühlen oder um einfach zu sein.

Beim Holzsteg

Einige Meter oberhalb und unterhalb der kleinen Brücke bieten sich natürliche Sprudelwannen für jene, die sich von der Wassertemperatur nicht abhalten lassen, mindestens ein Fussbad zu geniessen. Da hier der Wasserfall und die Quelle etwas weiter entfernt sind, tritt das Erlebnis des herrlichen, von Bäumen gesäumten und mit Felsblöcken durchsetzten Bachs in den Vordergrund.

Einige Meter oberhalb des Stegs in Richtung Quinten fliesst ein weiteres Quellbächlein über den bemoosten Fels in ein kleines Becken. Die von Baumkronen überdachte, schattige Stelle strahlt zwar nicht die überwältigende Kraft der Rinquelle aus, verbreitet aber eine feine Schwingung. Hier verlassen wir die unmittelbare Umgebung des Seerenbachtobels – ein guter Ort, um für das Erlebnis zu danken.

Walensee und Glarner Alpen (Foto: Elmar Good).

Rheinquelle beim Tomasee

Anreise: Mit RhB und Furka-Oberalp-Bahn zur Oberalppasshöhe

Oberalp (2044 m ü. M.)–Lai da Tuma (2344 m ü. M.) –Oberalp: 3 Std. (auch mit Kindern begehbar)
Oberalp (2044 m ü. M.)–Piz Pazola (2767 m ü. M.)–Lai da Tuma (2344 m ü. M.)–Oberalp: 4 Std. (Der Bergpfad ist stellenweise steil und ruppig, führt aber nicht über Abgründe.)

Kurze Variante

Dem Wegweiser beim Restaurant Alpsu folgend steigen wir zuerst kurz abwärts, dann auf rot-weiss markiertem Bergpfad nach rechts dem Hang entlang aufwärts. Im Frühsommer ist der Weg gesäumt von Alpenrosen, Knabenkräutern, Schwefelanemonen und anderen Bergblumen, die man selbstverständlich auch für nachkommende Wanderer stehen lässt. Während des Aufstiegs geht der Blick ins oberste Rheintal bis hinunter nach Tschamut. Beim Tomasee verzweigt sich der Weg: Der eine führt dem See entlang, der andere über die Anhöhe zur Badushütte SAC hinauf. Reizvoll sind beide, doch empfiehlt es sich, zuerst zum See abzusteigen und dann dem Bächlein entlang auf rot-weiss markiertem Weg zur Badushütte hinauf zu wandern, von wo das obere Quellgebiet einsehbar ist.

Rundweg

Dem Wegweiser beim Restaurant Alpsu Richtung Pazola/Tuma folgend steigen wir auf dem Bergpfad über die Weide hinauf. Nach etwa einer Stunde ist der Grat erreicht, von wo der Blick über das obere Urnerland schweift. Nach einigen Serpentinen traversiert er unterhalb des Pazola zur gleichnamigen Schutzhütte. Auf dem folgenden Wegstück geniesst man Ausblicke in die Ge-

gend von Andermatt im Osten und in das nach Westen verlaufende Tal des jungen Rheins sowie das eindrückliche Panorama der Urner und Bündner Berge. Nach den Felszinnen des Rossbodenstocks blicken wir bereits in den Kessel des Einzugsgebiets der Rheinquelle. Der Bergpfad quert dem Hang entlang zur Badushütte. Wer das Quellgebiet von nahem erleben will, geht vor dem Abstieg über den Trampelpfad nach rechts auf den kleinen Sattel, der den Talkessel nach Osten abschliesst. Von dort hat man eine einmalige Sicht über das Quellgebiet bis zum Tomasee hinunter. Der Abstieg zum Seelein führt an verschiedenen kleinen Wasseraustritten und Bächlein vorbei und öffnet immer wieder neue Aus- und Einblicke in das Gebiet.
Der Rückweg führt dem See entlang und am unteren Ende auf den Felsriegel hinauf. Dort folgen wir dem Wegweiser Richtung Oberalp und traversieren etwa eine Stunde dem Hang entlang (siehe kurze Variante).

Bei der Quellmulde beginnt der Rhein «offiziell».

Rheinquelle

Der Vorderrhein entspringt an der Wasserscheide zwischen den Kantonen Graubünden und Uri, die hier über den nach Andermatt hinab führenden Oberalppass verbunden sind. Der Talkessel bildet ein typisches Quellgebiet aus zusammenfliessenden Bächlein, von denen eigentlich jedes als Quellbach bezeichnet werden kann. Die kleinen Quellen sickern aus dem Geröll oder unter Steinen hervor, einige rinnen auch von den sich darüber türmenden Felszacken herab. Die auf der Karte als Rheinquelle bezeichnete Stelle ist eine feuchte Mulde, in der sich einige der Rinnsale sammeln und als Bach abfliessen. Viele der Bäche vereinigen sich allerdings erst weiter unten auf der Wiese beim See. Deshalb gilt allgemein der Tomasee als Quelle, sein Abfluss als der Beginn des Rheins. Das Wasser des Tomasees fällt schliesslich als rauschender Bach in Schüssen über Steilhänge, fliesst mit anderen Bächen zusammen und sprudelt bald kräftig wie ein lebhaftes Mädchen durch die Berglandschaft Richtung Tschamut, der ersten Ortschaft an seinem Ufer.

Das einmalige Quellgebiet ist einem Fluss von der Bedeutung des Rheins in jeder Beziehung würdig. Der klassische Talkessel, die kleinen Wasseraustritte, die sich schlängelnden Bächlein, der See und der abfliessende Bach bilden zusammen ein Ganzes. Doch steigen wir nun langsam dem Wasser folgend abwärts, um jedes Element der faszinierenden Vielfalt zu erleben und schliesslich als Einheit zu erfahren.

Schotterquellen und Quellmulde

Den Beginn der verschiedenen Quellbächlein bilden kleine Wasseraustritte, die aus dem lockeren Gestein hervortreten. Bei ihnen lässt sich gut rasten, um dem feinen Gurgeln und Rinnen zu lauschen, das Quellgebiet zu überblicken und erst einmal sinnlich zu erfassen. Natürlich gehört auch ein Trank aus der Quelle dazu, denn das Wasser fördert die Resonanz mit den Schwingungen der Landschaft. Doch welche der verschiedenen kleinen Quellen ist nun die eigentliche Rheinquelle? Ist es wie im Fall anderer Quellgebiete die höchstgelegene? Eigentlich bilden sie alle die Äste einer einzigen Quelle, und deshalb ist selbst das kleinste Rinnsal der Beginn des Rheins. Deshalb bleibt es dem Empfinden des Besuchers überlassen, wo er oder sie die Magie der Quelle am stärksten erlebt. Am besten, Sie lassen sich von ihr führen.

Dass die Quellmulde auf den Karten als Rheinquelle eingetragen ist, ist leicht nachvollziehbar. Die kleine Ebene mit den aus drei Him-

Die Wiege des Rheins.

melsrichtungen die Hänge herunter fliessenden, sich durch Kies und Grasflächen schlängelnden Bächlein bildet ein intensives Energiezentrum. Hier fühlt man sich wirklich wie mitten im Schoss des Quellgebiets und wird bald von einem Gefühl tiefer Geborgenheit erfüllt. Eine Frau berichtete von einer unmittelbaren und sehr intimen Verbindung zur Mutter Erde, die sie an dieser Stelle jeweils spüre. Von dort fliesst das Wasser sprudelnd durch ein enges, steiles Tälchen auf die etwas weiter unten gelegene Geländeterrasse beim See. «Egal, was andere sagen, für mich beginnt der Rhein mit diesem Bach», vertraute mir auf der Terrasse vor der Badushütte ein Alpinist an, der seit Jahrzehnten hierher kommt.

Terrassen und Seewiese

Zwischen dem Zusammenfluss und dem See liegen mitten im Tal einige kleine vorgesetzte wie Terrassen wirkende Hügelchen mit hervortretenden Felskuppen. Sie bieten eine herrliche Aussicht auf das Seelein und seine unmittelbare Umgebung. Die luftigen Anhöhen sind aber auch ideale Orte, wo sich die ganze Kraft der Landschaft deutlich wahrnehmen lässt. Allein hier könnte man Stunden verbringen, die sich auftürmenden Berge auf sich wirken lassen und dem sich weiter unten durch die Wiese windenden und ins Seelein rinnenden Wasser zuschauen.

Der Übergang zwischen dem oberen Talkessel und der Ebene am Seeufer ist ein eigentlicher Steingarten. Verschiedene der urchigen Felsblöcke ziehen den Blick unweigerlich an. Sind sie die Steinwächter, die seit Menschengedenken den Besuchern erschienen sind? Man spricht zwar von dem Pazolamännchen, aber möglicherweise gibt es auch Pazolafrauen und eine ganze Gemeinschaft dieser Steingeister. Vor allem Kinder werden vom Anblick der wie verzaubert wirkenden Landschaft mit den Blöcken an Zwerge erinnert, aber auch die einen oder anderen Erwachsenen wären nicht überrascht, zwischen den Felsen Steingeister herumhuschen zu sehen.

Die kleine, ebene Feuchtwiese am oberen Ende des Tomasees wird von gewundenen Bachläufen durchzogen, die schliesslich in kleine Seebuchten münden. Das Glitzern der sich durch das satte Grün der Gräser schlängelnden Bächlein und ihr lebhaftes Gurgeln versetzen den Betrachter in eine andere Welt. Einige der markanten Sturzblöcke, welche die Wiese umgeben, wirken wie natürliche Menhire und verstärken den Eindruck einer natürlichen Sakrallandschaft. Nicht minder beeindruckend ist die ausserordentliche Schwingung der vollkommen natürlichen Wasserlandschaft. Der See und die Wiesenbächlein verbreiten eine harmonische Stimmung und regen zugleich alle Lebenskräfte an. Es lohnt sich, zwischen den wie Urwesen wirkenden Felsblöcken oder an einem der Bächlein seinen Platz zu finden und den Geist des Ortes wirken zu lassen.

Lai da Tuma oder Tomasee

Der Tomasee oder «La tgina dil Rein» (die Wiege des Rheins), wie die Einheimischen sein Becken im rätoromanischen Dialekt nennen, wird durch einen natürlichen, vom Gletscher rund geschliffenen Felsriegel aufgestaut. Das Seelein liegt an den Fuss der umliegenden Berge gebettet, die sich auf seiner Oberfläche spiegeln. Es wirkt tatsächlich wie eine Wiege, über welche die kantigen Zinnen der umliegenden Berge wie Riesen wachen. Der kleine Bergsee hat eine einmalig zauberhafte Atmosphäre. Im Gegensatz zu den schnell fliessenden Bächlein verbreitet er eine tiefe Ruhe, die auf den Menschen übergeht und ihn die Zeit vergessen lässt. Es ist ein einzigartiges Gefühl, an der Wiege eines der bedeutendsten Flüsse Europas zu stehen.

Am unteren Ende des Seeleins führt ein Pfad zu einer kleinen Schlucht, die das Wasser aus dem Fels gespült hat. Durch sie rauscht der aus dem See abfliessende Bach steil in die Tiefe. Betrachtet man den See als die Wiege des Rheins, verlässt er sie hier, um sich als kleines Kind auf den 1320 Kilometer langen Weg zum fernen Ozean zu machen. Man versteht, weshalb für viele dieser Bach als der höchste Oberlauf des jungen Rheins gilt. Doch wo beginnt der Rhein nun wirklich? Zwar sind die kleinen Quellen, der Zusammenfluss der Bächlein, der Tomasee und der abfliessende Bach räumlich getrennt, doch sie bilden zusammen als Ganzes das Phänomen der Rheinquelle. Und gerade darin liegt die Einmaligkeit des Einzugsgebiets, das ebenso beeindruckend ist wie der Fluss, der hier entspringt.

Piz Badus oder Six Madun

Nördlich oberhalb des Tomasees erheben sich die spitzen Zacken des 2928 Meter hohen Piz Badus oder Six Madun, wie er auf Romanisch heisst. Der ihm vorgelagerte zerklüftete, schroffe Bergkamm sieht aus wie der gezackte Rücken eines Drachen und wirkt wie der harte Gegenpol zur sanften Ausstrahlung von See und Bachwiese. «Wenn der Tomasee die Mutter des Rheins ist, so ist der Badus sein Vater», fasste dies einer zusammen, der die Familienverhältnisse hier oben offenbar kennt. Tatsächlich ist der wuchtige Gipfel ein wesentlicher Faktor der Kraftlandschaft beim Tomasee. Man sieht ihn aber nur vom oberen Teil des Kessels aus. Doch wo auch immer man sich befindet, ist er als der dominierende Berg gegenwärtig. Den Einheimischen dient er als Wetterberg: Trägt er zum Beispiel eine Wolkenkappe, muss mit starken Winden und Niederschlägen gerechnet werden. Aber auch bei sonnigem Wetter weht beim See fast immer ein erfrischender Wind, was vor allem nach dem schweisstreibenden Aufstieg ausgesprochen angenehm ist.

Vom Badus erstreckt sich über den Piz Tuma (2784 m ü. M.), den Rossbodenstock (2767m ü. M.) und bis oberhalb der Badushütte eine hufeisenförmig geschwungene Bergkette, die das Quellgebiet mit dem Seelein schützend umgibt. Nach der Naturmythologie bildet diese Form von Quellgebiet einen klassischen Schoss der Natur, einen Ort, wo die regenerierende Kraft der Erdmutter dem Boden entströmt.

Pazolamännchen

Noch heute wird beim Tomasee ab und zu das Pazolamännchen gesehen. «Manchmal, wenn die Gäste der Hütte allzulange lärmten oder wer weiss was sonst noch trieben, klopfte es energisch an das Fenster», erinnert sich ein Alpinist, der die Hütte von vielen Übernachtungen bestens kennt. «Öffnete dann jemand das Fenster, sah er draussen ein graues kleines Männchen stehen, mit kantigem Gesicht und hell leuchtenden Augen. Andere sahen es die Abhänge entlang rennen und schliesslich zwischen den Felsblöcken verschwinden.» Solche Steingeister oder Zwerge wirken nach den Sagen unter anderem als Hüter ihres Gebiets. Wer sich auf einen der «anziehenden» Blöcke einlässt und die rational begründeten Zweifel an der Existenz von Naturgeistern für einen Augenblick loslässt, mag zwar nicht gleich dem Pazolamännchen in die strahlenden Augen blicken, aber möglicherweise die Anwesenheit von etwas spüren, das mehr ist als nur Stein.

Die Fee vom Tomasee

Nach einer Sage lebte in Tschamut eine ausgesprochen eitle junge Frau. Um allen ihre schönen Kleider vorzuführen, ging sie immer erst dann zur Messe, wenn die Gemeinde bereits in der Kirche versammelt war. Überhaupt genoss sie es, wenn man sich nach ihr umsah und spazierte stundenlang durch das Dorf. Als Strafe für ihre Eitelkeit wurde

Kleine Schotterquelle.

sie nach ihrem Tod auf den Badus verbannt, wo sie bis heute ihre Röcke zur Schau tragen muss. Wenn sie mit rotem Rock und Strohhut auf dem Grat zwischen Badus und Nurschalas spazierte, wussten die Bauern, dass ein schlimmes Unwetter im Anzug war, und beeilten sich, unter Dach zu kommen, und die Hirten trieben ihre Herden in die Ställe.

Sollte übertriebene Eitelkeit tatsächlich mit der Verbannung auf einen Berg bestraft werden, wären die Alpen wohl dicht mit solchen Geistern bevölkert. Hinter der moralisierenden Geschichte von Frevel und Strafe verbirgt sich wahrscheinlich wie in vielen ähnlichen Fällen ein älterer Mythos. Vermutlich bezieht er sich auf eine Quellgöttin, wie sie nach dem Weltbild des Altertums bei der Quelle eines der grössten Flüsse Europas nicht fehlen darf.

Der Rhein und die Göttin Reitha

Der Rhein ist eine der vier Hauptwasseradern Europas, die alle von Wasser aus dem zentralen Alpenkamm gespeist werden. Im Namen Rhein klingt die Ursilbe mit, in der das Verb «rinnen» wurzelt, und die wir auch im Namen der Rhone finden. Andererseits fällt auch die phonetische Ähnlichkeit mit dem Namen der alten rätischen Wassergottheit Marga Reitha auf, die im christlichen Mythos der heiligen Margarete aufgegangen ist. Sie ist neben Luzius die Hauptheilige des Kantonsgebiets. Ob wohl der alte Lichtgott Lug oder Luzius mit dem Badus verbunden ist, dessen Zacken jeweils im ersten Sonnenlicht erglänzen und am Abend, wenn die Umgebung bereits im Schatten liegt, noch immer bestrahlt werden?

Sollte der Mythos der Marga Reitha auf authentischer Überlieferung aus der Urzeit Graubündens beruhen, wäre der Talkessel beim Tomasee ihr Rückzugsgebiet. Allerdings gelten Quellgöttinnen bedeutender Flüsse als übergeordnete Gottheiten grösserer Gebiete, weshalb Reitha zugleich die Fruchtbarkeitsgöttin Graubündens wäre, wie das etwa der Sagenforscher und Bischof Christian Caminada vermutete. Als Quellgöttin des Rheins hätte sie nach der Naturmythologie die Funktion einer Landschaftsgottheit für das ganze Tal zwischen Quelle und Mündung. Deshalb wohl der Beiname Marga oder Gross. So ist es kein Widerspruch, dass Margarete auch an anderen Orten Graubündens erschienen sein soll, wie zum Beispiel auf dem Kunkelspass, dem Handlungsort des überlieferten Margarethenlieds. Es erzählt, wie die Göttin von einem Sennen verraten wurde, was sich offenbar auf die Abwendung der Bevölkerung von der alten Naturreligion bezieht. Sie musste das Land verlassen, und alle Pflanzen und Tiere trauerten. Am Schluss des Lieds heisst es, dass darauf verschiedene Quellen versiegten und an bestimmten Orten das Gras für immer verdorrt ist.

Der Rhein fliesst vom Tomasee nach Tschamut, der ersten Ortschaft an seinem Ufer, dann nach Nordosten durch das Bündner Oberland oder die Surselva nach Tamins, wo er den aus dem Bernardinogebiet kommenden Hinterrhein aufnimmt. Von der Kantonshauptstadt Chur an fliesst sein Wasser mehr oder weniger in einem Kanal mit Staustufen dem Bodensee zu. Bei Stein verlässt der Rhein den See, nimmt bei Koblenz die Aare auf und fliesst ab Basel zuerst als Grenzfluss zwischen Frankreich und Deutschland und dann durch das deutsche Rheinland über Köln nach Holland, um schliesslich bei Rotterdam in die Nordsee zu münden. Seine historische Funktion als Grenzfluss geht auf die Römerzeit zurück. Auch wenn die Grenze des Römischen Reiches nicht immer dem Fluss entlang verlief, galt er den Römern zumindest als Teilung der Gebiete der links des Rheins wohnenden Stämme, die sie Gallier nannten, und jener der rechts des Rheins wohnenden Germanen. Die Einteilung durch die Römer folgte also nicht ethnischen Linien. Grosse Flüsse sind oft Grenzen, aber immer auch Verbindungswege, was die Geschichte des Rheins bis in unsere Zeit prägte. Er ist mit zahlreichen Mythen verbunden. Man denke etwa an den sagenhaften Schatz der Nibelungen, das Rheingold, oder an die verführerische Nymphe Loreley, unter deren Felsen bis auf den heutigen Tag Schiffe auf Grund laufen.

Die Quelle des Hinterrheins

Der Rhein hat zwei Oberläufe. Der so genannte Hinterrhein entspringt ebenfalls in Graubünden, westlich des San-Bernardino-Passes. Von der Ortschaft Hinterrhein führt ein Bergpfad dem jungen Fluss entlang zur Zapporthütte und weiter taleinwärts bis zur Quelle bei der Stelle mit dem Namen «Ursprung». Zurück muss der gleiche Weg gewählt werden. Die Wanderung hin und zurück dauert etwa sechs Stunden und führt durch hochalpines Gelände, in dem man sich zum Teil nur anhand der Markierungen orientieren kann, weshalb ein Besuch nur erfahrenen Wanderern zu empfehlen ist.

Giessen bei Wiler

Anreise: Bahn ab Burgdorf oder Solothurn bis Wiler

Wiler–Giessen–Wiler: 1 Std.

Wir gehen vom Bahnhof durch das Dorf Richtung Zielebach/Obergerlafingen und erreichen nach etwa einer Viertelstunde das durch den Wald nach Zielebach führende Strässchen. Etwa einen Kilometer nachdem wir den Wald betreten haben, sehen wir links die ersten Gräben des Quellgebiets. Die schönste Giesse sprudelt einige Meter neben dem Strässchen. Bei ihr beginnt ein Trampelpfad, auf dem das Quellgebiet vorsichtig begangen werden kann.

Quelltopf mit Sandvulkanen (helle Stellen).

Giessen

Das Dorf Wiler liegt in dem von zahlreichen Gewässern durchzogenen Wasseramt. Knapp einen Kilometer westlich von Wiler fliesst die Emme vorbei, etwa fünf Kilometer nördlich die Aare durch Solothurn und sieben Kilometer östlich liegt der wegen seiner urgeschichtlichen Bedeutung und für sein heilkräftiges Wasser bekannte Burgäschisee. Das Quellgebiet im Wilerwald wirkt denn auch wie ein energetisches Zentrum dieser Wasserlandschaft, sind doch sonst fast alle Quellen gefasst und die meisten Bäche künstlich verbaut.

Die als Giessen bezeichneten Grundwasseraufstösse gehören zu den letzten dieser Grössenordnung auf dem Gebiet der Schweiz. Sie entstehen, indem oberflächennahe Grundwasserströme etwa durch unterirdische Riegel gestaut und nach oben gedrückt werden. Das Wasser sprudelt in runden Quelltöpfen aus dem Boden und fliesst in Bächen ab. In der Schweiz finden sich entlang der Flussläufe noch viele Flurnamen wie Giesse oder Giessen, doch die einst weit verbreitete Form von Quellen ist ausgesprochen selten geworden. Eine weitere schöne Giesse sprudelt im Rohrerschachen bei Aarau aus dem Waldboden.

Sandvulkane

Im Quelltopf unmittelbar neben der Strasse kann das typische Phänomen der Giessenquellen beobachtet werden: Der Sand am Boden der Töpfe wird vom emporquellenden Wasser ständig in die Höhe gewirbelt. Diese Sandvulkane haben eine faszinierende Anziehungskraft. Beim Betrachten des unablässig aufsteigenden und wieder im Quelltrichter zusammenströmen Sandes lassen sich Goethes Worte nachvollziehen: «Gestalten, umgestalten. Des ewigen Geistes ewiges Walten.» Das bewegende Muster des Sandvulkans wirkt wie ein Meditationsbild, das den Geist unmittelbar beeinflusst und nach längerem Schauen zu einer tranceähnlichen Warnehmungsweise führt. Sandvulkane sind aber auch ein Gleichnis für alle aus dem Urquell entspringenden Lebewesen, Weltmächte oder Universen, die in einem ewigen Kreislauf wie die Sandkörner ihre Zeit des Steigens und Fallens haben. Nur ganz grosse Geister werden am Quelltopf sitzend erleben, dass jedes Sandkorn selbst wiederum zu einem Universum wird. Was man aber leicht sieht, ist ein Kommen und Gehen, Aufregungen entstehen und legen sich wieder, Leidenschaften entflammen und erlöschen, Illusionen blühen auf und welken. Das einzig Beständige ist der Sandvulkan, der sich ständig in sich selbst zurückverwandelt.

Im Buch «Die Insel» von Aldous Huxley wimmelt es von Beos, welche die Worte gelernt haben: «Hier und Jetzt, Mädchen und Jungs.» Wenn immer Menschen in der Nähe sind, krächzen die Vögel ihr Mantra und machen sie auf das Einzige aufmerksam, was wirklich ist: das, was hier und jetzt ist. Bei uns gibt es zwar keine solchen Beos, aber die Sandvulkane der Giessenquellen sagen dasselbe. Sie sind eine Manifestation des ewigen Werdens und lassen einen beim Betrachten ihres wirbligen Wesens im konkreten Augenblick des Daseins ankommen.

Vom Quelltopf fliesst ein Bach ab, der etwas weiter unten wieder in einen der beiden Hauptäste des Quellgebiets mündet. Wir gehen einige Minuten am linken Ufer entlang über den Trampelpfad an einem weiteren Quelltopf vorbei und erreichen nach dem Überqueren des von links kommenden Bächleins eine kleine Wiese. Der Ort ist wie geschaffen, um die Atmosphäre des Quellgebiets zu geniessen. Der von zahlreichen Bächlein und Rinnsalen durchzogene Wald mit seinem üppigen Moos und Farn wirkt ausgesprochen geheimnisvoll. In solchen Gebieten wurden früher die Moosleutchen gesehen. Diese Zwerge sollen eine Vorliebe für feuchte Gebiete wie Moore und Auenwälder haben. Nach der Naturmythologie gehören sie wie die ebenfalls häufig in sol-

Ein unablässig eruptierender Sandvulkan.

chen Gebieten auftretenden Elfen und Feen zur Gemeinschaft der Quellfrau.

Wer die Schönheit der wässrigen Landschaft und die Atmosphäre der Quelle auf sich wirken lässt, kann nachvollziehen, weshalb gerade solche Gebiete als geheimnisvolle Welten voller rätselhafter Wesen galten. Auf uns moderne Menschen wirkt das Quellgebiet vor allem sehr harmonisierend. Es ist erstaunlich, wie schnell man zur Ruhe kommt, wenn man sich am Platz seiner Wahl hinsetzt und die Stimmung der Landschaft wirken lässt. Die Schwingungen des Ortes sind sehr subtil, aber umso nachhaltiger.

Quelle der Emme

Anreise: Bahn bis Interlaken West, Bus bis Habkern Post; oder: Bahn nach Wiggen, Postauto nach Kemmeribodenbad
Rückreise: Von Habkern Postauto nach Interlaken West; von Kemmeribodenbad Postauto nach Wiggen und Bahn Richtung Bern oder Luzern

Habkern (1055 m ü. M)–Lombachalp–Rastplatz Möser (1600 m ü. M.): 2¾ Std.
Möser–Kemmeribodenbad (976 m ü. M.): 2 Std.
Möser–Widegg–Bolsiten–Habkern: 2½ Std.

Ungeübten Wanderern wird empfohlen, am Vortag anzureisen und entweder in Schangnau/Kemmeriboden oder Habkern zu übernachten, um für den Weg Zeit zu haben. Wer den Anmarsch auf sich nimmt, erlebt aber, dass sich die Anstrengung lohnt. (Wer nicht gut zu Fuss ist, kann gegen eine Gebühr mit dem Privatauto über die private Alpstrasse bis zum Parkplatz bei Rotenschwand/Lombachalp fahren.)
Beim Wegweiser am Dorfplatz Habkern folgen wir dem Strässchen Richtung Lombachalp, überqueren den Traubach und steigen auf dem Wanderweg den Berg hinan. Nach dreimaligem Kreuzen der (wenig befahrenen) Alpstrasse folgen wir dieser nun für eine Weile. Bei Rotenschwand erreichen wir das Berggasthaus, wo jeweils das Lombachalp-Schwingfest abgehalten wird. Im Osten bildet das Augstmatthorn den topografischen Höhepunkt des westlichen Brienzergrats, im Norden liegt der massige Hohgant. Nach Osten öffnet sich der Blick in die Region Sörenberg in der Innerschweiz. Der Weg führt weiter dem Strässchen entlang, an dessen Seiten bald die ersten Bächlein und Feuchtgebiete auftauchen.
Nach etwas über drei Kilometern steht einige Meter rechts unterhalb des Strässchens eine Weidehütte

(Möser). Hier ist der Ausgangspunkt zum Abstecher in den Teufengraben.
Gut dreihundert Meter nach der Möserhütte Richtung Hohgant verzweigt sich das Alpsträsschen. Wir gehen links hinauf und erreichen nach einigen Minuten einen Rastplatz am Rand eines zauberhaften Feuchtgebiets. Nordwestlich gleich oberhalb des Rastplatzes verzweigt sich das Strässchen. Wir gehen nach links und überqueren auf dem Weg verschiedene Bächlein, bevor wir zu einer malerischen Gruppe von der Sonne gebräunter hölzerner Speicher gelangen, die dem Ort den Namen Speicher gaben. Vor der letzten Reihe von Speichern biegen wir vom Wanderweg rechts ab und gelangen dem Hang entlang gehend ins Quellgebiet der höchstgelegenen der in den Teufengraben abfliessenden Quellen. Nur wenig unterhalb des Wideggrats geniesst man eine ideale Aussicht auf das Quellgebiet der Emme zwischen Hohgantrücken und Brienzergrat.
Wer den Rückweg über Widegg und Bolsiten nach Habkern wählt, geht zurück nach Speicher und folgt

«Zeichenstein» im Teufengraben.

dort dem Wanderweg nach rechts. Die Widegg bietet eine herrliche Aussicht auf das Jungfraumassiv und den ganzen Talkessel der jungen Emme bis zu den Obwaldner Bergen. Der Abstieg über Weiden und durch Tannenwälder nach Habkern öffnet einen eindrücklichen Blick auf das weit gestreute Dorf und die Berge der Thunerseeregion.
Wer zum Rastplatz zurück oder nach Kemmeriboden wandert, geht weiter dem Hang entlang, bis etwa hundert Meter nach dem zweiten Quellbächlein der Pfad am Strässchen endet. Diesem nach rechts folgend, wandern wir beim Wegweiser vorbei zum Rastplatz hinunter und bis zur Weggabelung, wo wir weiter Richtung Nollen/Kemmeriboden gehen. Bei der nächsten Gabelung gehen wir auf dem Wanderweg links hinunter Richtung Habchegg und wandern bald an der südöstlichen Flanke des Hohgant entlang oberhalb dem Leimbach talauswärts. Bei der Hinteren Schönisei stossen wir nach rechts abzweigend wieder auf die Emme, die bereits stark zugenommen hat. Wir folgen ihr am anderen Ufer abwärts und geniessen die Einblicke in die kleinen Schluchten und Schüsse. Nach der Überquerung der Emme führen die letzten zwei Kilometer gemächlich zum Kemmeribodenbad.

Quellgebiet

Das Einzugsgebiet der Emme zwischen Hohgant und Augstmatthorn liegt in einer wunderschönen und ausgesprochen krafterfüllten Landschaft. Feuchtwiesen, Moore und zahlreiche kleine Wasserläufe wechseln sich mit saftigen Weiden, Fichten und Bergföhren ab. Der geradezu klassisch geformte Talkessel ist Teil eines Naturschutzgebiets, das sich von der Seefeldalp bis nach Sörenberg erstreckt. Die Landschaft ist ausser dem Alpsträsschen und den Wanderwegen weitgehend naturbelassen und bietet teilweise seltenen Tieren und Pflanzen einen geschützten Lebensraum. Daher bewegen wir uns selbstverständlich mit dem entsprechenden Respekt im Gelände. Das heisst nicht, dass man nicht ab und zu einige Meter vom Weg abweichen dürfte, vor allem die unbeweideten Feuchtgebiete aber sollten nicht betreten werden.

Oberhalb des Strässchens zwischen Lombachalp und Allgäuli entspringen zahlreiche kleine Quellen, und man wundert sich, woher all das Wasser kommt. Wenn über dem Bernbiet Hochnebel liegt, ist der Talkessel der Emme in dicken Nebel gehüllt. Wer einmal bei einer solchen Wetterlage hier unterwegs ist, kann beobachten, wie sich der Nebel an den Nadeln der Tannen und den Pflanzenblättern niederschlägt und auf die Erde tropft. Natürlich werden die Emmenquellen nicht nur

Im Nebelreich der Emmenjungfrau.

vom Nebel gespeist, aber ohne dieses Phänomen würden sie nicht so üppig sprudeln. Ob wohl deshalb die sagenhafte Emmenjungfrau oft in Form einer Nebelschlange auftritt?

Das höchstgelegene Quellbächlein, das in den Teufengraben abfliesst (auch in diesem Fall streiten sich die Fachleute, welches die eigentliche Quelle des Flusses ist), tritt am östlichen Abhang der Widegg aus dem Boden; diese bildet hier die Wasserscheide zwischen Oberland und Emmental. Hundert Meter weiter westwärts fällt das Gelände bereits in den Traubachgraben ab, der über den Lombach in den Thunersee entwässert.

Im ganzen Gebiet zwischen Augstmatthorn und Hohgant entspringen zahlreiche Bächlein, wie dies für ein klassisches Quellgebiet dieser Grösse typisch ist. Der grösste Teil fliesst durch die drei Äste des Teufengrabens ab, in dem sie sich schliesslich zum eigentlichen Oberlauf der Emme vereinigen. Wie der Name (tiefer Graben) andeutet, ist das Gelände teilweise steil und unzugänglich. Der Weg, der bei der Hütte Möser vom Strässchen abzweigt und rechts über die Wiese zu den Zusammenflüssen hinunterführt, ist ideal, um die einmalige Landschaft zu geniessen.

Nördlich des Strässchens Haglätsch–Nollen fliessen die Quellen in den Leimbach ab, der etwa fünf Kilometer weiter unten mit der Emme zusammenfliesst. In diesem Gebiet liegt der höchstgelegene Bachanfang des Quellgebiets auf einer Höhe von 1800 Meter über Meer am östlichen Grat, der sich vom Hohgant nach Süden zieht. Gehen Sie vom Wegweiser nordwestlich oberhalb des Rastplatzes etwa vierhundert Meter Richtung Allgäuli. Bei der Rechtsbiegung des Weges fliesst ein Bächlein den Hang hinunter, das knappe dreihundert Meter weiter oben unterhalb eines Gesteinsfelds aus dem Boden sickert und durch die malerische Alp in den Leimbach abfliesst. Der Aufstieg dem Bächlein entlang ist extrem steil, weshalb sich der Bergpfad über den Grat empfiehlt. Auf der anderen Seite des Grats liegt die Feenlandschaft des Gopitals und der Trogenalp.

Das ganze Gebiet verbreitet die für Quellen typische Schwingung, die deshalb nicht einem bestimmten Wasseraustritt zugeordnet werden kann. Wer eine der kleinen Wiesenquellen besuchen will, sei nochmals gebeten, auf die Vegetation Rücksicht zu nehmen und das Bachbett nicht zu betreten.

Der Vollständigkeit halber sei erwähnt, dass die höchste Quelle im Gebiet am Augstmatthorn entspringt. Unweit des Gipfels plätschert ein

Die Welt der jungen Emme.

kleiner Weidebrunnen, der von ihr gespeist wird. Das Wasser versickert und kann daher keinen Bach bilden, weshalb sie auch nicht als Quelle der Emme bezeichnet werden kann. Wer den einstündigen Aufstieg auf das Augstmatthorn auf sich nehmen will, wird neben dem Erlebnis des Alpbrunnens mit einer einmaligen Aussicht auf den Brienzersee und die Alpen belohnt.

Teufengraben

Der Teufengraben bildet nach oben drei Äste, die sich weiter verzweigen und südlich bis zum Augstmatthorn, nördlich bis oberhalb der Möser reichen.

Der Weg in den mittleren Graben führt bei der Hütte vorbei rechts über die Wiese in den Wald hinunter, bevor er sich in der urtümlichen Landschaft verliert. Vorsichtig durch das feuchte Weidegebiet und den Wald schreitend, erreicht man das Bachtal, ohne der Natur Schaden zuzufügen. Die eindrückliche Stimmung beim engen, tief gelegenen Bachbett und die intensive Energie der Landschaft vermitteln zusammen mit den Schwingungen des lebhaft durch das Bachbett rauschenden Wassers ein einmaliges Erlebnis der aussergewöhnlichen Kraft des Quellgebiets.

Heidenstätte und Geisterzüge

Das Quellgebiet der Emme hat alle geomantischen Merkmale einer Sakrallandschaft, und es erstaunt deshalb nicht, dass es Handlungsort von Sagen und Geschichten ist, die auf eine Kultstätte der vorchristlichen Bewohner hinweisen. Auf der Alp Allgäuli, etwa einen Kilometer nordwestlich vom Rastplatz, soll nach der Sage eine Stadt der Heiden gestanden haben, die sich hartnäckig weigerten, zum Christentum überzutreten. Der Missionar Justus, der im nahen Justistal wohnte, sei persönlich hinaufgestiegen, um die Bewohner aufzufordern, von ihrem alten Glauben zu lassen. Als auch dies keine Wirkung zeigte, habe Gott selbst die Häuser der Stadt bis auf die Grundmauern zerstört. Noch heute sollen in Habkern zuweilen die donnernden Geräusche der fallenden Gemäuer zu hören sein.

Wahrscheinlich war die sagenhafte Stadt eher eine heilige Stätte als eine ganzjährig bewohnte Siedlung. Dafür spricht die Lage direkt am Fuss des «Götterberges» Hohgant und die unmittelbare Nähe zu den Quellen der die ganze Region prägenden Emme. Möglicherweise bestand hier wie in vielen anderen abgelegenen Bergregionen noch ein

Heiligtum der alten Religion, als die Täler längst christianisiert waren, wie dies auch der Kenner der oberländischen Volkskunde Hermann Hartmann vermutete; er schreibt: «Lange mag sich in den versteckten Felsschlupfwinkeln der oberländischen Bergtäler der die mündliche Überlieferung durch besondere Schulung pflegende Druidenkult der keltischen Ureinwohner erhalten haben, als Rom diesen Zweig des Heidentums durch die strengsten Verbote längst dem Untergang geweiht hatte. Die Sagen scheinen auf ein der römisch-christlichen Kultur entgegentretendes und mit ihr ringendes Heidentum zu deuten.»

Eine andere alte Sage berichtet von einem Älpler, der eines Nachts in seiner Hütte an der Widegg Besuch von unheimlichen Geistersennen erhielt. Dasselbe geschah in der zweiten Hälfte des 20. Jahrhunderts einem Sennen, der übrigens nicht im geringsten an Gespenster glaubte. Vom unheimlichen Besuch erschreckt, sei er mitten in der Nacht barfuss und nur mit dem Hemd bekleidet durch das Dorf Habkern gerannt, «als wäre der Teufel hinter ihm her». Auch die Hütte im hinteren Seefeld, etwa zweieinhalb Kilometer westlich der Widegg, gilt als Ort, wo das «Nachtvolk» seit Menschengedenken wilde Feste feiern soll. In den sechziger Jahren übernachtete dort eine Gruppe von Wanderern und erlebte, wie ein Geisterzug von Berglern in farbigen Trachten mitsamt Kühen und Ziegen durch die Hütte zog. Offenbar führt durch das Quellgebiet der Emme eine «Geisterstrasse», auf der das Ewige Volk oder Wüetisheer in gewissen Nächten hindurchzieht. C. G. Jung hatte selbst ein ähnliches Phänomen erlebt, was ihn zur Vermutung veranlasste, dass solche Züge mit Menschen in Zusammenhang stehen, die einst in der betreffenden Gegend gelebt haben. In einer Sage aus dem Schwarzenburgerland wird der geheimnisvolle Zug sogar namentlich als Ahnengeister bezeichnet. Auf eine Verbindung mit den Vorfahren verweist auch die lokale Bezeichnung Wüetisheer. Wüeti ist ein mundartlicher Name des alten Gottes Wodan oder Wode. Nach einer in Europa verbreiteten Sage soll er in gewissen Nächten sein Volk über seine einstige Landschaften führen, um die Menschen an ihre Vorfahren und deren Erbe zu erinnern.

Die Emme

Nach dem Teufengraben fliessen der jungen Emme verschiedene andere Bäche zu, und beim Kemmeriboden ist sie bereits ein Bergfluss, der unterhalb Eggiwil durch die enge Schlucht des Räblochs fliesst. Bei Langnau nimmt sie die Ilfis auf und bildet fortan die Hauptschlagader

der Landschaft des Emmentals. Auf ihrem weiteren Weg sammelt sie die Wasser der zahlreichen durch die Gräben abfliessenden Bäche, bis sie schliesslich unterhalb von Solothurn in die Aare mündet. Über die feinen Verzweigungen der vielen Seitenbäche überzieht das Energiefeld der Emme die ganze Region mit einem ausgedehnten Netzwerk. Schon daraus lässt sich nachvollziehen, weshalb die Flussgöttin vor langer Zeit als die eigentliche Landschaftsgöttin des hügeligen Emmentals galt.

Tatsächlich wurde die in sich abgeschlossene Welt der Gräben und Eggen vom Fluss und seinen Nebenbächen geschaffen. Während der letzten Eiszeit war die Landschaft entlang der jungen Emme bis unterhalb Schangnau zwar vom Emmengletscher bedeckt. Der grösste Teil des Emmentals ragte jedoch wie eine Insel aus dem Eismeer. Es wurde nicht wie das übrige Hügelland am Alpenkamm durch die Bewegung der Eismassen abgehobelt, weshalb seine typische Topografie der engen Täler und steilen Hügelketten erhalten blieb.

Die Emmenjungfrau

Als ich eine Kennerin des Gebiets nach ihrer Vorstellung von der Quellgöttin der Emme fragte, antwortete sie, man müsse eher von einer grossen Familie von Nymphen, Feen und Elfen sprechen, die zusammen mit dieser das Einzugsgebiet bewohnen. Zu ihrer Gesellschaft gehören sicher auch die zahlreichen Zwerge, die nach den Sagen im und um den Hohgant wohnen sollen.

Wie wir gesehen haben, sind die Quellgöttinnen grosser Flüsse identisch mit deren Flussgöttinnen. Dies dürfte auch im Fall der Emme so sein. Nach verschiedenen Sagen erscheint die Gestalt der Emmenjungfrau manchmal mit einem Schlangenleib, was dem klassischen Urbild der Quellgöttin entspricht, wohnte doch nach dem Mythos im alten Griechenland «bei jeder Quelle ein Drache (oder eine Drachenschlange)». Zur Zeit von Jeremias Gotthelf waren noch viele Emmentaler überzeugt, dass sich die Nebel entlang der Emme manchmal für einen Augenblick in eine riesige, mit silbrigen Schuppen bedeckte Schlange verwandeln. In anderen Geschichten erscheint die Emmenjungfrau als schöne, ganz in Weiss gekleidete Frau, die in Begleitung von Bären und Wölfen durch die Nebelschwaden am Fluss entlang wandelt. Das Bild erinnert sehr an Diana/Artemis, die eng mit dem Wasser verbundene Manifestation der Göttin. Zahlreiche Kennerinnen und Kenner der Gegend um die Emmenquelle sind überzeugt, «dass man hier oben nie allein ist», wie sich eine aus der Gegend stammende Frau ausdrückte. Aber auch Menschen, welche die Existenz von Naturgeistern und -göttern ausschliessen, bestreiten nicht, dass die faszinierende Landschaft um die Emmenquellen eine intensive und geheimnisvolle Aura hat.

Der Hohgant

Der wuchtige Bergrücken an der Grenze zwischen Berner Oberland und Emmental wirkt wie der Wächter des Quellgebiets. Er wird auf drei Seiten in einer Schlaufe von der Emme umflossen, was die Verbindung von Berg und Fluss noch zusätzlich hervorhebt. Der Bergrücken erstreckt sich von Schönisei im Osten fast zehn Kilometer bis zum Grünenbergpass im Westen. Die Ost-West-Ausrichtung macht ihn nach der Naturmythologie zu einem Drachenberg, über dessen Rücken gewissermassen die Sonnenbahn verläuft. Als Hohgant wird jedoch bloss die etwa einen Kilometer lange, über den Bergrücken emporragende Felsformation um den höchsten Punkt bezeichnet. Sein Name umschreibt eine hoch gelegene steinige Fläche. Die markante Form des Hohgant ist von allen Anhöhen des Emmentals aus zu sehen; er ist damit so etwas wie das verbindende Wahrzeichen der Region. Entsprechend hat der Berg für viele Menschen eine magische Ausstrahlung, was gewiss auch in der Vergangenheit der Fall war. Galt der Hohgant einst vielleicht als Sitz eines Berggottes, der die polare Ergänzung zur Emmenjungfrau bildete? Wir wissen es nicht, aber es würde seiner geomantischen Lage in der Landschaft der jungen Emme und den heutigen Erkenntnissen über die Naturreligion des europäischen Altertums entsprechen.

Kemmeribodenbad

Das Kemmeribodenbad ist ein geschichtsreicher Gasthof am wildromantischen Oberlauf der Emme. Der hinterste Gasthof des Emmentals ist wegen seiner Lage, und nicht zuletzt auch wegen der währschaften «Kemmeriboden-Meränggen» seit Generationen ein beliebter Ausflugsort. Einst war das Bad vor allem dank seiner heilenden Schwefelquelle bekannt geworden. Die moderne Badeanlage musste wegen mangelnder Nachfrage zwar schliessen, aber die Quelle fliesst unablässig weiter, und möglicherweise wird ihre Heilkraft irgendwann wieder erkannt und geschätzt.

Felix-und-Regula-Quelle bei Linthal

Anreise: Bahn bis Linthal

Linthal (645 m ü. M.)–Obbort (1049 m ü. M.)–Quelle (789 m ü. M.)–Linthal: 3 Std.
Linthal (645 m ü. M.)–Quelle (789 m ü. M.)–Linthal: 2 Std.

Wir wandern vom Bahnhof dem Fluss entlang Richtung Obbort und schwenken nach links hinauf zu der ans Talende führenden Strasse. Nach einigen hundert Metern folgt die Abzweigung Obbort, wo wir der Beschilderung folgend am Hang entlang wandern und die Bergwelt des hinteren Linthtals geniessen. Nach etwa drei Kilometern erreichen wir den Aussichtspunkt Obbort mit einer herrlichen Sicht auf die Glarner Berge und vor allem den Tödi, dessen Gletscherkuppe die Gegend beherrscht. Von Obbort führt der Wanderweg durch den Bergwald zum Talboden hinab, wo er in die Strasse mündet, der wir nach rechts der Linth entlang folgen. Von dem Punkt, wo sie vom Fluss wegführt, sind es noch etwa hundert Meter bis zur Felix-und-Regula-Quelle. Unmittelbar nach der bis zur Strasse reichenden Felswand sehen wir einige Meter rechts ihr Wasser aus dem Boden quellen und als Bächlein unter der Strasse hindurchfliessen.
Auf dem Rückweg gehen wir wieder der Strasse entlang und folgen dann dem Wanderweg auf die linke Talseite, überqueren die Linth und wandern durch den Bergwald oberhalb des Flusses zum Bahnhof Linthal. Etwas kürzer, aber weniger malerisch ist der Rückweg über die Talstrasse.

Quelltümpel mit Wasserfall.

Die Quelle von Regula und Felix

Obwohl das Quellgebiet natürlich unter der Strasse gelitten hat, strahlt der Ort trotzdem etwas Urtümliches aus. Das liegt nicht zuletzt an der unmittelbar oberhalb des Austritts gelegenen kleinen, natürlichen Felsgrotte, die ihm das Aussehen eines klassischen Kultplatzes verleiht. Das Wasser der Quelle stammt aus dem etwa vier Kilometer Luftlinie südöstlich in einer Bergmulde gelegenen Muttsee (2446 Meter ü. M.). Es vereint die Kraft des abgelegenen Bergsees mit den Schwingungen des Gesteins, das es auf dem Weg zur Quelle durchfliesst. Obwohl das Wasser nicht als Mineralwasser gilt, wird es seit Menschengedenken als heilend geschätzt, was seit der Einführung des Christentums auf den Segen der Heiligen Regula und Felix zurückgeführt wurde. Nach der Legende sollen die beiden auf ihrer Flucht bei der Quelle gerastet haben. Ein Bauer aus der Umgebung meinte allerdings, die Heiligen seien womöglich am Ort geblieben und die Zürcher hätten später nur noch den Mythos zu sich geholt. Auf jeden Fall, meinte er, sei die Quelle das würdigere Heiligtum, denn hier seien die Heiligen willkommen gewesen, während sie in Zürich ermordet wurden.

Wie überall, wo Quellen mit kirchlichen Heiligen in Zusammenhang gebracht wurden, ist auch in diesem Fall davon auszugehen, dass

Höhle oberhalb der Quelle.

die beiden an die Stelle einer älteren Quellgottheit traten und aus der heiligen Quelle eine Heiligenquelle machten. Die Geschwister Regula und Felix erinnern an die oft paarweise auftretenden Quellgottheiten des Altertums und lassen an Sirona und Grannus denken.

Die Lage an der eindrücklichen Felswand am Ende des Linthtals in der unmittelbaren Nähe des eindrücklichen Wasserfalls ist jedenfalls für einen Kultort ideal. Da die Strasse kaum befahren wird, lässt sich noch heute nachvollziehen, weshalb die Ureinwohner des Tals bei dem unter dem Fels hervorquellenden Wasser ein geheimnisvolles Wesen wahrnahmen. Bei vielen kirchlichen Heiligenquellen wurden Gebetsstöcke oder Kapellen errichtet, hier jedoch ist die unmittelbare Umgebung der Quelle bis auf das Strässchen mehr oder weniger frei von menschlichen Eingriffen.

Das natürliche Quellheiligtum mag vielleicht nicht mehr dieselbe Kraft haben wie vor der Erschliessung des Tales, aber es ist ein eindrücklicher Ort geblieben, an dem sich das aussergewöhnliche Schwingungsfeld der Berglandschaft deutlich spüren lässt. Bereits nach einigen Minuten wird man von der intimen Atmosphäre beim lautlos und ruhig aus dem Boden quellenden Wasser umfangen. Der belebt wirkende Fels mit der geheimnisvollen kleinen Grotte und der nahe Wasserfall verstärken den Eindruck, in einem bedeutenden Naturheiligtum zu sein. Die Regula-und-Felix-Quelle hat eine ausgesprochen feine und subtile Schwingung. Doch wenn man sich die Zeit dazu lässt, dringt sie tief in das Gemüt und lässt Gefühle aufsteigen, die man nicht in Worte fassen kann und im eigentlichen Sinne des Begriffs religiöse Regungen auslösen: die erlebte Gewissheit, mit dem Heiligen oder Ganzen verbunden zu sein, und ein spontanes Bedürfnis, dem Götter- oder Heiligenpaar zu danken, wie auch immer es heissen mag. Die spirituelle Wirklichkeit liegt jenseits von Namen und Bildern.

Schwefelbrunnen am Stachelberg

In Linthal befindet sich auch eine Mineralquelle, die aus einer Felswand am Stachelberg tritt und von dort ins Tal geleitet wird. Wir erreichen den malerischen Brunnen einige Minuten oberhalb der Talstation der Braunwaldbahn. Kurz vor dem Parkplatz des Restaurants Stachelberg führt eine Brücke über den Brumbach, an deren Ende man den einige Meter links oberhalb liegenden Schwefelbrunnen riecht. Während der Wintersaison wird das Wasser abgestellt. Das heutige Restaurant gehörte einst zu den unzähligen Heilbädern der Alpen, deren

Wasser weit über die Grenzen der Schweiz hinaus hoch geschätzt wurde. Im Roman «Quatemberkinder» von Tim Krohn wird das Badegebäude zu einem psychedelischen Zauberschloss, durch das ein junger Älpler die Anderswelt betritt.

Noch immer kommen Dutzende Einheimische und Gäste, um das nicht eben wohlriechende Wässerchen zu trinken. Unter ihnen sind die meisten eigentlich recht gesund, wie ein älterer Herr aus dem Dorf im Gespräch am Brunnen sagte. Wie er selber kämen sie her, um gar nicht erst krank zu werden. Tatsächlich wirkte der Mann trotz seines fortgeschrittenen Alters ausgesprochen lebhaft und beweglich. Allerdings sind heute nur noch wenige vom gesundheitlichen Wert dieser früher sehr geschätzten Schwefelquelle so überzeugt wie der rüstige Linthaler (siehe Seite 243).

Die Legende von Regula und Felix

Das früheste Zeugnis über die beiden Zürcher Stadtheiligen Felix und Regula ist im ausgehenden 8. Jahrhundert von einem alemannischen Priester in Zürich verfasst worden. Der Legende nach waren die Geschwistern Felix und Regula römische Christen, die zusammen mit ihrem Diener und Freund Exuperantius aus der Thebäischen Legion flohen. Diese bestand aus christlichen Soldaten, die zuvor im Orient stationiert gewesen waren. Zu dieser Zeit war die Einheit im Wallis, in der Nähe von Saint-Maurice, untergebracht. Bei einem Feldzug gegen die Gallier weigerte sich die ganze Legion, gegen ihre Glaubensgenossen zu kämpfen, weshalb der grösste Teil der 6600 Mann getötet wurde. Die Geschwister Felix und Regula überlebten und flüchteten über Glarus an die Limmat bei der Stadt Zürich, wo sie das Christentum verbreiteten.

Den Bericht vom Massaker an der Thebäischen Legion bei Acaunum (Saint-Maurice) während der grossen Christenverfolgungen zu Beginn des zweiten Jahrhunderts überlieferte der Bischof Eucherius, der im 5. Jahrhundert lebte. Später wurden weitere Märtyrer mit dieser Legende in Verbindung gebracht, wie der Kommandant der Legion Mauritius in Saint-Maurice, Ursus und Victor in Solothurn oder Verena in Zurzach. Die Legenden können historisch nicht nachgewiesen werden. Sie belegen aber die Entstehung einer eigenen christlichen Vergangenheit und lokaler christlicher Kultstätten, die auf wesentlich älteren Mythen und Heiligtümern beruhen.

Schwefelbrunnen am Brumbach.

Im heutigen Zürich wurden Regula und Felix zusammen mit ihrem Gefolgsmann Exuperantius im Jahre 303 vom römischen Statthalter Maximilian verfolgt und gefoltert. Als sie an ihrem christlichen Glauben festhielten und sich weigerten, die römischen Götter anzubeten, liess er sie schliesslich auf einem Steinblock in der Limmat (heutige Wasserkirche) köpfen. Der Legende nach sollen die drei ihr Haupt unter den Arm genommen und sich vierzig Schritte weiter weg zum Sterben niedergelegt haben. Über der Grabstätte entstand das Zürcher Grossmünster, der Mittelpunkt des Heiligenkults. Auch das Fraumünster (874) und die Wasserkirche (1000) wurden zu Ehren der beiden Heiligen errichtet.

Beim Neubau der über einer antiken Kultstätte errichteten Wasserkirche wurde im Mittelalter eine Quelle entdeckt. Dem milchigen, leicht schwefligen Wasser wurden sofort Heilkräfte zugeschrieben, die von Felix und Regula ausgehen sollten. Nach heutigen Kenntnissen war es jedoch nach oben gedrücktes Limmatwasser. Der Glaube an die Heilkraft der vermeintlichen Quelle hängt möglicherweise mit einem verlorenen, der christlichen Legende zugrunde liegenden Mythos zusammen, in dem Regula und Felix als Quellheilige oder Quellgottheiten auftraten. Wir vermuten wie der oben erwähnte einheimische Bauer, dass der Kult um die beiden Heiligen ursprünglich mit der Bergquelle bei Linthal verbunden war. Sie war möglicherweise vor dem Bau der Wasserkirche ein überregionales Heiligtum, das auch von den Bewohnern des Zürichseebeckens besucht wurde. Der alte Kult um die Quellgottheiten von Linthal wäre demnach dem Zeitgeist folgend als christliche Legende vom abgelegenen Bergtal in das Machtzentrum Zürich verlegt und später verdrängt worden.

Berggeist auf Hoch-Ybrig, Schlichendi Brünne und Balmquelle bei Muotathal

Anreise: Postauto nach Oberiberg

Oberiberg (1087 m ü. M.)–Fuederegg
(1820 m ü. M.)–Oberiberg: 2½ Std.

Vom Schulhaus Moos in Oberiberg führt ein geologisch-botanischer Wanderweg um den Roggenstock, durch das malerische Hochmoor Tubenmoos zur Fuederegg. Zehn Schautafeln entlang des Weges beschreiben in Wort und Bild die Besonderheiten der Standorte. Die Wanderung bietet ausserdem herrliche Ein- und Ausblicke in die Bergwelt des Hoch-Ybrig. Südlich über der Fuederegg erheben sich die beiden Aussichtsberge Sternen und Spirenstock. Sie bieten einmalige Rundsichten auf die Innerschweizer Alpen und vom Spirenstock auch auf das Becken des Vierwaldstättersees. Wer sich die dreihundert Höhenmeter Fussmarsch ersparen will, erreicht die beiden Gipfel auch in wenigen Minuten mit den Sesselbahnen.
Zur Berggeistquelle gehen wir über den Wanderweg von der Fuederegg Richtung Steinboden. Nach etwa 15 Minuten kommen wir zu einem Schild, das auf den Pfad weist, der uns in einigen Minuten ins Lauchern-tobel zum Schwefelbrunnen führt.
Für den Rückweg nach Oberiberg folgen wir dem Wegweiser beim Laucherntobel über den Wanderweg rechts hinunter und gelangen über Bueffengaden zum Ausgangspunkt zurück. Wer mit der Sesselbahn ins Tal zurück will, geht beim Wegweiser Richtung Steinboden und erreicht nach 15 Minuten die Bergstation der Laucherenbahn; von der Talstation folgt man dem Wanderweg nach Oberiberg.

Wasserkraft im Laucherntobel.

Berggeist

Die Heilkraft der unter der Fuederegg entspringenden Mineralquelle mit dem Namen Berggeist ist vor allem auf die Freisetzung von Schwefelwasserstoff aus Gips zurückzuführen. Die auch radiumhaltige Quelle war der Bevölkerung von jeher bekannt. Zahlreiche Überlieferungen berichten von Menschen, die durch das Berggeistwasser von den verschiedensten Krankheiten geheilt wurden. Eine 1912 durchgeführte wissenschaftliche Analyse bestätigte erstmals den gesundheitlichen Wert des Mineralwassers für Trinkkuren. Seit damals gab es Bestrebungen, das Mineralwasser auf den Markt zu bringen, was auch immer wieder gelang, wenn auch nur in kleinem Stil. Ein Bergler erinnerte sich, wie er mit seiner Familie Flaschen mit Quellwasser abfüllte und in den umliegenden Gasthäusern verkaufte, wo das Heilwasser von den Touristen und Kurgästen sehr geschätzt wurde.

Heute wird das Wasser der Quelle in einer Fassung gesammelt und über ein kurzes Rohr geleitet. Das Wasser mit dem typischen penetranten Schwefelgeruch verführt nicht eben zum Trinken, doch die Überwindung dieser Abneigung gehört mit zur Wirkung der Schwefelquellen (siehe Kasten Seite 243). Bei der Berggeistquelle wirkt allerdings nicht allein das Mineralwasser heilsam.

Die eigentliche Attraktion des nur spärlich fliessenden Brunnens ist die Lage im engen und steilen Laucherntobel am Fuss des kleinen Wasserfalls. Die Stelle ist an sich schon ein starker Ort und einen Besuch wert. Das Rauschen des fallenden Wassers ersetzt das fehlende Gurgeln der Quelle und bildet eine ideale Klangatmospähre, um sich leichter dem starken Schwingungsfeld des idyllischen Ortes zu öffnen. Selbstverständlich wird die Resonanz durch einen tüchtigen Schluck vom magischen «Berggeist» zusätzlich gefördert. Man wird durch das Wasser gewissermassen aus dem Innern des Körpers heraus gereinigt und durch die Schwingungen des Ortes von aussen bis ins Innerste angeregt.

Die Berggeistquelle inspiriert offenbar auch den Dichter im Menschen, wie die folgenden überlieferten Verse zeigen:

«Über Kater und andere böse Geister,
wird sicher nur der Berggeist Meister.»

«Gesunde, die den Berggeist spotten,
sieht man als Kranke zur Quelle trotten.»

«Verblühende Frauen malen ‘s Gesicht,
sie kennen leider den Berggeist nicht.
Komm schöne Frau und trinke,
dann brauchst du keine Schminke.»

«Adler Hirsch und Sihlforellen
sind blutsverwandte Trinkgesellen.
Solls dir wohl wie diesen sein,
schenk ein Gläschen Berggeist ein.»

Schlichendi Brünne.

Schwefelquellen

Ein grosser Teil der Mineralquellen des Alpenraums sind so genannte Schwefelquellen. Sie enthalten immer auch andere Mineralstoffe, aber wie der Geruch deutlich macht, vor allem Schwefel. Heute werden Bäder und Trinkkuren bei Schwefelquellen zur Behandlung verschiedenster Leiden ärztlich empfohlen. Früher galten die Schwefelbrunnen allgemein als heilend, ihr Wasser wurde zur Vorbeugung gegen jegliche Krankheit getrunken, was seinem allgemein reinigenden Einfluss auf den Organismus zugeschrieben wurde. Meine Mutter erinnerte sich, dass man zur Zeit ihrer Kindheit noch überzeugt war, das Wasser der im Emmental zahlreichen Schwefelquellen würde alles Gift aus dem Körper spülen. Tatsächlich weist auch die Signatur des an faule Eier erinnernden Geruchs in diese Richtung. Nach dem auch in der Homöopathie angewandten Prinzip, Gleiches mit Gleichem zu heilen, reinigt das faul riechende Wasser den Körper von allem Faulen oder, wie man heute sagen würde, von Verschlackungen aller Art. Wie bei keinem anderen Quellwasser muss man beim Trinken der bisweilen übel riechenden Wässerchen eine natürliche Abneigung überwinden. Auch darin lässt sich eine Signatur erkennen, denn die Reinigung geschieht nicht zuletzt dadurch, dass man dem instinktiven Impuls trotzend nach der Überzeugung handelt und sich mit dem vermeintlich Unangenehmen tatsächlich etwas Gutes tut. Dabei sei erwähnt, dass der Geschmack des Wassers nicht seinem üblen Geruch entspricht, auch wenn ihm die Frische der anderen Quellwässer fehlt.

Die aus dem Mittelalter stammende Vorstellung, der Teufel verbreite Schwefelgestank, kann durchaus als Hinweis auf die einstige Beliebtheit der heidnischen Schwefelquellen verstanden werden. Nach dem katholischen Dogma, dass nur der Herr und seine Heiligen den Menschen heilen können, wurden viele Heilquellen christianisiert, bei den nach Fäulnis riechenden Schwefelbrunnen hatte man damit möglicherweise Hemmungen. Ausserdem waren Schwefelquellen sehr verbreitet und standen ausserhalb jeder Kontrolle durch die römische Kirche den Menschen überall zur freien Verfügung. Und wie die Überlieferung belegt, hatte die Bevölkerung offenbar keine Hemmung, für die Gesundheit den Teufel mit dem Beelzebub auszutreiben.

In unserer einseitig auf Genuss fixierten Gesellschaft ist das übel riechende Wasser nicht mehr beliebt. Eingedenk der Tatsache, dass früher fast alle Menschen zumindest ab und zu Wasser aus Schwefelquellen tranken oder darin badeten, drängt sich die Frage auf, inwiefern es gerade in unserer von Giften jeder Art verseuchten Welt daran fehlt. Ein älterer Mann, der seit seiner Kindheit in der Nähe der Berggeistquelle an der Fuederegg hirtete, berichtete, wie die Bauern, die sich früher kaum Medikamente leisten konnten, ins Laucherntobel pilgerten, um von «der stinkenden Brühe» zu trinken. Ob man sich damals nur deswegen meist den Weg zum Doktor sparen konnte, vermochte er nicht zu sagen, war aber überzeugt, dass jene, die vom «Berggeist» tranken «eigentlich immer recht gesund waren».

Mürlechrott

Im Hoch-Ybrig erzählt man sich immer noch die Sage von der Mürlechrott. Die Kröte soll vor allem in der Gegend von Mürlen weit oben am Sternen gesehen worden sein, weshalb sie auch ihren Namen erhielt. Wem es gelingt, die Kröte zu küssen, so die Geschichte, wird die arme Seele einer Jungfrau erlösen und sich selbst unermesslichen Reichtum erwerben. Die Jungfrau hatte vor langer Zeit aus reiner Gier ihr Leben damit verbracht, Geld und Gut zusammenzuraffen, und wurde dafür auf die abgelegene Mürle verbannt. Die Kröte erscheint allerdings nur alle hundert Jahre an einem bestimmten Tag. Vor etwa zweihundert Jahren sei ein Senn der Mürlechrott zum letzten Mal begegnet, doch als der mutige Bergler ihr einen Kuss geben wollte, begann sie die Augen zu rollen und Feuer zu speien. In Angst und Schrecken rannte der Mann davon und hörte noch, wie das verwunschene Wesen jammerte: «Nomal hundert Jahr!» Natürlich tue es ihm Leid, soll der Hirt später gesagt haben. Aber eine Kröte küssen ist schon schlimm genug, doch wenn sie dazu noch Feuer speit, ist es einfach nicht möglich.

Auch wenn kein unmittelbarer Zusammenhang zwischen der Sage und dem Schwefelbrunnen bekannt ist, kann sie doch als Gleichnis für seine Wirkung verstanden werden. So wie sein gesundheitlicher Schatz nur wirkt, wenn man sich vom faulen Geruch nicht abschrecken lässt, kann der Schatz nur gewonnen werden, indem man die Abneigung und die Angst vor der Kröte überwindet.

Schlichendi Brünne und Balmquelle bei Muotathal

In der Nähe der Ortschaft Muotathal sind zwei selten schöne Bachquellen zu sehen. Wir wandern durch das Dorf und zweigen bei Hintertal auf die Strasse nach Bisistal ab. Nach etwa einem Kilometer führt sie über eine Brücke, und gleich danach erhebt sich links der Strasse eine senkrechte Felswand mit einer Höhle. Das an der Wand entlang fliessende Wasser, die Schlichendi Brünne (schleichende Brunnen), tritt einige Meter rechts davon aus dem Boden und bildet sogleich einen kräftigen Bach. Die spektakuläre Quelle ist zwar nur einige Meter neben der Strasse gelegen, aber wegen ihrer starken Schüttung und der Lage unter der Felswand dennoch einen Besuch wert. Man muss sich etwas Zeit lassen, um die Stimmung bei der Quelle aufzunehmen, doch bald stellt sich auch hier der typische Quelleneffekt ein. Die Schwingung des ruhig austretenden und träge abfliessenden Wassers schleicht sich langsam in den ganzen Organismus ein und hebt auf wunderbare Weise das Gemüt. Die «Schlichendi Brünne» werden zum Sinnbild des Lebensquells, der unablässig, ergiebig und ruhig aus dem Boden strömt. Und für eine kostbare Weile gibt es nicht mehr zu tun, als sich wie das quellenden Wasser gemächlich treiben zu lassen.

Bei der Quelle führt vor der Schreinerei eine Brücke über die Muota, und gleich danach sieht man rechts auf der Wiese ein weiteres Quellgebiet. Die Wiese dient einem Bauern der Fütterung seiner Tiere, weshalb wir das Gebiet vom Weg aus betrachten. In der Schweiz sind solche Quellen ausgesprochen selten geworden. Die Balmquelle fliesst in drei Hauptästen ab und bildet ein schönes Beispiel eines naturnahen Bachoberlaufs.

Kluftquelle bei Glattalp

Zuhinterst im Bisistal, am Ende der Strasse führt ein Bergpfad auf die Glattalp. Knapp drei Kilometer vom Ausgangspunkt geht der Pfad unmittelbar an einer Felswand vorbei, aus der die Kluftquelle fliesst (1600 Meter ü. M.). Weitere drei Kilometer weiter oben liegt die Alp mit dem malerischen Glattalpsee.

Die Ermitagequelle von Arlesheim

Anreise: Bahn bis Basel, Bus bis Arlesheim Dorf

Arlesheim–Dombrunnen–Ermitage–Arlesheim: 1 Std.

Ermitagehügel mit Schloss Birseck.

Arlesheim

Das Dorf am Rand der Agglomeration Basel ist ein schönes Beispiel dafür, wie die Tradition der aus Quellen gespeisten Dorfbrunnen gepflegt wird. Blanche Merz schreibt in «Orte der Kraft in der Schweiz»: «Arlesheim ist Teil des Zusammenspiels zwischen den von Aesch (ZH) ausgehenden geomantischen Kraftlinien des benachbarten Aesch. Verfolgt man diese gesammelte Kraftlinie über Eschentzwiller (Elsass) weiter, kommt man in direkter nördlicher Richtung zum St. Odilienberg bei Strassburg.» Die heilige Odilie fand im Jahr 700 in einer Höhle der heutigen Ermitage Zuflucht.

Der Name des Ortes wird auf eine alemannische Siedlung Arlisheim, Heim des Arli, aus dem 6. Jahrhundert zurückgeführt. Andere Dokumente sprechen von Arlishein, Hain des Arli. Wer diese oder dieser Arli war, ist allerdings nicht bekannt. Blanche Merz schafft über Ales – Alesia eine Verbindung zu Eleusis, dem höchsten Einweihungsort des antiken Griechenland. Verschiedentlich wurde auch eine Wurzelverwandschaft mit Ari (Arier) vermutet. Im lokalen Dialekt heisst das Dorf Arlese, was wiederum an die keltische Stadt Arles denken lässt. Die aussergewöhnliche Kraft des Ortes lässt jedenfalls auf ein bedeutendes Heiligtum des Altertums schliessen. Wahrscheinlich verbirgt sich hinter

Eingang zum Ermitagehügel.

dem Arli eine Gottheit, die möglicherweise im heiligen Hain bei der Ermitagequelle als Arliese oder Arlese verehrt wurde.

Im Hochmittelalter wurden die beiden Burgen Birseck und Reichenstein gebaut. Im 17. Jahrhundert kam das bescheidene Dorf zu seinem mächtigen Dom, der nach der Revolution die Nachfolge des Basler Münsters übernahm.

Magische Quellbrunnen

Die Quelle entspringt oberhalb der Weiher bei der so genannten Ermitage, einer sakralen Landschaft, bei der sich die hohe Energie der Gegend bündelt. Sie schüttet regelmässig sehr reines Wasser, was auf eine grosse Tiefe schliessen lässt. Ihr Einzugsgebiet liegt im Wald oberhalb des bei der Ermitage verlaufenden kleinen Tals. Es versteht sich von selbst, dass das Wasser während seiner Lagerung die extrem hohe Bioenergie der Gegend aufnimmt und speichert. Die zahlreichen Menschen, die regelmässig davon trinken, irren sich nicht, wenn sie ihm eine besondere Qualität zusprechen. Die Quelle gehört der privaten Domplatzbrunnengesellschaft und speist vierzehn Brunnen und Brünnchen im Dorf. Zwei davon sind öffentlich zugänglich.

Brunnen bei Bad Hof

Der unscheinbar wirkende Brunnen beim ehemaligen Bad Hof auf dem Parkplatz hinter dem Dom wird am häufigsten besucht. Hier füllen täglich zahlreiche Einwohner und Besucher ihre Gefässe. Auch zwei in der Nähe gelegene weltberühmte Kliniken decken am Hofbrunnen ihren Bedarf an Tafel- und Teewasser. Als Grund, weshalb gerade dieser Brunnen bevorzugt wird, hört man etwa, dass wegen der kurzen Strecke zum nahen Verteiler die energetische Qualität besser sei. Andere spüren beim einstigen Bad Hof eines der Zentren des Kraftortes Arlesheim.

Domplatzbrunnen

Anders als die anderen dreizehn Brunnen, die je einen Dreizehntel des Wassers erhalten, sprudelt aus dem Domplatzbrunnen die dreifache Menge des begehrten Wassers. Auch hier sieht man Menschen jeden Alters Hände und Gesicht waschen und Gefässe abfüllen. Manche sind überzeugt, dass sie die wunderbare Wirkung des Wassers «weniger im Körper als vor allem in der Seele und im Geist» spüren, wie sich eine Einheimische ausdrückte. Manche meinten zwar, sie sei einem esoterischen Aberglauben aufgesessen, erzählt sie weiter. «Aber ich habe hier schon Wasser geholt, als noch niemand über Esoterik sprach.» Die Glaubensfrage um die magische Eigenschaft des Wassers teilt zwar das Dorf, in «Gläubige» und Skeptiker. Aber auch im nüchternen Gemeindehaus scheint man den Ruf zu geniessen, dass in Arlesheim ein besonderes Wässerchen aus den Brunnen sprudelt.

Frau-Holle-Brunnen

Der künstlerisch ansprechende Brunnen wird zwar nicht durch die Ermitagequelle gespeist, ist aber trotzdem einen Besuch wert. Ausserdem liegt er nur einige Schritte vom Weg zur Hermitage entfernt. Wenn wir auf dem beschilderten Weg zur Hermitage auf die Anhöhe kommen und vor der Wiese mit dem Burghügel stehen, gehen wir einige Schritte nach rechts die Strasse hinauf. Der Brunnen steht in einer Gartennische auf der linken Strassenseite. Die moderne Skulptur ist eine gelungene Darstellung des Mythos von Frau Holle am Brunnen. Er erinnert daran, dass die Namen des Ortes Hollen und des nahen Hohlenfelsens beziehungsweise Hollebergs möglicherweise auf die alte Erdgöttin zurückgeht. Nach einigen Schritten aufwärts zweigt links ein Pfad hinunter zum Wanderweg ab, wo wir nach rechts wandernd bald die Hermitage erreichen.

Ermitage

Im 18. Jahrhundert wurde am Birseckhügel im Sinne des Zeitgenossen Rousseau eine weitgehend naturbelassene englische Gartenlandschaft geschaffen. Das hinter dem Hügelchen liegende Tälchen mit den vom Dorfbach gespeisten Weihern wurde geschickt in den Garten mit einbezogen.

Der Kalksteinhügel mit der mittelalterlichen Burg wirkt bereits aus der Distanz wie ein klassisches Hügelheiligtum. Wenn man durch den Grotteneingang am Talboden den Kalksteinhügel betritt und über die Treppen und Pfade an Höhlen und Aussichtsterrassen vorbei emporsteigt, spürt man, weshalb Blanche Merz in der Anlage eine Verbindung mit den Eleusinischen Mysterien ahnte. Man wandelt entlang dem zu fantastischen Gebilden verwitterten Kalkfelsen gewissermassen von Kraftzentrum zu Kraftzentrum. Wenn der Puls spürbar schneller wird, ist es wohl weniger wegen des kurzen Aufstiegs als vielmehr wegen der hohen Bioenergie des Ortes. Nach dem Motto «Prüfe alles und behalte das Beste» empfiehlt es sich, das Gelände zu erspüren und sich dann an seinem «Lieblingsort» für eine Weile niederzulassen. Dann kann einem durchaus die eine oder andere Schuppe von den Augen fallen; wenn nicht sofort, dann doch in den nächsten paar Tagen.

Funde in den Höhlen des Hügels sowie beim nahen Hohlefelsen beziehungsweise am Holleberg belegen, dass die intensiven Schwingungen der Landschaft die Menschen seit langem angezogen haben. Am nahen Rechsteinergrat gefundene Keramikscherben belegen eine Siedlung aus der Bronzezeit, und man muss davon ausgehen, dass die Gegend auch während der Zeit der Kelten bewohnt war. All diesen naturverbundenen und deshalb feinfühligen Vorfahren war die magische Kraft des Hügelchens sicher nicht entgangen. Wir dürfen deshalb davon ausgehen, dass es seit Jahrtausenden Aufenthaltsort von weisen Frauen und Männern war und auch den Bewohnern der Gegend als religiöses Zentrum diente. In der Überlieferung der Einsiedlerin Odilia, die sich hierher zurückzog (oder in der Entstehung des Mythos einer lokalen Heiligen), wurde diese Tradition aufgenommen und in den christlichen Rahmen überführt.

Nach der kirchlichen Legende war Odilia blind geboren, erhielt aber unmittelbar nach der Taufe das Augenlicht, wonach sie ihr Leben der Verbreitung des Evangeliums widmete. Die Heilung ihrer Blindheit kann als Gleichnis für eine Erleuchtung verstanden werden, was einen weiteren unmittelbaren Bezug zum intensiven Kraftort bei der Hermitage herstellt. Energiefelder von solcher Intensität vermögen das «geistige» Auge zu öffnen für Einsichten in eine Dimension, für die man sonst blind ist. Nicht jeder Mensch wird hier gleich die grosse Erleuchtung erlangen, aber man verlässt den Ort sehr angeregt und vor allem in Geist und Seele bereichert. Blanche Merz ortete den höchsten Wert an Bioenergie beim Schild «Temple rustique» am Aufgang zur Burgruine.

Die Seelein

Der durch das kleine Tal fliessende Dorfbach wurde auf zwei Stufen gestaut, um eine Teichlandschaft zu schaffen. Obwohl nicht natürlich entstanden, verzaubert auch dieser Teil der Anlage. Die intensive, Geist und Gemüt aufwühlende Energie, die man von dem Hügelchen aufgenommen hat, wird durch das ruhige Wasser harmonisiert. Die Seelein schaffen eine entspannende Atmosphäre, in der man die starken energetischen und spirituellen Eindrücke verarbeiten kann. Wie bei allen Kraftlandschaften fällt auch hier auf, wie friedlich die an schönen Tagen zahlreichen Spaziergänger wirken. Obwohl der Ort bloss eine

Viertelstunde von Arlesheim entfernt ist, scheint hier eine andere Zeit zu herrschen. Man spürt auch den typischen «Geschmack» eines Quellgebiets, ist doch die Ermitagequelle in unmittelbarer Nähe. Sie fliesst zwar nicht in die Weiher, aber trotzdem fühlt man sich ihr irgendwie näher als bei den Dorfbrunnen. Das mag daran liegen, dass die Schwingung der Landschaft dieselbe Qualität hat wie die des Quellwassers. Wie eingangs erwähnt, könnte dies der Ort sein, wo Arlese den Menschen in ihrem Hain erschien.

Kraftvolle Ruhe bei der Ermitage.

Quelle der Areuse bei Saint-Sulpice

Anreise: Bahn über Neuchâtel und Travers nach Fleurier, Bus nach Saint-Sulpice

Saint-Sulpice–Quelle der Areuse–Saint-Sulpice: 1 Std.
Fleurier–Chapeau Napoleon–Fleurier: 2 Std.

Wir folgen von der Busendstation den Schildern Richtung Source de l'Areuse und erreichen bald das Dorfende und das am Flussufer stehende Ecomuseum. Nun sind es nur noch einige Schritte bis zum kleinen Stausee mit der Quelle.
Der Wanderweg, der durch den Wald auf den Hügel des Chapeau Napoleon führt, ist ebenfalls durchgehend beschildert.

Quellenidylle.

Val de Travers

Das Val de Travers, ein von der Areuse geschaffenes Hochtal des Neuenburger Juras, ist wohl schon seit der Steinzeit eine wichtige Verbindung zwischen dem Neuenburgersee und dem Tal des Doubs. Römische Münzfunde lassen darauf schliessen, dass während der römischen Besetzung eine viel benutzte Strasse zwischen Helvetien und Gallien durch das Tal führte, das damals den Name *Vallis transversa* trug. Im Val de Travers verbrachte Jean-Jacques Rousseau 1762–65 die drei glücklichsten Jahre seines unsteten Lebens. Das Haus im Hauptort Môtiers, wo ihm die angesehene Madame Boy de la Tour ein Stockwerk zur Verfügung stellte, das jetzt als Museum dient, aber auch die vielen im Tal nach ihm benannten Strassen, und nicht zuletzt die wilde Landschaft selbst erinnern an den Naturphilosophen.

Heute wirbt das Val de Travers weniger mit dem Namen Rousseau als mit der Tourismusmarke Le pays des Fées, zu Deutsch das Land der Feen. Namen wie Rue des Fées oder Grotte aux Fées lassen vermuten, dass die Bewohner früher mit diesen wunderbaren Wesen regen Kontakt pflegten. Kenner der Schweizer Sagenwelt weisen darauf hin, dass Fee in der französischen Schweiz als Bezeichnung für alle Naturgeister verwendet wurde, so wie etwa im Berner Oberland der Name Zwerg.

Nach den zahlreichen Sagen über die Jurafeen spielten diese im Leben der Menschen eine wichtige Rolle. Sie lebten vorzugsweise in Höhlen und halfen den Bewohnern der Umgebung bei der Arbeit, trösteten ihren Kummer, heilten sie von Krankheiten und jene, die sich dafür als würdig erwiesen, weihten sie auch in die magischen Geheimnisse der Natur ein. Meistens werden die stets als weibliche Gestalten auftretenden Feen als anmutige Schönheiten beschrieben, deren wohlgeformter Körper von langem, dichtem Haar umflossen wird. Wer einmal ihrem verzaubernden Gesang gelauscht habe, sei für den Rest des Lebens zu einem besseren Menschen geworden, sagt man. Und von den Augen der wenigen, die sie in bestimmten Nächten auf idyllischen Wiesen tanzen sahen, soll noch Jahre danach ein helles Strahlen ausgegangen sein.

Areusequelle

Schade, dass das Ende der Schlucht durch den kleinen Damm verbaut ist, geht es dem Betrachter durch den Kopf. Doch wenn man eine Weile bei dem Seelein im kleinen Talkessel sitzt und beobachtet, wie das Wasser unter den urtümlich geformten Kalkfelsen hervorströmt, dringt die Kraft und Stimmung des Ortes bald in das Gemüt. Was durch den

Damm gestört wurde, wird durch den Zauber des ruhigen Seeleins wettgemacht. Wir haben immer die Wahl, das Glas als halb voll oder als halb leer anzusehen. Auf jeden Fall ist die Schwingung bei der Areusequelle derart intensiv, dass sie immer noch ein eindrücklicher Kraftort ist. Das Quellwasser stammt aus der grossen Geländesenke des Brévinetals und dem östlichen Teil des Verriertals.

Nach der Sage soll hier einst die Vuivre gewohnt haben. Sie ist in vielen Teilen des Juras in der Gestalt einer Drachenschlange überliefert, die mit Flüssen und Schluchten verbunden ist. Später als Naturdämon verteufelt, galt sie einst als eine strahlende Jungfrau, die sich allerdings gelegentlich in das Fabeltier verwandelte. Die Verbindung der Vuivre zur Schlange, dem Urbild der Quellgottheit, sowie die Tatsache, dass sie untrennbar mit Flüssen und Bächen verbunden ist, lässt auf die uralte Quellgöttin schliessen. Sie soll einen magischen Edelstein um den Hals tragen. Das strahlende Juwel ist wie die Kronen, welche die Zauberschlangen in anderen Sagengeschichten auf dem Kopf tragen, als Hinweis auf ihre magische Kraft zu verstehen. Wie die Fee von der Grotte bei Vallorbe erinnert auch die Vuivre an einen uralten Mythos, nachdem die bei Quellen wohnenden Drachenschlangen sich auch als strahlend schöne Frauen manifestieren. Der Mythos wurde im Mittelalter von verschiedenen Dichtern aufgenommen und hat bis heute seine Anziehungskraft nicht verloren.

Die Sage von der Vuivre

Im 14. Jahrhundert lebte zuhinterst im Traverstal die Drachenschlange Vuivre, die nachts Kühe, Ziegen und manchmal auch Menschen jagte. Einwohner wie Reisende mussten täglich um ihr Leben fürchten. Da beschloss ein junger Mann namens Sulpy Raymond, das Ungeheuer zu töten. Er versteckte sich in der Nähe ihrer Höhle, und als die Vuivre von der Jagd zurückkehrte und mit vollem Magen einschlief, schlich er sich lautlos an und schoss ihr mehrere Pfeile in den Leib. Dadurch nur verletzt, stürzte sie sich auf den Mann. Aus dem erbitterten Kampf ging Sulpy schwer verwundet als Sieger hervor. Er schleppte sich ins Dorf zurück, wo er stolz den abgeschnittenen Kopf der Schlange vorzeigte. Bald starb auch Sulpy. Zum Dank schenkte der Graf von Neuenburg seiner Familie die Freiheit und ein Landgut.

Die Geschichte nimmt das klassische Thema des Drachentöters auf, in dem sich die Unterwerfung und Verteufelung der Naturkräfte und damit des alten Glaubens spiegelt. Durch den symbolischen Tod der

Jurakalk am Quellteich.

Vuivre sollte der Mythos in den Köpfen und Herzen der Menschen ausgelöscht und durch eine Gruselgeschichte ersetzt werden. Dabei diente die Natur als Vorbild, denn die idyllischen Flüsschen des Juras verwandeln sich nach starken Regenfällen in reissende Ungeheuer, die Wiesen, Gärten, Häuser und Strassen verwüsten. Sie sind aber auch die Lebensadern der Landschaft, ohne die nichts gedeihen würde. So lässt sich nachvollziehen, dass auch die Vuivre, wie der Mythos berichtet, zwei Seiten hat. Die beiden Aspekte der Flüsse beziehungsweise der Göttin in Gut und Böse zu trennen bedeutet, die Schöpfung nach unserem eigennützigen Massstab zu bewerten und zu richten. Das Dämonische steckt jedoch nicht in den Naturkräften selbst, sondern entsteht aus deren Trennung in Gut und Böse.

Die Neuenburger Rigi

Über Fleurier erhebt sich ein Aussichtsberg mit dem sonderbaren Namen «Chapeau de Napoleon». Seine runde Kappe gleicht tatsächlich etwas dem Hut von Bonaparte. Ältere Einwohner des Tals erinnern sich, dass der 980 Meter hohe Berg früher «le Righi neuchâtelois» hiess. Tatsächlich geniesst man von oben eine herrliche Rundsicht auf die Jurahöhen und über das Val de Travers, das Land der Feen. Und auch wenn die Landschaft mit Siedlungen durchsetzt und mit Strassen durchzogen ist, lässt sich nachvollziehen, weshalb die Feen gerne hier wohnen ...

Quelle La Sourde bei Môtiers und Quelle der Noiraigue

Anreise: Bahn via Neuchâtel und Travers nach Môtiers

Môtiers–La Sourde–Grotte de Cascade–Môtiers: 1½ Std.

Wir gehen vom Bahnhof einige Schritte durchs Dorf, überqueren die Hauptstrasse und folgen der Grande Rue Richtung Vieux Château/Gorge Poëta Raisse. Nach dem Dorf geht die Strasse etwa einen Kilometer über Felder. Unmittelbar am Waldrand führt der Weg zur Quelle (Holzschild Grotte Cascade) nach links einige Minuten am Bach entlang und über einen Holzsteg direkt zum Quellbach, der dreissig Meter weiter oben aus dem Felsen sprudelt.
Der Weg zur Wasserfallgrotte führt von der Brücke am rechten Bachufer entlang und steigt bald nach rechts an. Nach einigen Minuten biegen wir in eine kleine Schlucht ein, an deren Ende der Wasserfall herunterrauscht.
Von der Wasserfallgrotte kehren wir entweder direkt nach Môtiers zurück oder wandern dem Weg nach oben folgend über die kleine Anhöhe durch den Wald, bis wir auf ein Strässchen stossen. Diesem folgen wir nach rechts und erreichen bald die Stelle, wo wir zur Quelle abgezweigt sind.

Môtiers

Môtiers mit den malerischen Häusern entlang der breiten Grande Rue ist der Hauptort des Tals. Bereits im 10. Jahrhundert wurde hier ein Kloster gegründet, was auf die Bedeutung der Gegend hinweist. Heute ist Môtiers vor allem als einstiger Wohnort von Jean-Jacques Rousseau bekannt. Die Maison des Mascarons mit ihren lachenden und ihren ernsten Masken über Fenstern und Türen beherbergt das Regionalmuseum. Über den Innenhof gelangt man ins Nebengebäude, in dem Rousseau mit seiner Geliebten Thérèse Levasseur wohnte und wo heute Andenken an den Naturphilosophen zu finden sind, wie etwa Bilder von bedeutenden Malern oder Erstausgaben seiner Werke. In seinen berühmten «Confessions», die er in Môtiers begann, bekannte er: «Im Übrigen weiss man ja, was ich unter einer schönen Landschaft verstehe. Ich brauche Wasserfälle, Felsen, Tannen und schwarze Wälder, dazu rauhe Wege für den Auf- und Abstieg.» Das alles konnte ihm das Val-de-Travers bieten.

La Sourde

«Ich kann unmöglich beschreiben, wie angenehm es hier ist», schrieb Rousseau an einen Freund. Offenbar gehörten die Quelle und die Wasserfallgrotte zu seinen bevorzugten Aufenthaltsorten. Vor allem bei der Quelle soll er seine Ideen entwickelt haben, will man im Dorf heute noch wissen. Damit wandelte er ganz in der Tradition der antiken Dichter und Denker, die sich häufig von Quellen inspirieren liessen.

Die Felsenlandschaft, aus der die typische Karstquelle fliesst, wirkt wie aus der Welt der Sagen. Das natürliche Felsentor links der Quelle und die kleine Grotte unmittelbar über dem Wasseraustritt verleihen dem Ort eine mystische Aura. Genau so stellt man sich ein Quellheiligtum vor, brachte eine Besucherin ihren Eindruck auf den Punkt. Das Wasser fliesst im Schatten der Buchen zwischen bemoosten Steinen durch das breite Bett aus hellem Jurakalk und mündet nach etwa dreissig Metern im rechten Winkel in den Bach am Waldrand. Hier kann man sich bei der Betrachtung des aus dem Fels quellenden Wassers wie einst Rousseau inspirieren und anregen lassen. Ob er sich auch ein Fussbad gönnte, wissen wir nicht, doch es ist zu vermuten, dass der grosse Naturfreund vom Bach dazu ebenso eingeladen wurde wie wir.

Wie kommt eine so lebhaft sprudelnde Quelle zu dem eigenartigen Namen La Sourde, zu Deutsch «die Stumme»? Nach einer alten Geschichte lebte vor langer Zeit eine wohlhabende und glückliche Familie in Môtiers. Eines Tages wurde der Vater zu den Waffen gerufen und starb kurz darauf in einer Schlacht. Als seine Frau davon erfuhr, fiel sie in tiefe Trauer und konnte ihr ständiges Wehklagen und Weinen nicht mehr unterdrücken. Wie von einer höheren Kraft geleitet, ging sie täglich zur Quelle, oft auch in der Nacht. Dort, so die Geschichte, soll die Witwe stumm geworden sein, weshalb die Quelle fortan «La Sourde» genannt wurde.

Eine weise Frau interpretierte die Geschichte spontan so, dass durch die Besuche bei der Quelle die Klagen der Frau verstummt seien. Tatsächlich gelten Quellen seit Menschengedenken als Trösterinnen, denen man sein Leid anvertraute und durch deren wunderbare Kraft man inneren Frieden fand.

Grotte Cascade

Das Bild des über die Felswand stürzenden Wasserfalls mit dem Grottengewölbe an seinem Fuss in der malerischen, intim wirkenden Schlucht verzaubert jeden Betrachter. Man würde sich nicht wundern, träte eine weise Alte aus dem Schatten der Höhle und blinzelte in die Sonne. Wie immer am Fuss von stürzendem Wasser ist die Luft ausgesprochen anregend und vom Geruch des feuchten Waldes erfüllt. Das stete Rauschen des Wasserfalls wirkt wie Trancemusik, vor allem wenn man ihm im Grottengewölbe sitzend zuhört. Mit geschlossenen Augen hat man das Gefühl, als würde der Wasserfall durch einen hindurch fliessen und den Organismus bis in die Zellen reinigen. Die urtümliche Atmospäre des Ortes versetzt den Besucher in einen Zustand jenseits der Zeit; das unablässig herabstiebende Wasser wird zum erlebten Gleichnis der alles durchdringenden Lebenskraft.

Die magische Kraft der Wasserfallgrotte und die unmittelbare Nähe der ebenso magischen Quelle legen die Vermutung nahe, dass die beiden Orte Teil einer antiken Sakrallandschaft waren. Auf den erhaltenen Bildern solcher Landschaften aus griechischer und römischer Zeit durften Quelle, Grotte und Wasserfall nicht fehlen. Die drei in unmittelbarer Nähe zueinander gelegenen Naturphänomene sind als Signatur oder Hinweis auf die aussergewöhnliche Kraft der Gegend zu verstehen. Wer sie kennen lernt, wundert sich nicht, dass Rousseau mit seinem Motto «Zurück zur Natur» gerade hier seine besten Jahre verbrachte.

Felsentor bei der Quelle.

Waldschlucht Poëta Raisse

Vom Parkplatz bei der Stelle, wo wir zur Quelle abgebogen sind, führt ein Wanderweg dem Bach entlang zu seinem Oberlauf in der malerischen kleinen Schlucht Poëta Raisse. Der Hin- und Rückweg dauert knapp 2 Stunden.

Quelle der Noiraigue

Anreise: Bahn über Neuchâtel nach Noiraigue

Wenn man schon im Val de Travers ist, lohnt es sich, die nur einige Minuten vom Bahnhof entfernt gelegene Quelle am oberen Dorfende zu besuchen. Wir gehen durch das Dorf nach rechts und biegen vor der Brücke über den Bach nach links hinauf ab, überqueren den Parkplatz und gelangen nach einigen Schritten zur Quelle.

Die Dorfquelle

Nur einige Meter oberhalb der letzten Häuser des Dörfchens erhebt sich eine senkrechte Felswand, unter der das dunkle Wasser der Noiraigue (schwarzes Wasser) hervorquillt. Die typische Färbung erhält das Wasser vom Torfboden im Einzugsgebiet etwa fünf Kilometer nördlich. Gesäumt von den kleinen Häusern mit ihrem jurassischen Charme wirkt die Quelle wie eine Idylle aus der Romantik, fehlt doch auch das alte Mühlenrad und der hölzerne Wasserkanal nicht. Hier scheint die Zeit stehen geblieben zu sein. Der Ort ist ein schönes Beispiel dafür, wie eine Quelle auch unmittelbar am Dorfrand ihre magische Ausstrahlung behalten hat.

Oben: Wasserfallgrotte. Unten: bei der Quelle der Noiraigue.

Chaltibachquelle bei Grafenort

Anreise: Bahn über Luzern nach Grafenort

Grafenort–Weg der Zeit und Steine–Quelle–Grafenort: 1¼ Std.
Grafenort–Quelle–Grafenort: ½ Std.

Weg der Zeit und Steine

Der rund einstündige Weg, der ein anschauliches Bild der geologischen Zeit vermittelt, führt unter anderem zur Chaltibachquelle. Der mit Spielmöglichkeiten und Skulpturen versehene Weg ist auch auf die Bedürfnisse von Familien abgestimmt.
Startpunkt des Rundgangs ist die Remise des Herrenhauses Grafenort, wo im Rahmen einer Ausstellung eine kurze Übersicht über die Themen des Weges geboten wird. Wir folgen den Steinblöcken, die den 3,45 Kilometer langen Weg der Zeit markieren, auf dem die letzten 345 Millionen Jahre der Erdgeschichte durchwandert werden können. An den verschiedenen Stationen stehen Informationstafeln zu sieben geologischen Zeitaltern, mehr als zwanzig «Zeitsteine» oder Blöcke aus Gesteinsarten der jeweiligen Zeitalter sowie dreizehn Installationen zu erdwissenschaftlichen Themen wie Erdaufbau, Vulkanismus oder Grundwasser. Der Weg beginnt mit dem Karbonzeitalter und führt über Perm, Trias, Jura, Kreide, Tertiär ins Quartär.

Chaltibachquelle

Am östlichen Rand des Talbodens, an dessen Seiten die Hänge steil ansteigen und in markanten Kalkbergen gipfeln, sprudelt eine Karstquelle aus der Erde. Die Chaltibachquelle lag früher am alten Säumerweg, der zwischen der heutigen Kapelle und dem Herrenhaus hangseitig dem Talrand entlang am so genannten Steinhaus vorbeiführte. Der Weg, der über den Jochpass ins Berner Haslital führte, bildete die wichtigste Lebensader für den Klosterstaat am Fuss des Titlis. Im neu angelegten Naturlehrpfad im Bereich des Chaltibachs sind Teile des alten Saumweges noch sichtbar. Wenn die Reisenden zu der Stelle gelangten, wo der Bach unvermittelt aus dem Berg hervortritt, glaubten sie wohl, vor einem Wunder zu stehen. Es ereignet sich jeden Frühling von neuem, wenn der Schnee im Einzugsgebiet zwischen 2000 und 2600 Meter Höhe an den Walenstöcken zu schmelzen beginnt. Aber auch nach starken Regenfällen sammelt sich das Wasser an den Flanken der Kalkberge und fliesst durch die Karstgänge ab. Dabei ist es etwa drei Tage unterwegs, was bedeutet, dass es relativ schnell fliesst und durch die Bewegungsenergie stark vitalisiert wird. Dann sprudelt die Quelle über und fliesst im lebhaften Bach wie eine Schlange über die Wiese und in die Engelberger Aa. Ab Oktober, wenn das Einzugsgebiet vom Schnee bedeckt wird, aber auch in niederschlagsarmen Sommern, trocknet die

Kleiner Quellaustritt.

Quelle aus. Wohl sickert noch Wasser von den Walenstöcken herunter, weil aber der Grundwasserspiegel im Tal abgesunken ist, fliesst es unterirdisch ab.

Wenn die Chaltibachquelle fliesst, verbreitet sie eine erfrischende Atmosphäre. Das kleine Moor unterhalb des Wasseraustritts und der Anblick des Baches, der sich malerisch über die Wiesen schlängelt, verleiht dem Ort eine liebliche Note. Früher sei kein Wanderer an der Chaltibachquelle vorübergegangen, ohne sich eine Weile zu ihr zu setzen und ihrem Rauschen zu lauschen. Auf der hölzernen Plattform können wir dies heute mit trockenem Hosenboden tun. Natürlich trägt die Lage sehr zur Ausstrahlung der Quelle bei. Unmittelbar oberhalb türmt sich als «Quellenwächter» der Rigidalstock in den Himmel, nördlich neben ihm die ebenso urchigen Walenstöcke. Am gegenüberliegenden Talende steigen die von Wald und Fels durchsetzten Alpweiden in die Höhe und ergeben das typische Bild der Küherkultur.

Der Weiler Grafenort auf der unteren Stufe des Engelbergertals hiess bis ins 17. Jahrhundert Kaltenbrunnen. Die ursprüngliche Kapelle stand nahe bei der Quelle, weshalb zu vermuten ist, dass sie an einem alten Kultort erbaut wurde. Was wir heute als Natursehenswürdigkeiten bewundern, waren für die Menschen der Frühgeschichte natürliche Heiligtümer, wo sich die sonst unsichtbaren Naturgeister offenbaren.

Einzugsgebiet und «Wächter» der Quelle.

Sieben Brünnen bei Engelberg

Anreise: Bahn über Luzern nach Engelberg

Bahnhof Engelberg–Sieben Brünnen–Bahnhof: 1 Std.

Von Bahnhof gehen wir Richtung Kloster durch das Dorf. Nach dem Kloster umrunden wir die grosse Wiese und erreichen einen Wegweiser mit der Richtungsangabe zu den Sieben Quellen. Wir folgen dem Strässchen einige Minuten aufwärts und biegen in den beschilderten Weg nach rechts ein. Bald überqueren wir einen Holzsteg und stehen bereits vor dem kleinräumigen Quellgebiet.

Quellbach bei Sieben Brünnen, Engelberg.

Engelberg

Engelberg war ab der Klostergründung durch die Benediktiner 1120 ein geistlicher Kleinstaat mit dem Abt als geistlichem und weltlichem Talherrn. Im Jahr 1729 musste er den Einwohnern mehr Bürgerrechte einräumen, der Staat konnte aber bis zur Französischen Revolution erhalten werden. Der heutige Barockbau entstand 1798, nachdem das Feuer das Kloster zum dritten Mal zerstört hatte.

Die überlieferte Geschichte des Dorfes beginnt mit der Gründung des Klosters, aber mit Sicherheit war der ideal gelegene Talkessel damals schon lange besiedelt gewesen. Im Süden von der vergletscherten Kuppe des Titlis überragt und bis auf den schmalen Ausgang der oberen Talstufe im Norden von markanten Kalkgipfeln umringt, wirkt er wie eine sakrale Landschaft. Heute ist der Talkessel zu einem grossen Teil überbaut, aber die Kraft des Ortes ist immer noch intensiv spürbar.

Zwar gilt der Titlis als Hausberg von Engelberg, aber dominiert wird der Talkessel vom über 2600 Meter hohen Hahnen, der wie ein riesiger Menhir über Dorf und Kloster aufragt. Nach der Legende sah der einstige Stifter über dem Hahnen eine Engelschar schweben, die ihm den Hinweis gab, wo das Kloster zu bauen sei. Auf alten Karten wird der Hahnen deshalb auch als Engelberg bezeichnet. Nun wundert es nicht, dass der geomantisch markante Felsturm mit einem magischen Ereignis in Verbindung gebracht wurde Wahrscheinlich galt der Hahnen den alten Bewohnern des oberen Engelbergertals als Sitz einer Berggottheit, die über die Landschaft wachte. Durch die Legende um die Klostergründung wurde der Berg gewissermassen christianisiert, wie unzählige andere heilige Orte der alten Religion, die auf ähnliche Weise mit einer neuen Bedeutung versehen wurden.

Sieben Brünnen

Die grösste Karstquelle Unterwaldens tritt während der Schneeschmelze mit einer Schüttung von weit über fünf Kubikmetern pro Sekunde auf einer Strecke von einigen Dutzend Metern an sieben Stellen aus dem Abhang und fliesst etwa zwanzig Meter weiter unten als stattlicher Bach ab. Wie bei der Chaltibachquelle (Seite 263) handelt es sich auch hier um eine Karstquelle, die damit wetterabhängig ist. Weil sie aber sehr mächtig schüttet, spendet sie auch in Trockenperioden Wasser. Dann tritt es allerdings nicht mehr aus den sieben Quellen, sondern unten im Bachbett zu Tage. Wenn aber während der Schneeschmelze und nach starken Niederschlägen das Wasser aus dem Boden sprudelt, zählt der Ort zu den schönsten Quellgebieten der Schweiz. Obwohl nur einige hundert Meter hinter dem Kloster und dem Dorf Engelberg gelegen, wirkt auch hier die typische Quellenatmosphäre, die das Gefühl vermittelt, man befinde sich weit weg vom Alltag und unmittelbar am Ursprung des Lebens. Viel trägt dazu die intime Atmosphäre in der kleinen, durch einen Waldstreifen vom Tal abgegrenzten Hangmulde bei, welche die Quellen aus dem Abhang herausgespült haben.

Wie bei allen Karstquellen verbringt auch das Wasser der Sieben Brünnen nur wenige Tage in der Erde und enthält ausser Kalk kaum Mineralstoffe. Durch den Fluss wird es allerdings stark vitalisiert, weshalb das Schwingungsfeld im Bereich der sieben Bachaustritte ausgesprochen anregend wirkt. Es ist aber das hier gebündelte Schwingungsfeld der Berglandschaft insgesamt, welches das Quellgebiet zu einem Kraftort macht.

Wie lange das Wasser schon an sieben Stellen aus dem Berg tritt, wissen wir nicht, aber offenbar ist dies seit Menschengedenken der Fall. Im Altertum erschien die Siebenzahl den Bewohnern gewiss als Zeichen für einen besonders heiligen Ort (siehe Seite 180). Nach dem alten Weltbild zeigen sich in den sieben Quellen die sieben Plantengötter. Für die Annahme, dass sie einst eine grosse Bedeutung hatten, spricht auch die Lage einige hundert Meter oberhalb des Klosters, dessen Standort möglicherweise gerade wegen der Nähe zu der Quelle ausgewählt wurde. Tatsächlich ranken sich zahlreiche ähnliche Legenden um die Gründung von alten Kirchen und Klöstern, die erwiesenermassen bei alten Kultstätten erbaut wurden. Wurde das bedeutende Kloster hier gegründet, weil das Tal einst ein besonders heiliger Ort und Rückzugsgebiet der Kelten war? Von vielen ähnlichen Fällen ist bekannt, dass wichtige antike Heiligtümer mit entsprechend grossen kirchlichen Bauten besetzt wurden. Wahrscheinlich waren die Sieben Brünnen bereits vor der Christianisierung ein bedeutendes Naturheiligtum der Region um den heutigen Vierwaldstättersee. Mit der Vermutung, dass dies auch hier der Fall war, sollen keineswegs die religiösen Gefühle der Einheimischen verletzt, sondern vielmehr darauf aufmerksam gemacht werden, dass der Ort bereits den frühgeschichtlichen Vorfahren als heilig galt, was seine Bedeutung in keiner Weise schmälert, im Gegenteil. Nach der Naturmythologie ist der Geist des Ortes oder das übergeordnete feinstoffliche Schwingungsfeld unmittelbar mit der Landschaft verbunden, und die hat sich nicht wesentlich verändert. Entsprechend ist ihr Geist und damit auch das bei der Quelle anwesende Numen gleich geblieben.

Ein Bach rauscht aus dem Berg.

Orbequelle und Feengrotte von Vallorbe

Anreise: Bahn bis Vallorbe

Vallorbe–Feengrotte–Vallorbe: 2 Std.

Vom oberhalb von Vallorbe gelegenen Bahnhof steigen wir gegen das Tal ab und traversieren der Strasse entlang dem Talanfang zu. Der Weg Richtung «Grottes» ist durchgehend markiert. Vom Parkplatz an führt der Wanderweg dem Fluss entlang durch den Wald. Beim Rastplatz entspringen je nach Witterung einige kleine Quellen gleich unterhalb des Wegs. Von der Orbequelle mit der Tropfsteingrotte führt ein malerischer Pfad Richtung «Grotte aux Fées» etwa zwanzig Minuten durch einen zauberhaften Wald zur sagenhaften Höhle der Feen.

Orbequelle.

Quelle der Orbe

Das Wasser der Orbe quillt am Fuss einer hohen Felswand hervor und sprudelt als schäumender Fluss über bemooste Kalksteine. Eigentlich beginnt die Orbe in einem See in Frankreich, fliesst dann in vielen Windungen nordostwärts und nimmt nach der Grenze zwei Nebenflüsschen auf, bevor sie durch das Vallée de Joux fliesst. Das Talbecken hat keinen oberirdischen Abfluss, weshalb sich das Wasser im Lac de Joux und im anliegenden Lac Brenet sammelt. Ein Zusammenhang zwischen dem Flussaustritt der Orbe und den nicht weit oberhalb gelegenen abflusslosen Seen wurde wohl schon lange vermutet. Ab 1865 wurde mit Hilfe von Wasserfärbung untersucht und schliesslich nachgewiesen, dass zumindest ein Teil des Wassers aus dem Lac Brenet stammt.

Die in einer wildromantischen Landschaft gelegene Orbequelle gilt denn auch als Wiederausfluss, und nicht als Grundwasseraustritt, also Quelle im engeren Sinne. Der Weg, den das Wasser vom See bis zum Austritt zurücklegt, nimmt 22 Stunden in Anspruch, was etwas kürzer ist als bei den meisten anderen Karstquellen. Die Signatur des Flusses, der verschwindet und nach knapp einem Tag wieder aus dem Berg tritt, ist ein Gleichnis für den Abstieg in die Unterwelt und die darauf folgende Neugeburt.

Bei der Feengrotte.

Vom Eingang zur Höhlengrotte führt ein Pfad zur Quelle hinunter. Die einmalige Atmosphäre der kleinen Plattform am Wasser lässt an ein altes Druidenheiligtum denken, an meditierende Yogis, an Schamaninnen mit ihren Gesängen. Kaum hat man sich hingesetzt, wird der Geist vom träge unter der senkrechten Felswand hervorströmenden Wasser weggetragen.

Tropfsteinhöhle

Die ursprünglich von aussen unzugängliche Grotte konnte erst mit der Entwicklung der modernen Taucherausrüstungen eingehend erforscht werden. 1964 erreichten die Taucher 140 Meter im Berginnern eine erste «trockene» Galerie. In der folgenden Zeit wurde ein Zugang zur Galerie freigelegt, und 1974 konnten die ersten Besucher die Höhlen besichtigen. Auf dem Rundgang sind von der Decke hängende Tropfsteinröhrchen und Stalaktiten sowie vom Boden heraufwachsende Stalagmiten, Kuppeln und Säulen zu sehen. Die geführte Besichtigung folgt dem unterirdischen Flusslauf der Orbe zu Galerien und Aussichtspunkten auf die unterirdische Landschaft aus Kalkfels, fantastisch geformten Ablagerungen und dem manchmal stehenden, manchmal sprudelnden Wasser. Wie in den meisten Grotten dieser Art ist auch hier die Bioenergie sehr hoch, weshalb der Rundgang ebenso ein energetisches Erlebnis ist, dessen Nachwirkung man noch lange spüren kann. In der Grotte beträgt die Temperatur rund zehn Grad Celsius, ein Pullover ist daher trotz des Treppensteigens zu empfehlen. Die Anlage ist von Anfang April bis Ende Oktober täglich geöffnet. Während der restlichen Monate ist sie auf Anfrage für Gruppen zugänglich.

Feengrotte

Schon der Waldweg bei der Orbequelle vorbei durch die bemoosten Kalkblöcke zur Feengrotte wirkt wie aus einer anderen Welt und lässt die Gegenwart von geheimnisvollen Wesen erahnen. Die etwa hundert Meter über dem Talanfang gelegene Höhle scheint wie für Feen gemacht. Das geräumige Portal bietet Platz für einige Dutzend Menschen und führt zu einer tiefer im Fels liegenden Kammer. Wer den inneren Teil erforschen will, muss allerdings eine Taschenlampe mitnehmen.

Wir dürfen davon ausgehen, dass die in unmittelbarer Nähe der aussergewöhnlichen Quelle gelegene Höhle seit der Besiedlung in der Jungsteinzeit ein Kultort war. Die Sagen um die Feen von Vallorbe lassen darauf schliessen, dass auch die keltischen Bewohner der Gegend

Die innere Welt der Quelle (Foto: Speleosub S.A., Eclépens).

in dem geradezu klassischen Höhlenheiligtum Zugang zur Anderswelt fanden. Und der geneigte Besucher wundert sich nicht, dass einige glauben, die geheimnisvollen Wesen seien nie wirklich weggezogen. Unabhängig davon gilt die Grotte als starker Kraftort mit einer aussergewöhnlich magischen Ausstrahlung.

Der Schmied und die Grottenfee

In einer Grotte an den südlichen Abhängen des Juras bei Vallorbe lebte einst eine Nymphe in Gesellschaft von Feen. Nur selten konnte ein Mensch einen kurzen Blick auf eines der scheuen Wesen werfen. Nur jeweils an Palmsonntag zog eine Fee über die Anhöhe. Führte sie ein weisses Schaf mit sich, war ein gutes Jahr zu erwarten, zeigte sie sich aber mit einer schwarzen Ziege, musste mit einer schlechten Ernte gerechnet werden. Und bei der Orbequelle sah man in gewissen Nächten eine weiss leuchtende Frau im Mondlicht baden. Weil sie aber stets von zwei Wölfen bewacht wurde, wagte sich nie jemand näher heran.

Bei Vallorbe kannte jedes Kind die Geschichten über die geheimnisvollen Feen, die stets als wunderschöne Frauen beschrieben wurden, deren weisse Gewänder bis zum Boden reichten und ihre Füsse bedeckten. Man sprach ehrfürchtig von ihren dichten, langen Haaren, die ihnen wie ein goldener Mantel um Kopf und Schultern hingen, und von ihren wohlklingenden Stimmen. Wenn in gewissen Nächten von den Anhöhen der Gesang der Feen die Landschaft verzauberte, verstummten alle Gespräche, und Junge wie Alte lauschten verzückt. Allerdings wagten sie sich nicht zu den Sängerinnen hinauf, denn die Kirche hatte sie gelehrt, die Naturgeister als Dämonen zu fürchten. Nur Donat, ein junger Schmied, der seit seiner Kindheit nicht genug von den schönen Feen hören konnte, streifte in solchen Nächten durch die wilde Landschaft. Doch wo er auch immer suchte, schienen die Zauberklänge von einem andern Ort zu kommen. In seinem Eifer arbeitete er sich eines Tages durch ein fast undurchdringliches Brombeergebüsch und stand plötzlich vor einer unbekannten Höhle. Vorsichtig tastete er sich in den Berg vor und gelangte schliesslich in eine zweite Kammer, wo er ein einfaches Lager aus Moos und Farnkraut fand. Von Müdigkeit übermannt legte er sich hin und schlief augenblicklich ein. Als er wieder erwachte, stand vor ihm eine von goldenen Haaren umflossene Frau. «Donat, du suchst mich nun schon seit Jahren und hast nie aufgegeben», sprach sie den verblüfften Schmied an. «Nun will ich dich einladen, für hundert Jahre in meinem Reich zu leben. Zusammen mit meinen

Schwestern werde ich dir in den Grotten von Montcherand alle Geheimnisse der Natur zeigen und dir alle Wünsche erfüllen. Aber eines musst du mir versprechen: Wenn ich mich in meine inneren Kammern zurückziehe, darfst du mir nicht folgen. Wenn du das Gebot brichst, musst du meine Welt für immer verlassen.»

Ohne zu zögern, willigte Donat ein und lebte seither in der zauberhaften Grotte. Sobald die Mittagsglocke von Vallorbe läutete, öffnete sich eine verborgene Kammer, in der er mit der Fee das Mittagessen einnahm. Der Tisch war jeden Tag reich gedeckt mit Forellen aus der Orbe, mit Rehen aus den Jurahöhen, mit Arboiswein, Früchten und Beeren von Berg und Tal, Honig aus dem Vallée de Joux oder Schlagsahne vom Dent de Vaulion. Nach dem Essen weihte die Fee ihren Verehrer nach und nach in die Geheimnisse der Metalle und Mineralien ein, lehrte ihn die Kraft der wilden Kräuter und erzählte von der Welt der Naturgeister. Anschliessend verschwand sie jeweils durch eine kleine Pforte für den Rest des Tages. Es dauerte nicht lange, bis der junge Schmied sich zu langweilen begann. Am sechzehnten Tag war die Fee freundlicher als je zuvor, und er hoffte bereits, nun mehr Zeit mit ihr verbringen zu dürfen. Doch sie zog sich wie immer in ihre Kammern zurück, liess aber die Pforte einen Spalt weit offen. Lange konnte Donat der Versuchung nicht widerstehen. Er stiess die Türe sachte etwas weiter auf und blickte in einen hohen, weiten Raum. In einem grossen Bett ruhte die Fee auf einer Decke aus rotem Samt. Ihr langes Kleid war ein wenig hochgeschoben, und Donat konnte zum ersten Mal ihre Füsse sehen. Als Donat sah, dass sie keine Ferse hatten, als wären sie Gänsefüsse, schrie er erschrocken auf. Die Fee erwachte augenblicklich und rief: «Bleib stehen! Warum nur hast du das Versprechen gebrochen? Ich war sehr zufrieden mit dir, und nach einem Monat hätte ich dich zum Gatten genommen und all meine Macht, meine Geheimnisse und meine Reichtümer mit dir geteilt. Nun musst du wieder gehen. Aber du darfst nie jemand von deinen Erlebnissen erzählen, sonst wirst du den Rest des Lebens unglücklich sein.»

Als Donat nach langer Abwesenheit wieder in Vallorbe auftauchte, wollten seine Freunde natürlich wissen, wo er gewesen war. Erst weigerte er sich, darüber zu sprechen, doch eines Abends brach die Trauer um den Verlust der Freundschaft zur Fee aus ihm hervor, und er berichtete von den herrlichen Tagen in der Zauberhöhle. Doch seine Freunde hielten ihn für einen Fantasten oder Schwindler, einige unterstellten ihm sogar, sich mit schwarzer Magie zu beschäftigen. Von der

Fee verlassen und von seinen Freunden verspottet, mochte er nicht länger in Vallorbe bleiben. Donat verliess den Ort und wurde nie mehr gesehen.

In der Geschichte vom Schmied Donat, die mit verschiedenen anderen Sagen aus dem Alpenraum fast identisch ist, begegnen wir dem Motiv der Nymphe, die eine Beziehung zu einem Menschen sucht und von diesem enttäuscht wird. Auch hier schwingt der Mythos vom Verschwinden der alten Naturmythologie mit, denn seit Donats Verrat sei keine der Bewohnerinnen der Grotten je wieder gesehen worden. Allerdings sind Kennerinnen des Ortes überzeugt, ihre Anwesenheit zu spüren, als wären sie noch immer unter uns. Sie sollen in ihren tief im Berg gelegenen geheimen Kammern warten, bis die Menschen wieder eine Beziehung zu ihnen aufnehmen. Sollte dies je wieder einem Menschen gelingen, sollte ihm die Geschichte von Donat eine Lehre sein.

In der Sage von Vallorbe hat die Fee Gänsefüsse, in anderen ähnlichen Geschichten endet der Körper der Fee in einem Fischschwanz. Das Motiv verweist auf ein Mysterium im Zusammenhang mit ihrer Herkunft, das sie mit niemand teilen kann. Wer dies nicht akzeptiert und das Geheimnis zu lüften versucht, endet in Armut oder Wahnsinn.

Im mythologischen Sinne kann die Geschichte als Gleichnis für den Verrat der Menschen an der Natur und ihren Kräften verstanden werden. In der Geschichte von Donat und der Fee lässt sich auch ein grundlegendes Problem in der Beziehung zwischen Mann und Frau erkennen. Nach der Naturmythologie gilt jede Frau als eine Manifestation der Göttin. Als solche ist sie mit einem urweiblichen Mysterium verbunden, das dem männlichen Geist nicht zugänglich ist. Versucht ein Mann im Wahn, alles wissen und kontrollieren zu müssen, in diesen intimsten Bereich ihres Wesens einzudringen, verliert er dabei genau das, was er suchte. Offenbar entwickelte sich dieses männliche Dominanzverhalten gegenüber den Frauen parallel mit dem Bestreben der Menschheit, die Natur zu unterwerfen. Die Wildnis wurde zum Feind, den es zu besiegen gilt, und wurde von der römischen Kirche verteufelt. Diese Denkweise führte über die Zerstörung der heiligen Bäume oder die Verfolgung der Weisen Frauen schliesslich dazu, dass ein grosser Teil der Menschheit den Respekt vor der Natur und ihrem Mysterium verloren hat.

Die Geschichte von Donat erinnert an die mittelalterliche Dichtung von der Quellnymphe Melusine. Sie ging wie die Fee von Vallorbe eine Beziehung mit einem Mann ein und verliess ihn wieder, weil er ihr Geheimnis nicht respektierte. Auch in anderen ähnlichen Sagen des Alpenraums erscheint die geheimnisvolle Grottenbewohnerin als Nymphe. In der Sage von Helva am Helisee gibt sich diese schliesslich als Landschaftsgöttin zu erkennen. Angesichts der unmittelbaren Nähe der Grotte zur mächtigen und eindrücklichen Orbequelle ist anzunehmen, dass die Gestalt der Fee auf einem älteren Mythos um eine lokale Quellgöttin beruht. Ihr Geist scheint noch heute über dem sagenhaften Gebiet zwischen der Quelle und der Höhle zu schweben.

Unterhalb der Orbequelle.

Wissen Brünnen und Felsenquelle am Klöntalersee

Anreise: Bahn bis Glarus, Bus nach Klöntal bis Haltestelle Rodannenberg

Rodannenberg–Hinter Klöntal (Bushaltestelle Plätz): 1¾ Std.

Unter den mächtigen Felswänden am rechten Seeufer entlang folgen wir dem Wanderweg Richtung Güntenau nach Hinter Klöntal. Nach dem grossen Wasserfall erreichen wir gegen Ende des Sees die erste und einige Minuten später die zweite der in einer einmaligen Auenlandschaft gelegenen Quellen. Am Ende der Au führt der Wanderweg nach rechts über einen Steg. Nach einigen Minuten überqueren wir die Chlü und erreichen wiederum nach rechts gehend bald die Hauptstrasse mit der Bushaltestelle.

Felsenquelle.

Klöntalersee

Das vom 2915 Meter hohen Glärnisch dominierte Klöntal ist eines der malerischsten Bergtäler der Voralpen. Seine unvergleichliche Anmut und seine wilde, fjordartige Landschaft zogen seit Jahrhunderten Wanderer, Bergsteiger, Geologen, Dichter, Maler und Denker an.

Das grösste westliche Seitental des Linthtals erstreckt sich von dem ins Muotatal führenden Pragelpass (1550 Meter ü. M.) rund sechzehn Kilometer in östlicher Richtung bis nach Riedern zwischen Glarus und Netstal. Der Klöntalersee entstand durch einen mächtigen prähistorischen Bergsturz aus dem Wiggismassiv. Bei der Verengung des Klöntals zwischen Rodannenberg und Sackberg wurde zu Beginn des 20. Jahrhunderts auf dem Schuttkegel zusätzlich ein Erddamm errichtet, um den See für die Stromproduktion zu nutzen. Der See wird zu einem grossen Teil von der Chlü gespeist, die am Pragel entspringt. Unterhalb des Sees fliesst der Bach unter dem Namen Löntsch talauswärts der Linth zu. Auf dem Weg dem See entlang geniessen wir die idyllische Uferlandschaft, die Aussicht auf das gegenüberliegende Bergpanorama, die Einblicke in die gigantischen Skulpturen der sich über uns türmenden Felswände und die stiebenden Wasserfälle.

Im September 1799 zog der russische General Suworow mit seiner Armee auf der Flucht vor den Franzosen über den Pragelpass durch das Klöntal. Eine Legende berichtet, dass dabei die russische Kriegskasse aus Furcht, der Feind könnte sie erbeuten, im See versenkt wurde, wo sie noch immer liegen soll. Ein Kenner des Klöntals vermutet hinter dieser Legende eine wesentlich ältere Sage, nach der der Schatz allerdings nicht materieller Natur sein soll, sondern in der aussergewöhnlichen Kraft des Bergtals liegt. Das Seeufer und die beiden Karstquellen in der Bergaue sind ideale Orte, um diesen energetischen Schatz zu geniessen.

Wissen Brünnen

Kurz nach der Feuerstelle Sträberzen wandern wir über ein mehrere hundert Meter langes gerades Wegstück. Etwa hundert Meter nach der ersten Wegbiegung kommen wir in den Bereich des oberen Seeendes und sehen drei Meter rechts unterhalb des Wegs das Wasser der Wissen Brünnen aus dem Boden fliessen. Wir befinden uns im geschützten Auengebiet und geniessen die Atmosphäre der Quelle und die Sicht auf die Deltalandschaft, ohne das empfindliche Feuchtgebiet zu betreten.

Das Wasser tritt auf einer Länge von etwa zehn Metern am Fuss des Abhangs unter den Steinen hervor und fliesst durch ein kleines Delta in den nahen See. Die heitere, harmonische Stimmung bei der Quelle lädt dazu ein, sich zu ihr zu setzen und sich der Magie des Ortes hinzugeben.

Felsquelle

Einige Minuten nach den Wissen Brünnen erreichen wir auf dem Weg durch den Wald einen Holzsteg. Der unter ihm hindurchfliessende Bach entspringt zehn Meter weiter oben dem Fels und rauscht zwischen moosigen Steinen auf uns zu. Allein der Anblick des sprudelnden Wassers wirkt augenblicklich anregend. Auf der Brücke lässt sich sein Kraftfeld optimal geniessen. Kurz nach dem Steg führt ein Trampelpfad einige Meter zur Quelle hoch, die ein ausgesprochen malerisches Bild bietet. Im intim wirkenden, kleinen Kessel des Bachtals fliesst das Wasser ruhig unter dem Fels hervor und bildet erst ein kleines Becken, bevor es über die Felsblöcke hinunterstürzt.

Anders als bei den am See gelegenen Wissen Brünnen wird die Stimmung im kleinen Tälchen von der senkrecht aufsteigenden Felswand geprägt, die einen in die Welt der Mythen versetzt. Das aus dem Berg strömende Wasser hat eine geheimnisvolle Ausstrahlung, eine magische Anziehungskraft, und man würde sich nicht allzusehr wundern, würde man hier einer Quellfrau in der Gesellschaft freundlicher Zwerge begegnen. Aber auch ohne sichtbare Anwesenheit der Naturgeister ist die Atmosphäre vom intensiv anregenden Schwingungsfeld der Quelle erfüllt.

Auenlandschaft

Die geschützte Aue erstreckt sich vom Delta etwa fünfhundert Meter flussaufwärts der Chlü entlang. Die Landschaft ist eine der letzten dieser Art. Unmittelbar unterhalb des steilen, wilden Bergwalds gelegen strahlt die von Wasserläufen durchzogene Aue eine urtümliche Frische aus, und der Wegabschnitt zwischen den Wissen Brünnen und dem Ende der Au lädt weniger zum Wandern als vielmehr zum Wandeln und Wundern ein, um so den aussergewöhnlichen Kraftort ausgiebig geniessen zu können.

Das Zentrum der Auenlandschaft bildet der kleine See am gegenüberliegenden Flussufer; über einen Pfad von dem neben der Bushaltestelle gelegenen Campingplatz aus ist er einsehbar.

Der für seine Spiegelungen berühmte Klöntalersee.

Die Sage von Vrenelis Gärtli

Am mittleren Glärnisch liegt ein kleines viereckiges Schneefeld mit dem geheimnisvollen Namen Vrenelis Gärtli (Verenas Garten). Nach einer alten Sagengeschichte ist Vreneli eine Bergfee, die einst in der damals noch schneefreien Bergmulde einen herrlichen Garten angelegt hatte. Bald wuchsen hier die schönsten Alpenblumen, und die Früchte an den Bäumen waren doppelt so gross und süss wie unten im Tal. Da Vrenelis Vater, der alte Berggott des mächtigen Glärnisch, fürchtete, der Garten könnte neugierige Menschen anlocken, türmte er einen Kranz steiler, unzugänglicher Felsen um ihn. Diese Mauern stehen heute noch, wie jeder Kenner des Glärnisch bestätigen kann. Manchmal wagten sich Jäger so weit in die Felsen hinauf, dass sie einen Blick zwischen den Zinnen hindurch auf das kleine Paradies und dessen schöne Bewohnerin werfen konnten. Ihre Berichte über den Feengarten wurden aber als Prahlereien abgetan, und bald hörte man nichts mehr davon.

Doch einmal gelang es einem Bergler, den die alten Geschichten der Gemsjäger über die schöne Fee nicht in Ruhe gelassen hatten, die Felsenmauer zu überwinden. Er und Vreneli sollen sich auf den ersten Blick ineinander verliebt haben, und der junge Mann wollte den Garten nicht mehr verlassen. Zwar verbarg Vreneli ihn vor den wachsamen Augen des Vaters, der nicht viel von Menschen hielt, aber nach einigen Wochen des Glücks überraschte der Berggeist die beiden in einer innigen Umarmung. In seinem Zorn soll er den Burschen über die hohe Wand hinabgeschleudert und seine Tochter auf der Stelle in einen Felsblock verwandelt haben. Nach der Sage kann Vreneli von diesem Fluch erlöst werden, wenn jemand den Stein findet und ihn dreimal liebevoll küsst. Wohl deshalb bedeckte der wütende Vater den Garten mit Eis und Schnee.

Wie immer, wenn es um mit bestimmten Orten verbundene Sagen geht, stellt sich die Frage, ob allein die an eine riesige Gartenmauer erinnernde Felsformation um das Schneefeld die Menschen zu der Geschichte inspiriert hat, oder ob ein uralter Mythos mit dem mystisch anmutenden Ort in Verbindung gebracht wurde. Zumindest weist der Name Vreneli oder Verena auf einen solchen Zusammenhang, finden sich doch im nahen Sankt Galler Oberland und in Graubünden so genannte Vrenelishügel, die mit der Legende vom Venusberg verbunden sind. Der in den geheimen Künsten bewanderte Minnesänger Tannhäuser soll dort zeitweise mit der Göttin in ihrem unterirdischen Palast gelebt haben, ähnlich wie der junge Bergler mit Vreneli im Garten. Wie

Klöntaler Idylle.

im ersten Teil dieses Buches dargelegt (siehe Seite 82), kann Verena als Überlagerung einer urgeschichtlichen Quell- und Wassergöttin verstanden werden. Wir wollen nun nicht behaupten, dass dieser Mythos ausschliesslich mit den Quellen am Klöntalersee verbunden ist, denn im Glarnerland mangelt es nicht an Quellen, Bächen und herrlichen Seen. Die Verbindung von Vreneli zum mächtigen Glärnisch weist aber auf eine übergeordnete Quellgöttin hin, die als solche mit allen Quellen und Gewässern der Region unmittelbar verbunden wäre. Die harmonische Atmosphäre der Wissen Brünnen am Ufer des lieblichen Klöntalersees und die wilde, geheimnisvolle Stimmung der Felsenquelle können durchaus als natürliche Manifestationen von Eigenschaften der Liebe empfunden werden.

Die Verwandlung des paradiesischen Gartens in eine Fels- und Eislandschaft erinnert an das weit verbreitete Sagenmotiv der verschütteten Alp. Das Motiv gilt als Gleichnis für das Ende einer goldenen Zeit während einer nacheiszeitlichen Wärmephase, in der die Menschen möglicherweise mit den Kräften der Natur noch in Einheit lebten. Durch die Klimaerwärmung schmilzt auch das Eis in Vrenelis Gärtli weg. Vielleicht findet in Zukunft jemand den Fels, in den Vreneli gebannt ist, und küsst sie ins Leben zurück. Die Tradition, heilige Steine zu küssen, war übrigens im Alpenraum bis weit ins Mittelalter verbreitet, wie kirchliche Dokumente über die Steinküsser belegen. Offenbar drückten die Vorfahren ihre Zuneigung zu ihren in den Steinblöcken repräsentierten Ahnen- und Naturgeistern durchaus auch sinnlich aus.

Giessenquellen im Rohrerschachen Aarau

Anreise: Bahn bis Aarau, Bus Nr. 2 Richtung Rohr bis Haltestelle Quellhölzli

Rückreise: Bus ab Biberstein nach Aarau

Rohr–Rohrerschachen–Biberstein: 1 Std.

Wir gehen auf dem Wanderweg nach Norden Richtung Rohrerschachen durch das Quellhölzli. Der Wald erhielt seinen Namen von den Quellen, die an seinem Fuss entspringen. Danach überqueren wir die Wiese zum Schachenwald. Rechts auf der Wiese ist die erste der drei Giessenquellen, vor dem Waldrand überqueren wir den Bach der zweiten Giesse. Bei der ersten Verzweigung nach dem Betreten des Waldes gehen wir nach rechts und erreichen nach einer kleinen Schlaufe eine zweite Gabelung, bei der wir uns nach links wenden und bald rechts vom Weg den Quellbach sehen. Nach einigen Schritten entlang dem linken Ufer des Bachgrabens erreichen wir den beispielhaft schönen Quelltopf.
Wir gehen auf den Wanderweg zurück zur Weggabelung und folgen dem Bächlein nach links durch den Rohrerschachen, bis wir auf die Strasse stossen. Sie führt nach links über die Aare direkt zu dem unter der Burgbrücke herabfliessenden Quellbächlein von Biberstein.

Auenschutzpark Rohr-Rupperswil

Entlang der Aare von der Suhrenmündung bis zum Zusammenfluss mit dem Kraftwerkkanal bei Rupperswil entsteht ein Schutzpark. Es soll nicht eine von Menschenhand geschaffene Anlage werden, vielmehr sollen die am Projekt arbeitenden Menschen die Natur bei der Belebung der durch Entwässerung und Jahrzehnte intensiver landwirtschaftlicher Nutzung fast zerstörten Aue unterstützen.

Während der Anbauschlacht im Zweiten Weltkrieg wurde nach dem so genannten Wahlen-Plan auch im Rohrerschachen das Land trocken gelegt und Wald gerodet, um Nahrungsmittel anzubauen. Die Schweiz blieb zwar von eigentlichen Kriegshandlungen verschont, aber auf ihrem Gebiet fand eine gewaltige Schlacht gegen die Natur statt: Moore, Auenwälder, Feuchtwiesen wurden entwässert, Quellen und Bäche eingedolt, Flüsse kanalisiert, wertvolle Wälder abgeholzt. Und nebenbei wurden auch noch zahlreiche Findlinge gesprengt, bei denen unsere Vorfahren während Jahrtausenden ihre religiösen Feiern abgehalten hatten. Selbstverständlich musste die Nahrungsversorgung der Bevölkerung gewährleistet werden, aber offenbar wurde mit dem Wahlen-Plan die Gelegenheit beim Schopf gepackt, «mal richtig aufzuräumen». Der engagierte Naturschützer Dr. Gerhard Ammann erinnert sich, dass

Quelltopf mit Sandvulkan.

Bundesrat Wahlen damals versprochen hatte, sobald der Krieg vorbei sei, die Gebiete wieder der Natur zurückzugeben. Doch es folgte die schwierige Nachkriegszeit, darauf der wirtschaftliche Aufschwung, und der Ruf der Naturschützer nach Renaturierung verhallte im zunehmenden Wohlstand. Der Rohrerschachen wurde noch intensiver landwirtschaftlich genutzt, und die einstigen Feuchtwiesen wurden zu Einöden der Monokultur. Dennoch konnten hier wertvolle Überreste der Aue erhalten werden. Aus diesen letzten Rückzugsgebieten heraus sollen sich die typischen Pflanzen und Tiere nun wieder auf dem Gebiet des Parks ausbreiten.

Ein Teil des alten Aarelaufs wird ausgebaggert und der Hochwasserdamm landeinwärts verlegt, was Lebensraum für Fische, Vögel und Biber schafft. Durch forstliche Pflege soll sich das Waldschutzgebiet allmählich zu standortgerechten und artenreichen Laubmischwäldern entwickeln. Um Überraschungen zu vermeiden, werden die Massnahmen zur Renaturierung schrittweise vorbereitet und zuerst im Kleinen, danach aufgrund der gemachten Erfahrungen auf grösserer Fläche umgesetzt. Das vorbildliche Projekt gibt der Bevölkerung die Möglichkeit, in den nächsten Jahrzehnten und hoffentlich Jahrhunderten zu erleben, wie der Organismus der Natur genau das tut, was zu tun ist, wenn man

Beginn einer Giesse (Foto: Gerhard Ammann).

ihn gewähren lässt. Die kommenden Generationen werden es der heutigen danken, wenn sie die Aue entstehen sehen und als Ort der friedlichen Koexistenz von Natur und Mensch erleben können.

In Auen begegnen sich Gegensätze: Vegetationslose Kiesbänke und urwaldähnliche Laubwälder, karge Trockenwiesen und üppige Staudenfluren, verkrautete Wasserläufe und sandige Tümpel bilden ein lebendiges Mosaik, das sich im Rhythmus von Hochwasser und Trockenperioden ständig wandelt. In der Schweiz sind nur noch 0,25 Prozent der Landesfläche echte Auen. In diesen gedeihen 40 Prozent aller Pflanzenarten und 80 Prozent aller Tierarten! Es ist höchste Zeit, dass das von Bundesrat Wahlen an die Naturschützer abgegebene Versprechen nicht nur im Rohrer- und Rupperswilerschachen eingelöst wird.

Giessenquellen

Die Quellen bei Rohr wurden vor einigen Jahren durch Ausbaggerung revitalisiert. Der Biogeograf Jens A. Zollhöfer fand in den Quelltöpfen bereits am ersten Tag danach Grundwasserkrebse. Nach siebzehn Tagen kamen die ersten den Bach aufwärts wandernden Bachflohkrebse dazu. Nach etwa dreissig Tagen legten die ersten Zuckmücken ihre Eier ab, und bald folgten andere typische Quelltierchen wie Eintags- und Köcherfliege. Innerhalb der ersten zwei Monate wanderten insgesamt fünfzehn Arten ein, danach blieb der Zuwachs während des ersten Jahres auf diesem Niveau. Der Versuch hat gezeigt, dass die typische Quellenfauna sich zwar erneuert, dazu aber wesentlich mehr Zeit braucht, als angenommen wurde.

Der Geograf Dr. Gerhard Ammann, der sich sehr für die Erhaltung und Renaturierung der Restaue engagiert hat, vermutet, dass das Wasser der hier zusammenfliessenden Grundwasserströme aus dem Aare- und Suhrental nach oben gedrückt wird. Es sprudelt in runden Quelltöpfen aus dem Boden und fliesst als Bach ab. «Für mich ist jede Quelle ein Wunder», sagte er, als wir andächtig zusammen beim Quelltopf standen und den unablässig emporwirbelnden Sandvulkanen zuschauten. Sie sind ein lebendiges Gleichnis für die aus dem Urquell entspringenden Dinge der Schöpfung (siehe Seite 218, Wilerwald).

Die drei Giessenquellen im Rohrerschachen sind die letzten der einst zahlreichen Grundwasseraufstösse in diesem Gebiet. Die Letzten werden die Ersten sein, sagt die bekannte Prophezeiung. Möge dies auch im Fall der drei Quellen in Erfüllung gehen, mit deren Revitalisierung die Grundlage für das werdende Auenschutzgebiet geschaffen wurde.

Die Natur findet zu sich zurück (Foto: Gerhard Ammann).

Die Biber von Biberstein

Am nördlichen Aareufer lagen im Jahr 2003 plötzlich unmittelbar neben der nach Biberstein führenden Brücke zwei stattliche Silberweiden im Wasser. Die konisch abgenagten Stümpfe der Bäume sind ein Zeichen, dass sich die zurückgekehrten Biber in der Gegend offenbar wohl fühlen; dass sich die kleine Kolonie gerade bei der alten Burg namens Biberstein wieder angesiedelt hat, wirkt wie ein gutes Omen für die Renaturierung des Auengebiets. Das unter der Burgbrücke von Biberstein herunterfliessende malerische Quellbächlein bildet einen würdigen Abschluss der Wanderung.

Paracelsusquelle bei Bad Ragaz

Anreise: Bahn bis Bad Ragaz, Bus bis Badezentrum

Badezentrum–Taminaschlucht–Quelle–Badezentrum: 2½ Std.
Badezentrum–Taminaschlucht–Quelle–Naturbrücke–Pfäfers (Bus nach Bad Ragaz): 2½ Std.

Wir folgen dem Wegweiser Richtung Taminaschlucht. Nach der Brücke beginnt der Badtobelweg, der entlang der Tamina zum alten Bad Pfäfers führt. Hinter dem alten Badehaus ist der Eingang in den engen, hinteren Teil der Schlucht mit der Quelle.
Der Weg über die Naturbrücke nach Pfäfers führt beim Alten Bad in den Wald hinauf. Nach der Naturbrücke steigen wir über eine lange Holztreppe aus der Schlucht zur Strasse hinauf, auf der wir uns nach links wendend bald die Bushaltestelle in Pfäfers erreichen. Wer gut zu Fuss ist, folgt dem beschilderten Wanderweg zurück nach Bad Ragaz.

Blick von der Naturbrücke in die Schlucht.

Taminaschlucht

Eigentlich beginnt die Taminaschlucht bereits hinter den letzten Gebäuden von Bad Ragaz. Um sie von der weiter oben beginnenden engen Felsspalte zu unterscheiden, heisst der vordere Teil Badtobel. Nichtsdestotrotz hat man angesichts der steil aufragenden Wände bald einmal das Gefühl, in einer Schlucht zu sein. Links rauscht die Tamina, von deren Bett erfrischende Luft aufsteigt. Über die steilen Abhänge sprudeln Bächlein und Wasserfälle herunter. Kein Zweifel, wir sind im Reich von Fels und Wasser. Es lohnt sich, das Bachtobel zu durchwandern, auch wenn man ab und zu dem Bus Platz machen muss. Die ständig wechselnden Eindrücke, die frische Luft und die wildromantische Atmosphäre bereiten uns Schritt für Schritt auf die Quelle im inneren Bereich der Taminaschlucht vor.

Die schmale Spalte der eigentlichen Taminaschlucht wirkt wie ein Eingang in die Unterwelt. Gleich nach den ersten Schritten wird man Teil eines einmaligen visuellen, akustischen und energetischen Ereignisses. Über den gesicherten Weg gehen wir der Felswand entlang, unter uns die tosende Tamina, über uns ein schmales Band Himmel. Man wird buchstäblich vom Schwingungsfeld der Schlucht verschluckt und vom Gefühl erfasst, sich im Innern von Mutter Erde zu befinden. Ein 1987 gebauter Stollen führt schliesslich auf einem neuen, sicheren Weg durch das Felsinnere am kleinen Thermalwasserbrunnen (36,6 Grad) vorbei, nach dem man durch einen guten Trunk energetisiert bald zur Quellwassergrotte gelangt.

Der Dichter Rainer Maria Rilke beschrieb Anfang der zwanziger Jahre seinen Eindruck von der Taminaschlucht: «Aber wie die Leistung seiner [des Flusses] Kraft und seiner eingeengten Erregung noch überall in den Wandungen erkennbar ist, so lasse ich mir's nicht nehmen, dass wir in dieser Umgebung in diesem fast in sich geschlossenen Felsenkessel mehr gehört haben als nur den heutigen Lärm des Flusses und seinen physischen Widerhall. – Wie sollte nicht auch früheres Dröhnen da noch mit- und nachwirken? Die ganze unabsehliche Vergangenheit dieses Jahrtausende alten Gedröhns überliefert sich sicher dem seltsam gefüllten Gehör, und was sichtbar ist, die ungeheuren Muldungen akustisch ausgeschliffener Wände, kommt diesem Eindruck des Gehörs so eigentümlich zustatten, dass nicht viel Einbildungskraft dazu gehört, sich vorzustellen, die masslose Gewalt der Geräusche habe, ihrerseits, neben dem tatsächlichen Andrang der Gewässer an der Formung des gigantischen Innenraums gewirkt.»

Paracelsusquelle

Obwohl das Wasser der Quelle rein wie Kristall ist, färbt es das Gestein rot. Kristall ist ein Synonym für Reinheit, Rot steht für Durchsetzungskraft, Lebenswillen, Leidenschaft. Diese Signatur lässt auf eine allgemein reinigende wie auch stärkende Wirkung des Wassers schliessen, was damit ebenso für das Kraftfeld der Quelle gilt. Ihr Einzugsgebiet liegt im Tödimassiv, einem Energiezentrum der Alpenkette. Das Wasser fliesst im Laufe von etwa zehn Jahren durch die geheimnisvolle Unterwelt bis zur Taminaschlucht. Dabei nimmt es die feinstoffliche Information oder Kraft der Berge auf, was für seine Heilwirkung von Bedeutung ist.

Die Felsnische hat die typische Ausstrahlung eines Quellheiligtums. Die Quelle fliesst aus Hygienegründen hinter einer Glasscheibe, aber man fühlt sich mit ihr über die feuchtwarme Atmosphäre sinnlich verbunden, als würde man von ihr umflossen. Ausserdem konzentrieren sich beim Quellaustritt spürbar die starken Schwingungen der Schlucht. Ungeachtet der baulichen Eingriffe ist die Paracelsusquelle ein intensiv wirkender, eindrücklicher Kraftort geblieben. Was fehlt, ist das Bad im blutwarmen Wasser, doch dieses kann später in der Taminatherme genossen werden. Die Bäderexpertin Lys Wiedmer schreibt in ihrem Buch «Heilende Wasser – Quellen der Gesundheit» über die Paracelsusquelle: «Für mich ist sie die Quelle schlechthin, Inbegriff eines mystischen Wunders.»

Die Geschichte der Thermalquelle ist beispielhaft für die Entwicklung der Badekur vom Mittelalter bis zur Gegenwart. Um 1240 soll ein Jäger des Klosters Pfäfers den Mönchen von der Quelle berichtet haben; dies heisst jedoch nicht, dass sie zuvor unbekannt war. Seit der ersten Besiedelung der Gegend Jahrtausende zuvor waren bereits Menschen auf der Suche nach Wild, Pilzen und Kräutern durch die Gegend gestreift. Zweifellos war die warme, dampfende Quelle ihrer feinen Wahrnehmung nicht entgangen. Ab dem Ende des 13. Jahrhunderts wurde während der folgenden vier Jahrhunderte die Heilquelle in der unwegsamen Taminaschlucht genutzt. Die Badegäste mussten über einen halsbrecherischen Weg in die Schlucht einsteigen und wurden die letzten Meter an Seilen zur Quelle hinuntergelassen. In der Felsnische waren Wannen aus dem Stein geschlagen worden, in denen die Gäste sich stundenlang im Quellwasser aufhielten. Im 14. Jahrhundert wurden zwischen den Felswänden Balken eingefügt und darauf ein Holzhaus mit Küche und Schlafstuben errichtet.

Das Alte Bad Pfäfers.

Die Kur in der dämmrigen, feuchtwarmen Atmosphäre unmittelbar bei der Quelle dauerte bis zu drei Wochen. Sie war stark vom Geist der Entsagung geprägt, denn es ist davon auszugehen, dass die meisten Gäste ein wesentlich luxuriöseres und abwechslungsreicheres Leben gewohnt waren. Durch Entsagung, durch den Verzicht auf Sinnesbefriedigung wird der Geist nach innen gerichtet. Frei von der üblichen Beschäftigung mit den Äusserlichkeiten des Lebens kehrt das Bewusstsein allmählich zu sich selbst zurück. Spätestens nach einigen Tagen wurde das schwebende Bad zu einer abgeschlossenen Welt, einer Unterwelt, in der die Badenden vom Schwingungsfeld der Schlucht und der Kraft des Quellwassers angeregt intensive psychisch-spirituelle Vorgänge erlebten, wie sie durch das Zusammenwirken von Entsagung, starkem Kraftfeld und heilkräftiger Quelle typisch sind. Als sie schliesslich mit dem Korblift wieder aus der Schlucht heraufgezogen wurden und gereinigt der Unterwelt entstiegen, mussten sie sich wie neugeboren gefühlt haben.

In der zweiten Hälfte des 16. Jahrhunderts wurde ein leichterer Zugang geschaffen, was zu einer stetigen Zunahme der Gästezahl führte, weshalb 1630 das Wasser in hölzernen Leitungen aus der Schlucht heraus zum ersten Badehaus geleitet wurde. Dieses wurde ab 1704 durch die teilweise noch bestehenden barocken Badegebäude ersetzt. Ab 1840 wurde das Thermalwasser talauswärts geleitet und aus dem kleinen Dorf Ragaz wurde der weltbekannte Kurort Bad Ragaz. Das heutige Badezentrum entspricht den Anforderungen unserer Zeit und bietet in gepflegtem Ambiente bis hin zum luxuriösen Stil Unterkunft, Therapien, Wellness, Fitness und eine Reihe von Badeanlagen. Der Kontrast zur Felsnische, mit der alles begann, könnte nicht grösser sein. Während damals im Geist der Entsagung gebadet wurde, erwarten die Gäste heute ein möglichst abwechslungsreiches Unterhaltungsangebot. Und doch ist die magische Kraft des Quellwassers geblieben.

Bad Pfäfers

Im ältesten barocken Bäderbau der Schweiz wurde der Badebetrieb bis 1969 aufrechterhalten. Heute vermittelt er als Badmuseum einen Einblick in die wechselvolle Geschichte des Bades und des Badens. Vor allem aber ist es eine Gedenkstätte für Paracelsus, dessen Geist über dem Ort zu schweben scheint. Er arbeitete 1535 als erster Badearzt im damals noch in der Schlucht gelegenen Bad Pfäfers und schrieb eine Studie über die Heilwirkung des Wassers. Sie gilt heute noch als die erste

Auf dem Weg zur Quelle (Foto: Jochen Tack, Essen).

Schrift der modernen Badetherapie. Wie eingangs erwähnt, schrieb er die Heilwirkung nicht bestimmten Mineralstoffen zu, sondern dem Genius der Quelle. Der damals bereits berühmte Arzt war nach Pfäfers gekommen, weil er im Wasser, das blutwarm aus dem Fels tritt, die Signatur eines besonderen Genius sah. Er glaubte denn auch, dass die innige Verbindung der Urstoffe im 36,9 Grad Celsius warmen Wasser mit der eigenen Körperwärme dem Wasser seine typische Heilkraft verleiht. Wasser ist um 37 Grad Celsius flüssiger und bindungsfreudiger als bei jeder anderen Temperatur. Daraus lässt sich folgern, dass es bei Körperwärme seine Aufgabe als stoffliches, energetisches und spirituelles Medium optimal erfüllt. Damit erfährt die von Paracelsus angewandte Methode, aus der Signatur des Äusseren auf die innere Eigenschaft zu schliessen, nachträglich wissenschaftlich Bestätigung, wie so vieles, was er niederschrieb.

Nach der «menschlichen» Signatur des blutwarmen Wassers müsste auch das Numen der Quelle beziehungsweise die Quellgöttin den Menschen eng verbunden sein. Nach dem Weltbild der Antike wäre dies die eigentliche Ursache der aussergewöhnlichen Heilwirkung des Wassers.

Naturbrücke

In der wilden Landschaft fühlt man sich dem Geist des Ortes und wohl auch dem Geist von Paracelsus nahe. Mit Sicherheit kannte der Naturmystiker die natürliche Brücke über die Schlucht. Er wusste ebenfalls, dass solche Brücken nach der antiken Geomantie auch auf einer anderen Ebene Übergänge bilden, Verbindungen zwischen den polaren Kräften, Brücken über trennende innere Abgründe. Ein in der Gegend geborener schamanisierender Freund machte mich darauf aufmerksam, dass die Erdkraft auf beiden Seiten der Schlucht spürbar unterschiedlich wirkt. Auf der Brücke selbst steht man gewissermassen zwischen den Polen über dem trennenden Abgrund, wo die Schwingungen der beiden Seiten ineinander übergehen. Die Naturbrücke ist ein eindrückliches Energiezentrum in der sakralen Landschaft der Taminaschlucht. Nicht zuletzt weil die Gegend vom Holzgeländer abgesehen naturbelassen und von einer wilden Schönheit ist, kann die Naturbrücke als Kraftort der nahen Quellnische gleichgesetzt werden, zwar nicht in der Qualität ihrer Schwingung, aber in ihrer Intensität.

Taminatherme

Das moderne öffentliche Bad im Kurzentrum, welches das alte Dorfbad ablöste, besteht aus drei Wasserbecken und einem Therapiezentrum. Im Freiluftbecken lässt sich das ursprüngliche Badeerlebnis am besten nachempfinden. Von den umliegenden Bergketten überragt, ist das Becken von naturnah gestalteten Steinskulpturen umgeben, was eine urtümliche Atmosphäre schafft und dem geneigten Betrachter den Eindruck eines modernen Kultbads vermittelt. Viel trägt die von Beat Kohlbrenner geschaffene Skulptur im Zentrum des Beckens dazu bei. Der Künstler nimmt den Gegensatz von Wasser und Stein, hart und weich, männlich und weiblich in den Formen der Skulptur auf und verbindet die Symbole der grossen Polarität verspielt zu einem Ganzen.

Im Freiluftbecken beträgt die Wassertemperatur bis 36 Grad Celsius, hat also fast die ursprüngliche Wärme. Man spürt denn auch, wie sich die Grenze zwischen Körper und Wasser auflöst. Überhaupt scheint das Quellwasser so manches im Innern zu lösen.

Die Legende um das Kloster Pfäfers und die Heilquelle

Als im achten Jahrhundert der keltische Missionar Pirmin beim heutigen Pfäfers ein Kloster erbauen liess, schnitt sich ein Zimmermann mit der Axt, und sein Blut tropfte auf die Holzspäne. Da kam eine schneeweisse Wildtaube, nahm einige der blutigen Späne in den Schnabel und flog damit davon. Pirmin hatte den Vorfall beobachtet und war überzeugt, dass Gott ihm etwas zeigen wolle. Er folgte dem Vogel, der sich bald niederliess und die Holzspäne in sein Nest einarbeitete. Nun wusste Pirmin, dass dies der Ort war, von dem Gottes Segen ausgehen sollte, und liess das Klostergebäude dorthin verlegen.

Etwa sechshundert Jahre später diente der Schwabe Karl von Hohenbalken dem Kloster Pfäfers als Jäger. Als er einmal oberhalb der Schlucht nach Auerhähnen spähte, sah er, wie eine Taube von einem Raben verfolgt zwischen die engen Felswände flüchtete. Um das dem Kloster heilige Tier zu retten, kletterte der Jäger tiefer als sonst zur Tamina hinunter. Als er im dämmrigen Schlund nach der Taube suchte, sah er den Dampf der warmen Quelle aufsteigen. In einer romantischeren Version der Sage war es Diana selbst, die den Fürsten in Gestalt eines Raben zur Quelle führte. Damit wird diese mit dem Mythos der alten Göttin Ana verbunden, der Mutter aller Quellen.

Innquelle, Quellen der Maira und Eva da Sett

Anreise: Bahn bis St. Moritz, Postauto nach Maloja Post

Maloja (1835 m ü. M.)–Lunghinsee (2484 m ü. M.)–Maloja: 3¾ Std.
Lunghinsee–Septimerpass (2310 m ü. M.)–Lunghinsee: 1½ Std.
Lunghinsee–Septimer–Bivio (1769 m ü. M.): 2¼ Std. (Postauto nach Chur oder Maloja)

In Maloja folgen wir dem Wanderweg Richtung Lägh dal Lunghin, der uns entlang des jungen Inn an zwei Wasserfällen vorbei zum See hinauf führt. Der Pfad ist mit Alpenrosen und Bergblumen gesäumt, als würde die Natur den Weg der jungen Flussgöttin schmücken, wie Elmar Good bemerkte. Und immer wieder blickt man auf die Engadiner Seenplatte zurück, was einen an die Worte des grossen Malers Giovanni Segantini denken lässt, der von 1894 bis 1899 in Maloja lebte: «Da verschmelzen die felsigen Joche und die ewigen Gletscher mit dem zarten Duft der Triften und dem tiefen Grün der Arvenwälder, und der blaue Himmel spiegelt sich in den Seen, die noch hundertmal blauer sind als der Himmel!»

Die drei Quellen

Die Wanderung über den Lunghin zum Septimer führt über das Gebiet der Dreiwasserscheide, dessen Quellen in den nach Norden fliessenden Rhein, den nach Osten in die Donau fliessenden Inn und in die nach Süden in den Po fliessende Maira entwässern. Da in dem Gebiet Dutzende von Quellen entspringen, verzichten wir darauf, die geologisch korrekten Quellen zu lokalisieren. Von der Innquelle beim Lunghinsee führt ein Pfad über den Lunghinpass auf die Wasserscheide des Septimerpasses ins Quellgebiet von Maira und Julia, die nach Süden beziehungsweise Norden abfliessen.

Lägh dal Lunghin, die Quelle des Inn

Der Wanderweg über den Sonnenhang zum Lunghinsee führt zuerst durch einen herrlichen Arvenwald, dann durch den Alpenrosengürtel und schliesslich über Alpenrasen. Auf dem Weg wird einem der junge Inn Schritt für Schritt vertrauter, und es beginnt sich eine Beziehung anzubahnen. Wenn man schliesslich die Terrasse erreicht und vor dem Seelein steht, betritt man gewissermassen sein Privatgemach. Es ist offen, hell, mit einer herrlichen Aussicht und verbreitet dennoch eine intime Stimmung. In eine Mulde zwischen Piz Grevasalvas und Piz

Lägh da Lunghin.

Wasser und Stein am Lunghinsee.

Lunghin geschmiegt, wirkt der zuvor aufgeregt ins Tal rauschende Inn nun sehr ruhig und fast scheu. Oder ist es unser vom Geist des Ortes berührtes Gemüt, das sich im See spiegelt?

Das Miteinander von hartem Stein und weichem Wasser tritt in der fast vegetationslosen Umgebung in den Vordergrund und wiederholt sich in der Spiegelung der lebendig wirkenden Felswände im Seelein. Wo es vom Sonnenlicht bestrahlt wird, verwandelt sich das vom Wind gekräuselte Wasser zu strahlendem Silber. Ebenso eindrücklich wie der Bergsee ist die Sicht nach Südosten, wo die breit ausladende Bernina, die Königin der Bündner Alpen, und neben ihr der spitze Rosegg wie ein Götterpaar die Bergwelt überragen. Der Lägh dal Lunghin, wie der See im lokalen Dialekt des Rätoromanischen heisst, ist ein Juwel in der an Naturwundern reichen Gegend am Malojasee. Wer auf dem Weg die Uhrzeit zurücklassen kann, findet hier zurück zur Urzeit, zum Ursprung.

Wie in vielen Bergseen sammelt sich im Lunghinsee das Wasser von den unmittelbar darüber gelegenen Schotterquellen. Wenn man sich zu ihnen setzt und ihrem feinen Plappern lauscht, kann man in Gedanken dem Inn folgen, der aus dem See nach Osten abfliesst, bei Passau von der Donau aufgenommen wird, die über Wien zum Strom werdend durch Osteuropa fliesst.

Piz Lunghin

Etwa eine halbe Stunde oberhalb des Bergsees führt der Lunghinpass zum Septimer nach Westen. Von der Passhöhe geht ein Pfad auf den Piz Lunghin. Der Abstecher (¾ Std.) lohnt sich, denn von seinem Gipfel geniesst man eine überwältigende Aussicht auf das Quellgebiet, die nach drei Richtungen abfliessenden Bäche und Flüsse und die einmalige Alpenwelt des südlichen Graubünden.

Quelle der Julia

Auf dem Weg vom Lunghinpass zum Septimer durchqueren wir ein Quellgebiet, dessen Wasser nach Norden in den Rhein mündet. In der Senke des Tälchens (300 Meter nach dem Lunghinpass) folgen wir dem Bächlein einige Schritte nach links zur kleinen Ebene mit einem Quelltümpel. Gleich dahinter fällt das Gelände steil nach Süden ab. Das Wasser des Bächleins fliesst zwar nach Norden, aber die Quelle, deren Wasser in der Mulde nach oben gedrückt wird und an verschiedenen Stellen aus dem Schotter hervorsickert, speist offenbar auch die am

Südhang entspringenden Wasseraustritte. Der unscheinbare Tümpel ist also der sichtbare gemeinsame Ursprung zweier Bäche, die nach Norden und Süden abfliessen. Nach dieser Signatur ist die kleine Geländemulde ein Ort, der mit dem Ursprung der polaren Kräfte (Yin – Norden, Yang – Süden) verbunden ist, also der gemeinamen Herkunft dessen, was wir als männlich und weiblich bezeichnen. Der Tümpel lädt einen richtiggehend dazu ein, sich niederzulassen und sich dem starken Schwingungsfeld zu öffnen.

Septimerpass

Der Pass gehört zu den ältesten Alpenübergängen zwischen Nord- und Südeuropa und verbindet die uralten Städte Chur und Chiavenna. Sein Name stammt aus der Zeit, als hier eine wichtige Römerstrasse hindurchführte. Heute geht man aber davon aus, dass solche klassische Alpenübergänge seit der Steinzeit benutzt wurden. Bis zum Ende des Mittelalters blieb der Pass eine der wichtigsten Transitverbindungen. Heute ist es kaum mehr vorstellbar, dass hier über Jahrtausende täglich Menschen, Maultiere, Kühe und Pferde vorbeizogen. Als im 19. Jahrhundert die Poststrasse über den Julier eröffnet wurde, kehrte der Septimer gewissermassen zu seinen Wurzeln zurück und wurde ein ruhiger Übergang für Wanderer.

Der Grat des Septimer verläuft genau von Osten nach Westen, und die beiden Täler, durch die der Passweg ansteigt, fallen im rechten Winkel nach Norden und Süden ab. Es gibt in den Alpen kaum einen anderen Pass, der eine mit den Himmelsrichtungen übereinstimmende landschaftliche Windrose bildet. Ausserdem verläuft von Westen ein alter Walserweg von Juf über den Forcellinapass zum Septimer und über den Lunghinpass nach Osten. Die Passhöhe ist auch ein Kreuzweg. Und wie beim Quelltümpel fliesst das Wasser innerhalb weniger Meter entweder noch Norden oder Süden ab. Der Septimer ist ein symbolträchtiger und geomantisch herausragender, kraftvoller Ort. Sein Name (*sept*, lateinisch für sieben) verbindet ihn mit den sieben höchsten Gottheiten der Antike (siehe Seite 181), was auf seine grosse Bedeutung hinweist, die wohl über die eines Passes in unserem Sinne hinausgeht. Nach der antiken Naturmythologie sind Passhöhen auch Übergänge zwischen den irdischen und den himmlischen Welten.

Dem jungen Inn entlang zur Quelle.

Quelle der Maira

Auf der Passhöhe sprudelt eine ausgesprochen schöne Quelle aus dem Berg. Es ist davon auszugehen, dass wir hier vor einem urgeschichtlichen Quellheiligtum stehen, bei dem die Reisenden rasteten, für den gemeisterten Aufstieg dankten und um Schutz auf ihrem weiteren Weg baten. Das Zusammentreffen von Quelle und Passhöhe bildet ein aussergewöhnliches Schwingungsfeld, in dem sich die Kraft der Landschaft zwischen Septimer und Lunghinsee bündelt. Wir befinden uns hier zweifellos an einem weiteren Energiezentrum der Dreiwasserscheide. Die einfache, zeitlose Umfassung verleiht der Quelle auch heute noch die Aura eines antiken Heiligtums. Ihre Kraft dringt wie reines Bergwasser in das Gemüt und erzeugt eine gelassene, feierliche Stimmung. Herrlich, zwischen Himmel und Erde am Quell des Lebens zu sitzen!

Das Wasser aus der Quelle und dem daneben stehenden schönen Brunnen fliesst nach Süden durch die unterhalb der Passhöhe gelegene malerische Quellmulde in die Maira und diese durch das Bergell und den Comersee in den Po.

Eva da Sett oder Julia

Am nördlichen Abhang quillt überall Wasser aus dem Boden, und jede der kleinen Quellen hat ihren eigenen Reiz. Am besten, man lässt sich von einer anziehen. Der Blick ins Tal hinunter Richtung Bivio vermittelt das Bild eines klassischen Quellgebiets. Die kleinen Rinnsale laufen zu Bächlein zusammen, die sich mit anderen vereinen und schliesslich in das gerade nach Norden abfliessende Flüsschen münden. Die Eva da Sett (*eva* oder *ava* bedeutet in den hiesigen Dialekten Wasser, *sett* sieben oder Septimer) bildet einen der zwei Oberläufe der Julia, der in Bivio mit dem vom Julierpass herkommenden Lauf zusammenfliesst und in den Rhein mündet.

Dreiwasserscheide

Zusammen mit dem Lunghinpass bildet der Septimer die so genannte Dreiwasserscheide zwischen Mittelmeer, Nordsee und Schwarzem Meer. Was als touristische Sehenswürdigkeit gilt, wurde früher als Signatur oder Hinweis auf ein starkes Energiezentrum gedeutet. Heute wissen wir, dass über die Gewässer feinstoffliche Informationen ausgetauscht werden. Bildhaft gesprochen treffen sich im Gebiet der in Donau, Rhein und Po abfliessenden Quellen die Kräfte oder Geister des

Osten, Nordens und Südens. Nicht vertreten ist der Westen, aber das wäre möglicherweise zu viel des Guten. Allerdings liegt die Rhonequelle nur etwas über hundert Kilometer westlich von hier, was angesichts des Ausbreitungsradius der vier Flüsse gleich nebenan ist. Aber auch so bietet das Gebiet zwischen dem Lunghinsee und den Septimerquellen ein eindrückliches Naturschauspiel und ist ein aussergewöhnlicher Kraftort. Nach einer Sage wurden die drei Täler des Inn, der Eva da Sett und der Maira vom Zwergenvolk der Malögin geschaffen, um das Wasser zu den unter Trockenheit leidenden Menschen in den Tälern zu leiten. Unter der Führung von Onkel Aua (Bergeller Bezeichnung für Wasser), der für die Gewässer zuständig war, gruben die fleissigen Leute mit Pickel und Schaufel die drei Rinnen in den Berg. Dabei sei angemerkt, dass Zwerge ihre Grösse den Umständen anpassen können. Wenn sie im Moos gehen, sind sie Winzlinge, bewegen sie sich inmitten der freien Welt der Berge, werden sie zu Riesen. Die Kräfte der Erde walten im Kleinen wie im Grossen.

Die Sage von der Matta senza bratsch, der Tochter ohne Arme

In einem rauhen Bergwald lebte ein Försterpaar mit seiner kleinen Tochter. Seit Jahren herrschte Krieg, und die Leute im Bündnerland litten unter schrecklicher Armut. Die Försterfamilie ass nur noch, was der Wald hergab, aber auch das reichte bald nicht mehr zum Leben. Als sie wieder einmal während Tagen gehungert hatten, erschien ein rot gekleideter Mann in ihrer Hütte. Nach kurzem Gruss packte er aus einer grossen Reisetasche Brot, Käse, Mehl, Früchte und anderes mehr auf den Tisch. Mit den Worten, das alles gehöre dem Förster, legte er noch einen prall gefüllten Beutel mit Goldmünzen hinzu. Die Leute bestaunten sprachlos den unverhofften Schatz, und als der Fremde bemerkte, der Förster müsse ihm dafür in zwölf Jahren einen kleinen Wunsch erfüllen, willigte der Mann ein. Der Hungertod war nahe, und möglicherweise kehrte der Fremde ja nie mehr zurück.

Die Zeiten wurden wieder besser und das Mädchen wuchs zu einer schönen jungen Frau heran. Und tatsächlich erschien eines Abends der Fremde wieder bei der Hütte und verlangte, dass ihm die Tochter übergeben werde. Er ging mit ihr in den Wald, kettete sie an einen Baum und schlug ihr mit einer Axt die Arme ab. Wenn nicht zufälligerweise ein junger Ritter auf der Jagd vorbeigekommen wäre, wäre sie verblutet. Ungeachtet der schrecklichen Umstände verliebten sich die beiden augenblicklich ineinander. Der Ritter verband der Frau ihre Wunden

Septimerquelle.

und führte sie auf seinem Pferd in die väterliche Burg. Natürlich war niemand begeistert, dass der junge Mann eine Verkrüppelte heiraten wollte, doch er liess sich nicht davon abhalten. Einige Monate nach der Hochzeit musste er in den Krieg ziehen. Während seiner Abwesenheit gebar seine Frau Zwillinge, doch anstatt sie zu unterstützen, wandten sich alle am Hof von ihr ab und vertrieben sie schliesslich aus der Burg. Auf der Flucht kam sie an einem Quellseelein vorbei. Um ihren Durst zu stillen, beugte sie sich, die beiden Kindern mit den Armstümpfen an sich gepresst, zum Wasser hinunter. Da entglitt ihr eines der Kinder und fiel ins Wasser. Schnell legte sie das andere auf den Boden und versuchte trotz ihrer Behinderung und ohne Rücksicht auf ihr Leben das Kind zu retten. Als sie das Wasser berührte, wuchsen auf wunderbare Weise ihre abgehackten Arme nach und erlaubten ihr, schnell nach dem Ertrinkenden zu greifen. Man kann sich vorstellen, wie glücklich die Mutter war, als sie ihre Kleinen endlich mit ihren Händen streicheln konnte. Mit frischem Mut wollte sie sich wieder zur Burg aufmachen, als ihr Ehemann angeritten kam. Nachdem er nach seiner Rückkehr vernommen hatte, dass seine Frau verstossen worden war und allein durch die Wildnis irrte, war er geführt von seinem treuen Hund ihren Spuren gefolgt. Nun war das Glück am stillen Quellseelein vollkommen.

Der Mythenkenner Bischof Caminada äussert die Vermutung, dass die junge Frau für die geschändete Baumgottheit steht, «die aus Habsucht vom Menschen verstümmelt wird und die doch immer wieder aus dem Schatz ihrer Fruchtbarkeit Freuden und Früchte spendet, dem Scheusal im roten Frack zum Trotz, den Menschen zum Frommen».

Die Sage ist in zwei Varianten aus dem Gebiet des Bündner Oberlandes und des nahen Oberhalbsteins überliefert, das Motiv lässt aber auf eine einstmals grosse Verbreitung schliessen. Wo die Wunderquelle war, ist leider nicht bekannt. Die Sage von der Matta senza bratsch ist ein Gleichnis, und nicht ein Bericht über ein historisches Ereignis. Und doch zeigt sich in ihm die geschichtliche Entwicklung vom einst harmonischen Zusammenleben von Mensch und Natur zu einem von einseitigen Interessen geprägten Raubbau, der stets damit begründet wurde, dass die Zeiten schwierig seien. Doch auf diesem Weg werden die Zeiten nicht besser. In der Sage steckt die Warnung, der Versuchung zu widerstehen, aus kurzsichtigen Motiven die Lebensgrundlagen zu zerstören. Sie setzt aber auch ein Zeichen der Hoffnung, indem den Quellen die Kraft zugeschrieben wird, selbst verstümmelte Gottheiten zu heilen. Und dies ist die zentrale Botschaft der Geschichte: Die geschändete Natur kann am Wesen der Quellen wieder genesen.

Dank

Mein besonderer Dank gilt Urs Hunziker und Monika Schmidhofer vom AT Verlag für ihr Interesse und Verständnis, Janos Morzsinay für die Vermittlung und allen, die zur Fertigstellung des Buches beigetragen haben.

Für Inspiration und Unterstützung bei der Entstehung danke ich meiner Familie; Sergius Golowin, Allmendingen; Elmar Good, Muri; Käthi Stämpfli, Guggisberg; Jens Martin Zollhöfer, Neuseeland; Dr. Gerhard Ammann, Auenstein; Dr. J. Uttiger, Schwyz; Celio Matta, Bellinzona; Duri Caviezel, Chur; Ernst Braun, Burgistein; Heinrich Stüssi, Linthal; Jean-François Gogniat, Spiez; Martin Trüssel, Wilen; Peter Zopfi, Glarus; Trice Pfister, Nidau, und Walter Liehta, Chur.

Literaturhinweise

Aschner, Gerhard: Paracelsus, Sämtliche Werke, Verlag Georg Fischer, Jena 1932
Bischof, Marco: Tachyonen, Orgonenergie, Skalarwellen, AT Verlag, Aarau 2002
Braun, Ernst: Wasserkristalle, AT Verlag, Aarau 2004
Caminada, Christian: Die verzauberten Täler, Desertina Verlag, 1986
Croutier, Alev Lytle: Wasser, Elixier des Lebens, Heyne Verlag, München 1992
Dalla Via, Gudrun: Lichtwässer und ihre Heilkräfte, AT Verlag, Aarau 2002
Davis, Joan S.: Ist Wasser mehr als H2O?, Verlag Hans Erni Stiftung, Luzern 1995
Freuler, Kasper; Thürer, Hans: Glarner Sagen, Tschudin & Co., Glarus 1979
Gimbutas, Marija: Die Sprache der Göttin, Zweitausendeins, Frankfurt a. M. 1995
Golowin, Sergius: Die grossen Mythen der Menscheit, Herder, Freiburg 1998
Golowin, Sergius: Die phantastische Geschichte der freien Schweiz, Fischer Media, Bern 1998
Grimm, Jakob: Deutsche Mythologie, Akademische Druck- und Verlagsanstalt, Graz 1968
Hänni, Pier: Magisches Berner Oberland, AT Verlag, Aarau 2002
Hänni, Pier: Magisches Bernbiet, AT Verlag, Aarau 2003
Hendl, Barbara und Ferreira, Peter: Wasser und Salz, Urquell des Lebens, Ina-Verlag, Baar 2001
Hoffmann Albert: Einsichten und Ausblicke, Nachtschatten Verlag, Solothurn 2001
Högl, Otto: Die Mineral- und Heilquellen der Schweiz, Verlag Paul Haupt, Bern 1880
Holmberg, Uno: Das Wasser des Lebens, edition amalia, Bern 1997
Hutzl-Ronge, Barbara: Quellgöttinnen, Flussheilige und Meerfrauen, Verlag Frauenoffensive, München 2002
Keckeis, Peter: Sagen der Schweiz, Ex Libris Verlag, Zürich 1986
LaChapelle Dolores: Weisheit der Erde, Neue Erde, Saarbrücken 1978
Laotse: Tao te king, Diederichs Verlag, Köln 1978
Lauterwasser, Alexander: Wasser Klang Bilder, AT Verlag, Aarau 2002
Lussi, Kurt: Im Reich der Geister, AT Verlag, Aarau 2002
Lytle Croutier A.: Wasser, Elixier des Lebens, W. Heyne Verlag, München 1992
Markale, Jean: Die Druiden, Goldmann, München 1989
Merz, Blanche: Orte der Kraft, AT Verlag, Aarau 1998
Meyer-Ahrens, C.: Heilquellen und Kurorte in der Schweiz, Orell Füssli, Zürich 1850
Muthmann, Friedrich: Mutter und Quelle, Archäologischer Verlag in Basel, Basel 1975
Nettesheim Agrippa von: Magische Werke, Anton Hain K.G., Meisenheim/Glan o.J.
Olof Alexandersson: Lebendes Wasser, Über Viktor Schauberger, Ennsthalte Verlag, Steyr 1993
Platt, Rutherford: Wasser, die Substanz des Lebens, Wunderlich Verlag, Tübingen 1973

Pogačnik, Marco: Elementarwesen, Knaur, München 2000
Resch-Rauter, Inge: Auf den Spuren der Druiden, Tele Tool Productions, Wien 1999
Ringolddingen, Thüring von: Melusine, Reclam, Stuttgart 2000
Rochholz, Ernst Ludwig: Neue Schweizer Sagen, B. G. Teubner, Leipzig 1862
Runge, Heinrich: Quellkultus in der Schweiz, Meyer & Zeller, Zürich 1859
Schulz, Andreas: Wasser Kristall Welten, AT Verlag, Aarau 2003
Vömel, Thomas: Weltenesche – Eschenwelten, Arun-Verlag, Engerda 2003
Walker, Barbara: Das geheime Wissen der Frauen, Deutscher Taschenbuch Verlag, München 1999
Walter, Christian: Brunnen und Quellen in Graubünden, Terra Grischuna Verlag, Chur 1988
Wegmüller, M. C.: Einflüsse des Bergwassers, Stäubli AG, Zürich 2001
Weinhold, Karl: Die Verehrung der Quellen in Deutschland, Akademie der Wissenschaft, Berlin 1898
Weiss, Richard: Volkskunde der Schweiz, Eugen Rentsch Verlag, Zürich 1984
Widmer-Zingg, Lys: Heilende Wasser, AT Verlag, Aarau 1994
Zollhöfer, Jens: Quellen, die unbekannten Biotope, Bristol Schriftenreihe, Zürich 1997

Liste der Quellen mit leicht mineralhaltigem Wasser

Die folgende Liste umfasst Vorkommen alter, grösstenteils in Vergessenheit geratener Mineralwasserquellen (hauptsächlich Schwefel und Eisen). Die Erhebung (nach C. Meyer-Ahrens, «Heilquellen und Kurorte der Schweiz» sowie M. C. Wegmüller, «Einflüsse des Bergwassers») bezieht sich auf den Zeitraum von etwa 1500 bis 1850. Es konnte nicht überprüft werden, ob alle erwähnten Quellen noch fliessen.

Graubünden

Tenigerbad im Val Sumvitg
Peiden: St.-Luziusquelle (Trinkquelle), Frauenquelle (Trinkquelle), Badequelle
Bei St. Peter im Valsertal
Im St.-Placidus-Tobel bei Disentis
Fernataquelle auf der Waltensburgeralp
Fonteuna cotschna (Rothebrunnen) bei Vrin
Bei Lumbrein, an der Brücke über den Glenner
Bei Vella
Bei Alp Valac, in einem Seitental des Valsertals
Bei Ruschein.
Auf dem Gut Palmartsch bei Valendas
Höhle ob Valendas
Bei Medels (Nähe Splügen)
Bei Splügen
Bei Juf im Averstal
Bei Campsut
Auf Alp Starlera im Ferreratal
Auf Alp Arosa oberhalb Andeer
Rothenbrunnen
Tomils
Beim Rhäzünserstein bei Rothenbrunnen
Sertigtal (Talende)
Clavadel (ehem. Badehaus)
Spina- oder Rieternbad (auch Spinerbad) bei Spina oberhalb Glaris
Bei Alveneu
Auf der Wiese Solis, gegenüber Filisur
Donatusquelle von Solis bei Tiefencastel
Oberhalb von Stierva
Oberhalb Lenz, gegen Fuss des Lenzerhorns
Im Val Tuors bei Bergün
Bei Bergün
Bei Rieven (Teil des Dorfes Rona), am linken Ufer der Gelgia im Oberhalbstein, nicht weit unterhalb Brücke nach Tinizong
Im Ronaerried, innerhalb der Säge
Ochsenalp oberhalb von Tinizong (nahe beim alten Bergwerk)
Bei Savognin im Val Nandro
Bei Peist (Graggenbad)
Tamins
Wilhelmsbad, am Abhang des Mittenbergs unterhalb Maladers
Nähe Chur (Rabiosa/Arasga und Balvedra)
Bei Malix
Bei Cadveders, auf sumpfiger Bergwiese am Churwalderberg
Bei Haldenstein (Nähe Schlossruine Haldenstein und in der Höhle des Schlosses Grottenstein)
Zwischen Untervaz und Tardisbrücke bei Ruine Friewies, am Fuss des Calanda
In der «Gerbe» unterhalb Zizers, in einer künstlichen Grotte über dem Rhein
Fläscherbad am Fuss des Fläscherbergs
Bei Schabersau, zwischen Fideris und Küblis
Auf der Fideriseralp
Zwischen Bad und Dorf Fideris
Bei der Tobelmühle unweit Fideris, nahe den Trümmern von Strahlegg
Klosters
Bei Conters i. Pr.
Saaseralp
Unterhalb Saas i. Pr., auf Bergwiese gegenüber Küblis
Bei Küblis, am linken Ufer der Landquart
Bei St. Antönien: auf dem Badried in der Rifeni nahe Kirche bei St. Antönien; in der Scherre beim Zusammenfluss des Schnäler- und Mutnerbachs; auf Aschuel in einer Felsenschlucht des Weilers Aschuel
Jenaz (entspringt im Val Davo)
Ganeybad am Südhang des Schesaplana
St. Moritz

Schuls-Tarasp (zahlreiche Quellen)
Im Val Sinestra, bei Ardez und bei Ftan
Val Fex, vorderer Teil, südlich von Sils
Bei Sils, östlich Maria, in der Ebene gegen den Silvaplanersee und bei der Säge
Bei Samedan, in Sumpfwiese hinter mittelalterlichem Gefängnisturm
Bei S-chanf
Celerina, westlich von Cresta, am Wege nach St. Moritz
Beim halb verschütteten Surlej, gegenüber Silvaplana, in einer Sumpfwiese
San Bernardino
Zwischen Valchava und Fuldera, am Fuss eines Berges, in den Rio Ramm fliessend
Tschierv, nördlich der Kirche
S. Carlo im Poschiavo
Selva im Poschiavo
Alp Alpigna oberhalb Vicosoprano
Sta Catarina-Valfurva im Valfurva
Obladis (A)

St. Gallen, Toggenburg
Waldkirch (Bezirk Gossau)
Löchlibad, Stadt St. Gallen
Bei Flums
Pfäfers und Ragaz (siehe Kapitel «Paracelsusquelle Bad Ragaz», Seite 291)
Alp Palfries, Nähe Sargans
Balgach
Bleichebad im Eisenried
Büssing/Büssnich bei Sax (entspringt beim Schloss Forstegg)
Eichbergbad oberhalb des Eichbergs
Alp Ellabria oder Labrie bei Azmoos
Forstegg
Gempelenbad bei Gams
Grabs (entspringt zwischen Wildhaus und Grabs am Grabsberg)
Kobelwies bei Oberried
St. Margrethen, im südlichen Teil
Marbach
Bad bei Rebstein, zwischen Marbach und Balgach
Ransbad bei Rans
Sargans
Sax
Thal
Bizzibad bei Bütschwil
Rietbad bei Ennetbühl
Ernetschwil (nördlich Uznach), «Fröschenbädli»
Alp Posen bei Krummenau
Am Fuss des Schlossbergs von Wildenberg bei Wildhaus

Appenzell
Heinrichsbad nördlich von Herisau
Bei Gonten, am Fuss des Kronbergs
Weissbad, am Fuss des Alpstocks
Bad im Brüggli
Dorfbad bei Appenzell
Bad Hörnli bei Teufen
Scheutzenmühlebad (Gais)
Schönenbühlerbad bei Wolfhalden (zwischen Heiden und Wolfhalden)
Bad im Sonder (südlicher Abhang der Egg oberhalb von Teufen)
Bad im Stägbach bei Bühler
Störgelbad bei Störgel (zwischen St. Gallen und Stein)
Bad Trogen
Bad von Unterrechstein bei Grub
Waldstatterbad (Wiese zwischen Waldstatt und Urnäsch)
Wert bei Heiden
Widenbad im Tal der Urnäsch
Bad bei Wylen, westlich von Herisau
Bissau bei Heiden
Buchen bei Herisau
Erlen bei Speicher
Gaiserau, südlich der Dorfkirche Gais
Speicher
Hasenbühl bei Heiden
Kastenloch bei Trogen
Bei Oberegg
Schupfe bei Speicher
Segholz, zwischen Kastenloch und Rehetobel
St.-Jakobs-Brunnen, am Fuss des Kronbergs
Guggerloch, in einer Schlucht am Fussweg Gais–Weissbach bei der Kapelle

Fuchsloch, Nähe Farnbühl bei Stein in der Schlucht der Urnäsch

Thurgau, Schaffhausen
Bizzibad, Nähe Bischofszell
Luxburg, Nähe Romanshorn, Salmsach und Neukirch
Heiligbad bei Matzingen (an Strasse Frauenfeld–Wil)
Schrofenbad zwischen Amriswil und Engishofen
Bei Wigoldingen
Bei Schönholzerschwil
Bad von Unterhallau
Osterfingen
Bad Haslach bei Wilchingen

Zürich
Bei Nuolen
Niedelbad bei Rüschlikon
Wenigbad oder Aeugsterbad bei Aeugst
Bad bei Mönchaltorf
Inneres Gyrenbad
Äusseres Gyrenbad
Bei Stammheim am Stammer Berg
Bad bei Urdorf
Zürich Enge
Bei Oerlikon
Wannenbad bei Stäfa
Lörlibad oder Röhrlibad
Rosenbad zwischen Turbenthal und Wila

Glarus
Stachelberg (siehe Kapitel «Felix-und-Regula-Quelle», Seite 232)
Nussbühl bei Bilten (Quelle «Gegenloch»)
Bei Glarus
Chrauchtal, Quelle am oberen Ende
Bei Luchsingen
Mollis
Bad bei der Linthbrücke bei Mollis
Bei Reichenburg, unweit der Gegenlochquelle
Auf Alp Wichlen im Sernftal

Zentralschweiz (Luzern, Uri, Schwyz, Nidwalden, Zug)
Bei Rigi-Scheidegg
Rigi-Kaltbad
Schimbrigbad
Bad bei Schüpfheim oder Badschachen
Kragen und Kurzenhütten bei Flühli
Beim Bauernhof Rorigmoos bei Escholzmatt
Salwydenbad im Hohwald (am Fuss des Rothorns, Kooperationsgenossenschaft Flühli und Escholzmatt)
Augstholzbad bei Hohenrain
Bad bei Knutwil (Nähe Sursee)
Bad Lindenhof bei Luzern
Luthernbad bei Luthern
Bad bei Pfaffnau
Bad bei Ruswil
Bei Sempach

Moosbad zwischen Altdorf und Flüelen
Realp
Trudelingen (entspringt im Schächenbach)
Unterschächen

Bei Seewen
Auf der Brunnenalp
Nähe Einsiedeln
Nähe Iberg (siehe Kapitel «Berggeist», Seite 239)
Auf der Säblialp (Alpthal)
Sattelegg bei Lachen
Bei Schlagberg (Einsiedeln)
Stockberg bei Schübelbach

Bei Rotzloch
Schwendi-Kaltbad
St. Antoni bei Buochs
Bachschweife, oberhalb Wylenbad bei Wilen
Eichi bei Alpnach
Gisi am Stanserberg, beim alten Schloss Eggenburg
Giswil
Kureggen bei Sachseln
Lopperberg, gegenüber Rotzloch
Am Lungernsee
Stalden (Sarnen)

Wylenbad bei Wilen
Im Schlierental und bei Alpnach («Im Steinwurf»)

Bad bei Cham
Bad Walterschweil bei Baar

Aargau, Solothurn
Gränichenbad bei Gränichen
Lauterbachbad bei Oftringen
Römerbad bei Zofingen
Schwarzenberg bei Gontenschwil
Gontenschwil
Bad bei Unterentfelden
Schongauer oder Mädchenbad bei Schongau (LU)
Baden (21 Quellen)
Birmenstorf
Mülligen
Wildegg
Laurenzbad und Barmel, Nähe Erlinsbach
Rheinfelden
Säckingen
Biberstein
Bei Brugg in einem Wald
Bei Döttingen
Fisibachbad bei Fisibach
Niederzeihen
Im Sulztal, v.a. im Dorf Bütz
Windisch

Kyburg
Bad Lostorf
Bad von Attisholz bei Attiswil
Bei Flüh
Bad Grenchen
Bad Meltingen
Bad Waldegg oder Waldeck
Büsserach, Fels beim Pfarrhaus
Mümliswil im Guldental

Basel
Schweizerhalle
Bad Bubendorf
Bad Eptingen
Bad Schauenburg
Bad in der Alp/Alpbad bei Sissach
Arisdorf
Bad von Arlesheim (siehe Kapitel «Ermitagequelle», Seite 246)
Stadt Basel, Schwefelquelle
Brandolphsbrunnen in Basel
Brunnen zum Brunnen in Basel
Brüglingen, bei Kapelle St. Jakob an der Birs
Bad Ettingen
Bad Kienberg bei Gelterkinden
Gundeldingen
Neubad, auch Quelle von Holee genannt (Holee ist ein Weiler von Binningen)
Schafmatt bei Oltingen
Bad Oberdorf
Ramsachbad bei Läufelfingen
Waidholdenbad bei Maisprach
Bad Oedental

Bern
Aegertenbad (Ursprung im Schwandenbergli)
Aeschi bei Spiez, im Wald ob Schüpfheim
Auf der Bachalp (Grindelwald)
Auf dem Brienzergrat, südöstlicher Abhang des Rothorns (zwei Quellen)
Rotbad bei Horboden (Diemtigtal)
Ey- oder Oeybad (bei Adelboden)
Am linken Ufer der Engstligen (Quelle «Schwefelbad»)
Bei Frutigen
Glütschbad (Amsoldingen)
Bei Grindelwald (Quelle «Auf dem Hubel»)
Bei Hirsboden (Engstligental)
Bei Krattigen (siehe Pier Hänni, «Magisches Bernbiet», AT Verlag)
Lehmerenquelle im «Badgraben», oberhalb Erlenbach (Niedersimmental)
Bei Leissigen (drei Quellen)
Im Bett des Lombachs bei Interlaken
Magerbad (Nordabhang des unteren Scheidwalds, Gurnigel)
Bei Reutigen (Eingang Simmental, mehrere Quellen)
Rinderwaldbad (auch Quelle von Adelboden)
Im Seeholzwald bei Faulensee

Trome- und Turbachbad und Badweidli im Turbachtal
Bei Weissenburg
Am Fuss des Wispilenbergs oder der Wallis-Wispile (zwischen Gsteig und Lauenental; mehrere Quellen)
Blumenstein
Ottenleuebad bei Guggisberg (siehe Pier Hänni, «Magisches Bernbiet», AT Verlag)
Längeneibad bei Guggisberg
Bühlbad (an der Gemmistrasse, Kandertal)
Im Färmeltal
Grimmiberg (Grimmialp, Diemtigtal)
Mühlenenbad bei Mühlenen
Rinderwaldbad
«Rothen Brunnen», soll in der Schwendi auf «Kuhgrimmen» bei Wimmis entsprungen sein
Küblisbad oder Sundlauenbad bei Unterseen
Bei Alp Ecksee (Schwanden)
Am Hasliberg (keine näheren Angaben)
Juvibrünneli ober Juckibrünneli in Hofstetten bei Thun
In Kien (Nähe Frutigen)
Lungenbrünneli bei Goldswil (Nähe Interlaken)
Auf dem Murosried (Brienzergrat)
Unschlittbrunnen bei Diemtigen
Bei Brüttelen
Bei Worben
Äusseres Marzilibad in Bern (Brunnen bei Bäckerei)
Bei Baggwil
Barhausquelle, westlich von Ipsach
Biberenbad bei Bibern
Biembachbad (Schlucht des Biembachs bei Hasle)
Brunnenbachbad bei Zäziwil
Brunnenthalbad bei Brunnenthal
Bad Bürgisweiher bei Madiswil
Kemmeribodenbad (Nähe Schangnau)
Dettligenbad bei Radelfingen (vier Quellen)
Enggistein
Bad Gutenburg bei Lotzwil
Häberenbad bei Rohrbach
Hirserenbad bei Hirseren (Nähe Ursenbach)
Schultheissenbad bei Huttwil
Kalchmattbad bei Lauperswil
Kappelenbad bei Kappelen (Nähe Wynigen)
Krummholzbad bei Trachselwald
Kuttlenbad bei Sumiswald
Lauffenbad bei Bolligen (Seitenschlucht des Krauchtals)
Bei Leuzigen (sehr viele Quellen in der Umgebung)
Limpachbad bei Thierachern
Lochbad bei Burgdorf/Oberburg
Löchlibad bei Wasen
Löchlibad bei Walkringen
Moosbad bei Büren
Moosbad bei Lauperswil
Neuhaus- oder Bolligenbad bei Bolligen
Fonsbad bei Oberburg
Bad Oberwil
Riedbad (Nähe Sumiswald, Hornbachtal)
Bei Riggisberg
Rohrmoosbad bei Oberdiessbach
Rollimoos, oberhalb Steffisburg, am Buchholterberg (Heimenschwand)
Wikartswiler oder Rütihubelbad bei Wikartswil
Bad Rudswil
Schlegwegbad beim Churzenberg
Schnittweyerbad (Steffisburg)
Schwändlenbad bei Konolfingen
Schwandenbad bei Schüpfen
Schwandenbad bei Steffisburg
Talgutbad bei Gerzensee
Truberbrunnenbad bei Herzogenbuchsee
Trümmlenbades bei Seedorf
Wildeneybad (Nähe Konolfingen)
Bad im Wuhr bei Langenthal

Neuenburg, Jura und Berner Jura
La Brévine
Bei Les Brenets
St-Blaise
Bei Brot-Dessus und Brot-Dessous
Bei Cernier (Fontaines)
Beim Schloss Colombier
Cortaillod
Fleurier

Les Ponts-de-Martel
Bellerive
Bei Bözingen
Büderichbad oder Bad von Péry
Burg bei Laufen
Champoz, am Fusse des Moron
Grotte bei Undervelier (siehe Kapitel «Blanches Fontaines», Seite 173)
Bei Cormoret
Bei St-Imier
Bei Wiedlisbach
Lengnauer Bad, bei Lengnau
Bad Reuchenette, Nähe Péry
Zwischen Vicques und Rebeuvelier

Freiburg
Bei Champ-Olivier/Champ-Noé (Murten)
Bonn (Düdingen, heute Schiffenensee)
Garmiswil
Cerniat (Charmey)
Auf dem Cousimbert
Bei der Dürrfluh auf dem Petit Mont (Jaun)
Bei Charmey am Fuss des Fin de Dom Hugon
Bei Semsales
Im Burgerwald (Oberried)

Waadt und südliches Genferseeufer
Am Fuss des Arbel
In Villeneuve
Bei Brent (ehemalige Gemeinde Châtelard)
Um Château d'Oex (mehrere Quellen)
Bei Cuarny (Yverdon)
Bei Lausanne (zwei Quellen)
Bei St-Loup nahe La Sarraz
Bei Lucens
Bei Lussy
Bei Morges (mehrere Quellen)
Tal von Les Mosses (Verbindung Les Ormonds–Pays d'Enhaut)
Bei Moudon
Bei Prangins/Nyon (mehrere Quellen)
Bei St-Cergues (Nähe Nyon)
Bei St-Prex
Bei Roche
Bei Rolle (Genfersee)
Bei Sullens (zwei Quellen)
Bei Grandcour (Payerne)
Bei Le Châtelard

Bei De la Bersoie (Thonon)
Bei Marclaz (Thonon)
Bei Amphion (Quelle Chataigneraz)
Um Evian (mehrere Quellen: De la Grande Rive, Maxilly, De la Petite Rive, St-André oder Fer à Cheval)

Wallis
Augstportquelle im Mattertal zwischen Embd und St. Niklaus
In Bagnes oder Châble (Val de Bagnes)
Bei Kapelle St-Barthélmy (Alptrift St-Barthélmy, Val d'Hérens)
Bei Les Crôsets (Champéry, Val d'Illiez; vier Quellen)
Bei Bovernier (Grosser-St.-Bernhard)
Bei Charrat
Bei Combiolaz (bei Vex, Val d'Hérémence)
Bei Evolène (Eaux longes)
Bei Martigny
Bei Orsières an der Drance (Eingang Val Ferret)
Auf der Riederalp
Rhonequellen (Nähe Gletsch; drei Quellen)
Rotbachquelle/Rotwasser bei Saas im Saastal
Bei Sembrancher (linkes Ufer der Drance)
Rotwasser bei Troistorrents (Val d'Illiez)
Zwischen Ulrichen und der Rhone (mehrere Quellen)
Bei Vouvry (linkes Rhoneufer)

Tessin
Stabio
Rovio
Lugano, im Garten der Villa Enderlin
Strasse von Lugano nach Agno
Bei Melide, nordwestlich von Mendrisio
Beim Muzzanosee südwestlich von Lugano
Bei Montagnola
Bei Magliaso, am westlichen Arm des Luganersees
Im Malcantone
Oberhalb und unterhalb Novaggio

Bei Astano, westlich von Novaggio, zwischen Astano und Bombinasco
Bei Curio, südöstlich von Novaggio
Castelrotto unterhalb Ronco, südwestlich von Novaggio
Bei Croglio
Bei Gravesano, nordwestlich Lugano
Oberhalb von Manno, südlich von Gravesano
Bei Tesserete im Capriascatal
Oberhalb Sonvico im Collatal, nördlich von Lugano
Zwischen Bironico und Medeglia (Strasse Lugano–Bellinzona)
Zwischen Magadino und Vira am linken Ufer des Lago Maggiore
Bei Brissago am rechten Ufer des Lago Maggiore
Nahe Locarno beim Eingang in das Tal der Ravegna
Bei der Kirche auf dem Berg Dell'Addolorata, oberhalb von Brissago
Aquarossa
Ossasco im Bedrettotal, oberhalb und südwestlich von Airolo
Bei Rodio, südöstlich von Quinto
Bei Piotta, oberhalb Quinto
Bei Airolo im Tal Bagnera (Quelle von San Carlo)